Guttentag'sche Sammlung
Nr. 17. Preußischer Gesetze. Nr. 17.
Text-Ausgaben mit Anmerkungen.

Preußisches Gerichtskostengesetz.

Vom 25. Juni 1895.

In der Fassung
der Bekanntmachung vom 6. Oktober 1899.

Text-Ausgabe mit Anmerkungen, Kostentabellen
und Sachregister

von

Dr. P. Siméon,
Landrichter.

Vierte Auflage.

Berlin 1904.
J. Guttentag, Verlagsbuchhandlung,
G. m. b. H.

Inhalt.

Seite

Abkürzungen.

AG. = Ausführungsgesetz.
AG. BGB. = Ausführungsgesetz zum Bürgerlichen Gesetzbuche.
Allg. Verf. = Allgemeine Verfügung.
Art. = Artikel.
BGB. = Bürgerliches Gesetzbuch.
Begr. = Begründung des Entwurfs eines Pr. GKG. [Drucksache 7/1895].
Begr. AG. = Begründung zum Entwurfe des AG. BGB.
CPO. = Deutsche Civilprozeßordnung.
FGG. = Reichsgesetz über die Angelegenheiten der freiwilligen Gerichtsbarkeit.
D. GKG. = Deutsches Gerichtskostengesetz.
G. = Gesetz.
GBO. = Grundbuchordnung für das Deutsche Reich.
Gruchot = Beiträge zur Erläuterung des deutschen Rechts (Rassow und Küntzel).
GS. = Gesetz-Sammlung.
JMBl. = Justiz-Ministerial-Blatt.
Johow = Jahrbuch für Entscheidungen des Kammergerichts.
KB. = Kommissionsbericht des Abgeordnetenhauses über den Entwurf eines Pr. GKG. [Drucksache 94/1895].
N. = Note.
Pr. FGG. = Preußisches G. über die freiwillige Gerichtsbarkeit.
Pr. GKG. = Preußisches Gerichtskostengesetz.

PrStG. = Preußisches Stempelsteuergesetz v. 31. Juli 1895
RGer. = Entscheidung des Reichsgerichts.
RGBl. = Reichs-Gesetzblatt.
ZwG. = Reichsgesetz über die Zwangsversteigerung und die Zwangsverwaltung.

Mügel = Mügel, die Preußischen Kostengesetze vom 25. Juni 1895, 3. Aufl., Berlin 1900.

Die ohne nähere Bezeichnung angeführten Paragraphen sind solche des Preußischen Gerichtskostengesetzes in der Fassung vom 6. Oktober 1899.

Einleitung.

Der 1. Januar 1900 brachte ein einheitliches bürgerliches Recht und ein reichsrechtlich geordnetes Verfahren in den Angelegenheiten der freiwilligen Gerichtsbarkeit, mit Einschluß der Grundbuchsachen. An diesem Tage schloß sich auch die Lücke, die in den reichsrechtlichen Vorschriften über die streitige Gerichtsbarkeit bisher noch vorhanden war: auch für die Zwangsversteigerung und die Zwangsverwaltung trat nun eine einheitliche reichsgesetzliche Ordnung in Kraft. Nur das Kostenrecht blieb von der Reichsgesetzgebung dieses Mal nahezu unberührt. An die deutschen Prozeßordnungen, die am 1. Oktober 1879 Geltung erlangten, knüpfte sich das deutsche Gerichtskostengesetz, das für das ganze Reichsgebiet die Kosten in streitigen Rechtssachen einheitlich regelte. Die Reichsgrundbuchordnung und das Gesetz über die Angelegenheiten der freiwilligen Gerichtsbarkeit wurden jedoch von einem Reichsgesetz über die Kosten dieser Angelegenheiten nicht begleitet, obschon ein zwingender Grund für die Selbstbeschränkung, welche sich die Reichsgesetzgebung gerade in diesem wichtigen Punkte auferlegt hat, nicht ersichtlich ist. Denn wenn auch die jetzt erreichte Rechtseinheit gerade in dem Verfahren der freiwilligen Gerichtsbarkeit und namentlich in Grundbuchsachen sich mehr auf die Grundmauern des gesetzgeberischen Gebäudes beschränkt und die Durchbildung des Baues im einzelnen den ergänzenden Vorschriften der Landesgesetzgebungen und der Landesjustizverwaltungen überläßt, so hätte doch nichts im Wege gestanden, auch ein etwaiges Reichskostengesetz auf die Grundlinien zu beschränken und die weitere Ausgestaltung innerhalb des reichsrechtlich festgestellten Rahmens den Ausführungsgesetzen der Einzelstaaten zu überlassen.

Es ist aber bei der landesgesetzlichen Regelung der Kosten für die Geschäfte der freiwilligen Gerichtsbarkeit sowie für die Liegenschaftsvollstreckung verblieben. Natürlich bedurfte das Pr. GKG. in vielen Punkten der Änderung und der Ergänzung, es mußte vor allem dem Sprachgebrauche der neuen Gesetzgebung angepaßt und durch Streichungen oder Zusätze mit dem neuen Rechtszustande in Einklang gebracht werden. Obschon diese Änderungen fast durchweg nur formaler Natur sind, erschien es doch nach den Erfahrungen, die man mit dem Flickwerke der Novellengesetzgebung früher gemacht hatte, unabweisbar, der Praxis wiederum einen vollständigen, gereinigten und alle Änderungen in sich aufnehmenden Text des Gesetzes zu bieten.

Zur Erreichung dieses Zieles hat man aber einen sonderbaren Umweg eingeschlagen. Den beiden Häusern des Landtags ist nicht etwa der neue Gesetzestext, wie er sich unter Berücksichtigung aller Änderungen ergab, zur Beschlußfassung vorgelegt worden. Man hat auch nicht einmal eine einheitliche, alle Änderungen umfassende Novelle zum Pr. GKG. aufgestellt. Vielmehr sind die Zusätze und Abweichungen von dem bisherigen Gesetzestexte in drei Massen von ungleichem Umfange zerlegt und drei verschiedenen Gesetzen anderen Inhalts als Anhängsel einverleibt worden. Demnächst hat der Justizminister auf Grund gesetzlicher Ermächtigung die so zerstreuten Vorschriften wieder gesammelt und in einer amtlichen Bekanntmachung des sich nach ihnen ergebenden neuen Gesetzestextes zusammengestellt.

Diese Entstehungsgeschichte des vom 1. Januar 1900 ab geltenden Kostengesetzes beruht auf den nachfolgenden gesetzlichen Vorschriften:

I. Artikel 86 des Pr. Ausführungsgesetzes zum Bürgerlichen Gesetzbuche vom 20. September 1899.

(GS. S. 177).

Artikel 86.

§ 1. Das Preußische Gerichtskostengesetz vom 25. Juni 1895 (Gesetz Samml. S. 203) wird dahin geändert:

I bis XXXXIX (Änderungen zu den §§ 1 bis 55, 73 bis 116, 123 bis 135 des Pr. GKG.).

§ 2. Der Justizminister wird ermächtigt, den Text des Preußischen Gerichtskostengesetzes, wie er sich aus den im §. 1 sowie in dem Ausführungsgesetze zur Grundbuchordnung vorgesehenen Aenderungen ergiebt, unter fortlaufender Nummernfolge der Paragraphen und unter Herstellung einer einheitlichen Schreibweise durch die Gesetz-Sammlung bekannt zu machen. Hierbei ist den Verweisungen auf die Vorschriften der Civilprozeßordnung dieses Gesetz in der Fassung des vom Reichskanzler im Reichs-Gesetzblatte für 1898 S. 410 veröffentlichten Textes, den Verweisungen auf die Vorschriften des Preußischen Gesetzes über die freiwillige Gerichtsbarkeit dieses Gesetz in der endgültig festgestellten Fassung zu Grunde zu legen. Als besondere Paragraphen sind einzuschalten die Bestimmungen des §. 17 Abs. 4 hinter §. 21, die Bestimmungen des letzten Absatzes des §. 81 hinter §. 81.

Soweit in anderen Gesetzen auf Vorschriften des Preußischen Gerichtskostengesetzes verwiesen ist, treten die entsprechenden Vorschriften des durch den Justizminister bekannt gemachten Textes an die Stelle.

II. Artikel 44, 45, 46 des Pr. Ausführungsgesetzes zum Reichsgesetz über die Zwangsversteigerung und die Zwangsverwaltung vom 23. September 1899. (GS. S. 291.)

Artikel 44.

Das Gesetz, betreffend die Gerichtskosten bei Zwangsversteigerungen und Zwangsverwaltungen von Gegenständen des unbeweglichen Vermögens, vom 18. Juli 1883 (Gesetz-Samml. S. 189) wird dahin geändert:

I bis IX. (Änderungen zu §§ 1 bis 12 des Gesetzes v. 18. Juli 1883).

Artikel 45.

Die §§. 117 bis 121a und der §. 122 Abs. 1 des Preußischen Gerichtskostengesetzes vom 25. Juni 1895

(Gesetz-Samml. S. 203) fallen weg. Im §. 122 Abs. 2 werden die Worte „oder Genehmigung“ gestrichen und die Worte „der Zwangsvollstreckung in das unbewegliche Vermögen“ durch die Worte „der Zwangsversteigerung, der Zwangsverwaltung oder der Zwangsliquidation“ ersetzt. Der §. 114 Abs. 1 erhält folgende Fassung:

(siehe jetzt § 119 Abs. 1 des neuen Textes).

Artikel 46.

Der Justizminister wird ermächtigt, bei der Bekanntmachung des neuen Textes des Preußischen Gerichtskostengesetzes die §§. 1 bis 11 des Gesetzes vom 18. Juli 1883 und die §§. 121b, 122 des Preußischen Gerichtskostengesetzes in den zweiten Theil des letzteren Gesetzes als zweiten Abschnitt unter der Ueberschrift „Zwangsversteigerung und Zwangsverwaltung von Gegenständen des unbeweglichen Vermögens. Zwangsliquidation einer Bahneinheit.“ aufzunehmen. Hierbei sind die §§. 121b, 122 des Preußischen Gerichtskostengesetzes hinter den §§. 1—8, 10, 11 des Gesetzes vom 18. Juli 1883 und der §. 9 des letzteren Gesetzes am Schlusse des Abschnitts einzustellen. Die §§. 114—116, 122a, 123 des Preußischen Gerichtskostengesetzes erhalten als erster Abschnitt des zweiten Theiles die Ueberschrift: „Allgemeine Bestimmungen“.

III. Artikel 30 des Pr. Ausführungsgesetzes zur Grundbuchordnung v. 26. September 1899.

(GS. S. 307).

Artikel 30.

Das Preußische Gerichtskostengesetz vom 25. Juni 1895 (Gesetz-Samml. S. 203) wird dahin geändert:

I bis XI (Änderungen der §§ 56 bis 72 des Pr. GKG.).

Auf Grund der gesetzlichen Ermächtigung hat der Justizminister durch die Bekanntmachung vom 6. Oktober 1899 (GS. S. 325) den Text des Preußischen Gerichtskostengesetzes neu festgestellt. Die Fassung dieser amtlichen Bekanntmachung liegt der vorliegenden Ausgabe des Gesetzes zu Grunde. Ihre Abweichungen von der bisherigen Fassung sind durch Sperrdruck der entsprechenden Stellen hervorgehoben und, soweit es erforderlich schien, in den Noten erläutert. Wesentliche Änderungen der Kostensätze finden sich eigentlich nur an zwei Punkten: die Gebühr für Beglaubigung einer Abschrift ist durch einen Höchstbetrag begrenzt und die Gebühr für Auszüge und Bescheinigungen aus dem Handelsregister ist für den Fall der wiederholten Erteilung auf den festen Satz von 1 Mark bestimmt. Durchgreifendere Änderungen finden sich dagegen in der Sprache und in der Schreibweise des Gesetzes, die der Sprache und Schreibweise des BGB. und seiner Nebengesetze angepaßt worden sind. Die amtliche Zusammenstellung dieser „Sprachregeln des BGB." ist abgedruckt bei Neumann, Handausgabe des BGB. 3. Aufl. Bd. I S. 6 ff. Abgesehen von diesen mehr äußerlichen Änderungen der Schreibweise hat die neue Fassung des Kostengesetzes natürlich überall die durch die neue Gesetzgebung festgestellten Kunstausdrücke aufgenommen und an die Stelle der bisher gebräuchlichen Bezeichnungen gesetzt, z. B. „Erbschein" statt

„Erbbescheinigung", „Verfügung von Todeswegen" statt „letztwillige Verfügung", „Zuschlagsbeschluß" statt „Zuschlagsurteil", „elterliche Gewalt" statt „väterliche Gewalt", „Beurkundung einer rechtsgeschäftlichen Erklärung" statt „Aufnahme", „freiwillige Gerichtsbarkeit" statt „nichtstreitige Gerichtsbarkeit".

Endlich ist aber auch die Paragraphenbezifferung des Gesetzes geändert. In der vorliegenden Ausgabe sind deshalb die bisherigen Paragraphenzahlen den Ziffern der neuen Zählung in Klammern beigefügt; eine vergleichende Übersicht der alten und der neuen Zählung ist auf Seite 23 ff. abgedruckt.

Die neue Fassung des Pr. GKG. legt ausschließlich den Rechtszustand zu Grunde, wie er sich nach dem Inkrafttreten des BGB. und, insoweit Liegenschaftsrechte in Frage kommen, nach der Anlegung des Reichsgrundbuchs gestalten wird. Es nimmt mithin keine Rücksicht auf die Fälle, in denen nach den Übergangsvorschriften des BGB. und seiner Nebengesetze noch Sätze des älteren materiellen Rechtes zur Anwendung kommen können oder bis zur Durchführung der Grundbucheinrichtung noch Geschäfte nach den partikulären Vorschriften über das Grundeigentums- und Hypothekenwesen zu erledigen sind. Für diese Fälle beschränkt sich der § 143 der neuen Fassung auf folgende Bestimmung:

„Soweit nach Uebergangsvorschriften noch Geschäfte vorkommen, für welche in diesem Gesetze keine Bestimmungen getroffen sind, bleiben die bisherigen Vorschriften maßgebend. Die Vorschriften über die Kosten der ersten Anlegung der Grundbücher bleiben bis zu dem Zeitpunkt in Kraft, zu welchem das Grundbuch als angelegt anzusehen ist.“

Alle jene Vorschriften von nur partikulärer Bedeutung, insbesondere die §§ 69 bis 72, 118 bis 121 nebst den Anlagen A und B des bisherigen Gesetzestextes, die hiernach noch auf Jahre hinaus angewendet werden können, sind gleichwohl in der neuen Fassung gestrichen. Sie sind auch in die vorliegende Ausgabe nicht mitaufgenommen und es muß, soweit ihre Anwendung erforderlich wird, lediglich auf die zweite Auflage dieses Buches verwiesen werden.

Vergleichende Übersicht

der Paragraphen des Preußischen Gerichtskostengesetzes in der neuen und in der alten Zählung.

Neue Zählung	Alte Zählung	Neue Zählung	Alte Zählung
1	1	26	25
2	2	27	26
3	3	28	27
4	4	—	28
5	5	29	29
6	6	30	30
7	7	31	31
8	8	32	32
9	9	33	33
10	10	34	34
11	11	35	35
12	12	36	—
13	13	37	36
14	14	38	37
15	15	39	38
16	16	40	39
17	17	—	40
18	18	41	41
19	19	42	42
20	20	43	43
21	21	44	44
22	(17 Abs. 4)	45	45
23	22	46	46
24	23	47	47
25	24	48	48

Neue Zählung	Alte Zählung	Neue Zählung	Alte Zählung
49	49	81	81
50	50	82	(81 Abſ. 4)
51	51	83	82
52	—	84	—
—	52	85	—
53	53	—	83
54	54	86	84
55		87	—
56	55	88	85
57	56	—	86 u. 87
58	57	89	88
59	58	90	89
60	59	91	90
61	60	92	91
62	61	93	(90 Abſ. 3)
63	62	94	—
64	63	95	92
65	64	96	93
66	65	97	94
67	66	98	95
68	66a	99	—
69	67	100	—
70	68	—	96 u. 97
—	69—72	101	98
71	73	102	—
72	74	103	99
73	75	104	100
74	76	—	100a
75	77	(112)	101
76	—	105	102
77	—	106	103
78	78	107	104
79	79	108	105
80	80	109	106

Neue Zählung	Alte Zählung	Neue Zählung	Alte Zählung
110	—	128	(5 G. v. 18./7.83)
111	107	129	(6 G. v. 18./7.83)
112	(101)	130	(7 G. v. 18./7.83)
113	108	131	(8 G. v. 18./7.83)
114	109	132	(10 G. v. 18./7.83)
115	110	133	(11 G. v. 18./7.83)
116	111	134	(121 b)
117	112	135	(122 Abs. 2)
118	113	136	(9 G. v. 18./7.83)
119	114	137	124
120	115	138	125
121	116	—	126
122	—	139	127
—	117—121a	140	128
(134)	121 b	141	129
(135)	122	—	130
123	123	142	131
124	—	143	132
125	(2 G. v. 18./7.83)	144	133
126	(3 G. v. 18./7.83)	145	134
127	(4 G. v. 18./7.83)	146	135

Preußisches Gerichtskostengesetz

vom 25. Juni 1895
in der Fassung der Bekanntmachung vom
6. Oktober 1899.

(Gesetz-Sammlung 1899 Nr. 32 S. 326—373, ausgegeben zu Berlin am 13. Oktober 1899).

Erster Teil.

Angelegenheiten der freiwilligen Gerichtsbarkeit.

Den Gegensatz zur freiwilligen Gerichtsbarkeit bildet die streitige Gerichtsbarkeit (Teil II) und die Justizverwaltung (§ 145). Unter die freiwillige Gerichtsbarkeit fallen alle in den Abschnitten zwei bis acht des ersten Teils behandelten Gegenstände (vgl. FGG. und Pr. FGG.).

Erster Abschnitt.

Allgemeine Bestimmungen.

Verpflichtung zur Kostenzahlung.

1. Zur Zahlung der Kosten ist, soweit nicht in diesem Gesetz ein Anderes bestimmt ist,[1] derjenige verpflichtet, durch dessen Antrag[2] die Thätigkeit des Gerichts veranlaßt[3] ist, und bei Geschäften, welche

von Amtswegen betrieben werden, derjenige, dessen Interesse dabei wahrgenommen wird.[4] **Soweit ein Betheiligter zur Tragung der Kosten des Verfahrens verurtheilt ist,**[5] **trifft auch ihn die Zahlungspflicht.**

1 Sonderbestimmungen: Erhebung aus dem Nachlasse § 3; Beweisaufnahme über den Wert eines Gegenstandes § 24; Versteigerungen §§ 46, 47; Beurkundung eines Rechtsgeschäfts in fremder Sprache § 55; handelsrechtliches Ordnungsstrafverfahren § 103; vereitelte Termine § 111.

2 „Antragsteller" ist bei Urkunden über Rechtsgeschäfte jeder, dessen Erklärung aufgenommen oder dessen Unterschrift beglaubigt wird (Begr. 64); z. B. auch der zum Testamentsvollstrecker Ernannte, der das Amt ablehnt und dadurch die Kosten veranlaßt, welche durch die Entgegennahme seiner Erklärung bei dem Nachlaßgericht erwachsen (BGB. § 2202): Johow Bd. 23 S. B 37. Aus FGG. § 168 Satz 2 folgt, daß im Urkundswesen der Erklärende Beteiligter, also Partei, ist, selbst wenn er seine Erklärung als Vertreter im fremden Namen abgibt. Nicht als Antragsteller haftet derjenige, dessen Erklärung nur gelegentlich der Vornahme des Geschäfts mit beurkundet wird, z. B. der Bieter bei einer Versteigerung, der Aktionär beim Generalversammlungsprotokolle, der Wechselschuldner bei der Protesterhebung (Mügel S. 24 N. 2).

Wer nur eine von Amtswegen zu übende Gerichtstätigkeit anregt, gilt nicht als Antragsteller (KB. 1); Beschwerde eines Unbeteiligten im Interesse des Mündels: Johow Bd. 5 S. 3; Bd. 6 S. 3. Vgl. auch § 95. Anträge der Handelskammern und der kaufmännischen Korporationen in Registerangelegenheiten: Allg. Verf. v. 16. November 1899 (JMBl. S. 347).

Wer die Testamentseröffnung beantragt, ist zur Zahlung auch derjenigen Kosten verpflichtet, welche durch die dem Gericht obliegende Benachrichtigung der in dem Testamente Bedachten entstehen: Johow Bd. 17 S. 129.

3 Handelt der Antragsteller als Vertreter für einen Dritten, so entscheidet das bürgerliche Recht, ob nur der Machtgeber oder nur der Vertreter oder beide neben einander für die Kosten haften (BGB. §§ 164—180). Im Urkundswesen bleibt aber die Vertreterstellung ohne Einfluß auf die Kostenhaftung (oben N. 2). Ein Vertreter ohne Vertretungsmacht (falsus procurator) haftet persönlich: Johow Bd. 3 S. 191. Testamentsvollstrecker: Johow Bd. 13 S. 142; Bd. 12 S. 150.

Wer, ohne „Vertreter" zu sein, mit Wirkung für ein fremdes Vermögen handelt, wie der Konkursverwalter, Nachlaßverwalter, Zwangsverwalter, haftet nicht persönlich; Kostenschuldner ist die Vermögensmasse, für die der Handelnde in seiner Parteistellung kraft Amtes auftritt.

4 Die Zahlungspflicht für den Stempel bestimmt sich nach den Stempelgesetzen: § 30; PrStG. § 12.

Liegt die Tätigkeit des Gerichts lediglich im öffentlichen Interesse, so entfällt die Zahlungspflicht (Mügel S. 25 N. 7). Beschwerden in Vormundschaftssachen, die zum Besten des Mündels erhoben werden, sind gebührenfrei: Johow Bd. 18 S. 129 und unten §§ 94, 95.

5 Eine Verurteilung in die Kosten findet nur ausnahmsweise statt: §§ 24, 103 (vgl. dagegen D. GKG. § 86). Die Verurteilung zur Kostenerstattung an einen Mitbeteiligten begründet aber nach Satz 2 zugleich die Zahlungspflicht gegenüber der Staatskasse. Diese Verurteilung ist jetzt in den nachstehenden Vorschriften näher geregelt:

Artikel 9—14 und 16 des Pr. Gesetzes über die freiwillige Gerichtsbarkeit v. 21. September 1899 (GS. S. 249).

Artikel 9. Sind an einer Angelegenheit der freiwilligen Gerichtsbarkeit mehrere Personen betheiligt, so kann das Gericht bei der von ihm zu treffenden Entscheidung auf Antrag einen Betheiligten verurtheilen, diejenigen Kosten des Verfahrens ganz oder theilweise zu tragen, welche er durch ein unbegründetes Gesuch, einen unbegründeten Widerspruch oder eine unbegründete Beschwerde, durch vorzeitiges Anrufen des Gerichts, durch eine Versäumung oder durch grobes Verschulden veranlaßt hat.

Zu den nach Abs. 1 zu erstattenden Kosten des Verfahrens gehören die Gebühren und Auslagen, welche durch die Zuziehung eines Rechtsanwalts entstanden sind, nur insoweit, als die Zuziehung nach dem Ermessen des Gerichts zur zweckentsprechenden Rechtsverfolgung oder Rechtsvertheidigung nothwendig war.

Artikel 10. Wird eine gerichtliche Festsetzung des Betrags der Kosten erforderlich, zu deren Erstattung ein Betheiligter auf Grund der Artikel 9, 16 verurtheilt worden ist, so erfolgt sie durch das Gericht erster Instanz. Im Falle des § 1875 Abs. 1 des Bürgerlichen Gesetzbuchs erfolgt die Festsetzung durch den Vorsitzenden des Familienraths.

Zur Berücksichtigung eines Ansatzes genügt, daß er glaubhaft gemacht wird.

Artikel 11. Findet gegen die Entscheidung in der Hauptsache die sofortige Beschwerde statt, so kann auch die Entscheidung über die Verpflichtung zur Tragung der Kosten sowie die Kostenfestsetzung nur mit der sofortigen Beschwerde angefochten werden.

Die Kostenfestsetzung kann selbständig mit der weiteren Beschwerde nur angefochten werden, wenn die Beschwerdesumme den Betrag von fünfzig Mark übersteigt.

Artikel 12. Ergeht nach der Kostenfestsetzung eine Entscheidung, die den Werth des Gegenstandes des Verfahrens festsetzt, so ist, falls diese Entscheidung von der

Werthberechnung abweicht, welche der Kostenfestsetzung zu Grunde liegt, auf Antrag die Kostenfestsetzung entsprechend abzuändern. Ueber den Antrag entscheidet das Gericht erster Instanz.

Artikel 13. Wird eine in Betreff der Kosten ergangene Entscheidung abgeändert, so ist der Betheiligte auf Antrag zur Erstattung der ihm auf Grund der Entscheidung zuviel gezahlten Kosten zu verurtheilen.

Artikel 14. Aus der gerichtlichen Kostenfestsetzung sowie aus der Entscheidung, durch die ein Betheiligter zur Erstattung der ihm zu viel gezahlten Kosten verurtheilt wird, findet die Zwangsvollstreckung nach den Vorschriften der Civilprozeßordnung statt.

Artikel 16 Abs. 1. Bei der Festsetzung einer Ordnungsstrafe ist der Betheiligte zugleich in die Kosten des Verfahrens zu verurtheilen.

Gesammthaftung.

2. Mehrere Kostenschuldner haften als Gesammtschuldner.[1]

Stehen auf Seiten einer Partei mehrere in Rechtsgemeinschaft befindliche Personen, so haften dieselben für die Kosten nach Verhältniß ihres Antheils und, soweit ein bestimmter Antheil nicht zu ermitteln ist, nach Kopftheilen.

Sind durch besondere Anträge eines Betheiligten Mehrkosten[2] **entstanden, so fallen diese Kosten ihm allein zur Last.**

1 Anders für die streitige Gerichtsbarkeit: § 100 der CPO. verweist auf das bürgerliche Recht (BGB. §§ 420 ff.); wegen der Liegenschaftsvollstreckung vgl. § 133. Haftung der Miterben: § 3. Bei einer Auflassung (§ 58 Nr. 1) haftete nach früherem Rechte nur

der neue Eigentümer, weil nur dieser den Antrag stellte, ihn als Eigentümer einzutragen. Jetzt kann den Eintragungsantrag sowohl der Veräußerer wie der Erwerber stellen (GBO. § 13); wer den Antrag gestellt hat, haftet für die Kosten der Eintragung; für den Stempel haften dagegen beide Teile (Mügel S. 190 N. 13); die Auflassung als solche ist gebührenfrei.

Das Gesamtschuldverhältnis ist nach BGB. §§ 421 ff. zu beurteilen: Unterbrechung der Verjährung wirkt nur gegen den Einzelnen; soweit ein Rückgriffsanspruch unter den Beteiligten besteht, geht die Kostenforderung auf den Leistenden über, und zwar mit den von der Gerichtskasse erworbenen Hypotheken und Pfandrechten: BGB. § 401.

2 Namentlich Schreibgebühren (D. GKG. § 86 Abs. 2) für besonders beantragte Abschriften (Bgr. 65), aber auch Gebühren, z. B. die Zusatzgebühr für Erklärungen in fremder Sprache: § 55. Bei zusammengesetzten Geschäften haftet jeder, soweit sein Antrag oder sein Interesse (§ 1) reicht.

Nicht anwendbar auf die Haftung für den Stempel: PrStG. § 12.

Erhebung aus der Masse.

3. Die Kosten der Eröffnung einer Verfügung von Todeswegen, der Sicherung des Nachlasses, einer Nachlaßpflegschaft und der Inventarerrichtung können aus dem Nachlaß entnommen werden.[1] Für die Zahlung der Kosten haften die Erben nach den Vorschriften über Nachlaßverbindlichkeiten.[2]

Für die Kosten der Theilung von Vermögensmassen[3] haften die Antheilsberechtigten als Gesammtschuldner.

Die einem Erben oder einem Antheilsberechtigten zustehende Gebührenfreiheit[4] entbindet ihn nicht von der Entrichtung der in den Abs. 1, 2 bezeichneten Gebühren.

1 Es sind dies die Kosten, die im Konkurse als Masseschuld gelten: KO. § 224 Nr. 4. Das Gleiche gilt von den Kosten eines Aufgebots der Nachlaßgläubiger. Die Kosten für Erteilung eines Erbscheins sind nicht nur von demjenigen zu tragen, der den Antrag gestellt hat, sondern von allen, denen die Erbmasse zufällt: Johow Bd. 18 S. 119.

2 BGB. §§ 1975 ff. Mehrere Erben haften als Gesamtschuldner: Abs. 2 (BGB. § 2058). Hier also keine Haftung des Antragstellers als solchen (§ 1): dieser haftet jedoch für unbegründete oder zurückgenommene Anträge: § 109 Nr. 2 (Bgr. 66).

3 FGG. §§ 86 ff. (Nachlaß), § 99 (Gesamtgut einer ehelichen oder einer fortgesetzten Gütergemeinschaft); vgl. Pr. FGG. Art. 19 ff. Gesellschaftsvermögen: BGB. § 733; Gemeinschaft nach Bruchteilen: BGB. § 755.

4 Ausnahme von den Vorschriften im § 8.

Übernahme der Kostenpflicht.

4. Hat Jemand durch eine vor Gericht abgegebene oder dem Gerichte mitgetheilte Erklärung die Kosten übernommen, so haftet er neben dem zur Zahlung Verpflichteten als Gesammtschuldner.[1]

1 D. GKG. § 86 Abs. 1. Der nach dem Gesetze zur Zahlung Verpflichtete wird jedoch nicht, wie dort (D. GKG. § 88) bloßer Zweitschuldner; die Kasse kann sich vielmehr auch sofort an diesen halten. Wichtig bei bekannter Zahlungsunfähigkeit des Übernehmenden

(Bgr. 66). Die Übernahmeerklärung wirkt als einseitiger Verpflichtungsakt, sie bedarf nicht der Annahme; ihre Rechtswirksamkeit hängt jedoch von dem Bestehen einer Zahlungspflicht des ursprünglichen Kostenschuldners ab (Mügel S. 36 N. 2).

Mehrere Übernehmende haften nach Maßgabe der abgegebenen Erklärung; § 2 ist bei freiwillig übernommener Kostenpflicht nicht anwendbar (KB. 2).

Anwendbar auch für den Stempel: § 30.

Zahlungspflicht Dritter.

5. Durch die Bestimmungen der §§. 1 bis 4 wird eine nach den Vorschriften des bürgerlichen Rechtes begründete Verpflichtung Dritter[1] zur Zahlung der entstandenen Gebühren und Auslagen nicht berührt.

1 Haftung der Mitglieder einer offenen Handelsgesellschaft, Kommanditgesellschaft, Genossenschaft mit unbeschr. Haftpfl.: HGB. §§ 128, 171; GenossenschG. in d. Fass. v. 20. Mai 1898 §§ 122, 141.

Haftung des Ehemanns und des nutzungsberechtigten Elternteils: BGB. §§ 1387, 1654 und dazu RGer. Jur. Wochenschr. 1900 S. 837, 850, 868 (näheres bei Gaupp-Stein CPO. II S. 29). Abweichend vom bisherigen Recht besteht diese Haftung auch gegenüber der Staatskasse als Gläubigerin der Kostenforderung. Denn nach BGB. § 1388 haftet der Mann, soweit er der Frau gegenüber deren Verbindlichkeiten zu tragen hat, neben der Frau den Gläubigern als Gesamtschuldner. Das Gleiche gilt nach BGB. § 1654 Satz 2, 3, § 1586 für den Vater und die Mutter als Inhaber der elterlichen Gewalt.

Vorschuß.

6. Bei jedem Antrag auf Vornahme einer Handlung, mit welcher baare Auslagen verbunden sind, ist ein zur Deckung derselben hinreichender Vorschuß[1] von dem Antragsteller zu zahlen. Das Gericht kann die Vornahme der Handlung von der Zahlung des Vorschusses abhängig machen, sofern nicht die Verzögerung dem Antragsteller einen unersetzlichen Nachtheil bringen würde.[2] Ueber Erinnerungen[3] gegen eine derartige Anordnung wird im Aufsichtsweg entschieden.

Die Zurückzahlung eines Vorschusses findet nur insoweit statt, als derselbe den bei Beendigung des Geschäfts in Ansatz kommenden Betrag an Gebühren und Auslagen übersteigt.[4]

1 Die Vorschußpflicht (D. GKG. §§ 81 ff.) beschränkt sich hier auf baare Auslagen und die Zusatzgebühr für Handlungen außerhalb der Gerichtsstelle: § 53 Abs. 3.

Weitergehend bei Erbteilungen: § 86 Abs. 1.

Sicherstellung der Kosten und Stempel vor Entgegennahme von Auflassungen: § 58 Nr. 6 und Anh. I.

Die Vorschußpflicht bedingt nicht die Einforderung des Vorschusses in jedem Falle, diese liegt vielmehr, soweit es an besonderen Vorschriften fehlt, im Ermessen der Kassenverwaltung.

Für die Vorschußpflicht ist es gleichgültig, ob der Antragsteller selbst oder ein anderer Beteiligter nach Beendigung des Geschäfts zur Zahlung der Gebühren und Auslagen ganz oder teilweise verpflichtet sein würde, z. B. im Falle des § 3 (Mügel S. 45 N. 4).

2 Die Aussetzung der Handlung ist vom Richter besonders anzuordnen, falls er nach freiem Ermessen eine solche Anordnung für sachgemäß erachtet. Gegenüber einer „armen" Partei (§ 17) ist zu prüfen, ob der Antrag zweckentsprechend erscheint oder nicht: Johow Bd. 13 S. 196.

Die Aussetzung darf nicht dazu führen, wichtige Interessen der Partei zu gefährden; sie ist daher in der Regel unzulässig bei schleunig aufzunehmenden Testamenten (Begr. 67). Sie ist auch unzulässig bei solchen Handlungen, deren Vornahme von Amtswegen erzwungen werden müßte, insbesondere bei solchen Registereintragungen, die unter Registerzwang gestellt sind (Mügel S. 45).

3 „Erinnerungen" umfaßt auch Beschwerden (KB. 2).

4 Die Erstattungspflicht der übrigen Beteiligten bestimmt sich nach dem bürgerlichen Rechte (Begr. 67); vgl. z. B. BGB. §§ 261, 2028, 2057 (Kosten des Offenbarungseids), §§ 1034, 1035, 1067, 1093, 1372, 1528, 2122 (Kosten für die Feststellung des Zustandes oder des Wertes von Sachen, Aufnahme von Bestandverzeichnissen), § 1217 (Kosten für die Bestellung eines Verwahrers für die Pfandsache); HGB. § 254 Abs. 4 (Kosten für die Berufung einer Generalversammlung). Ersatzansprüche für aufgewendete Gerichtskosten können im übrigen aus einem Auftrags-, Dienst-, Gesellschaftsverhältnisse u. s. w. entstehen oder nach den Regeln der rechtlosen Bereicherung oder der unerlaubten Handlungen begründet sein.

Eine gerichtliche Festsetzung der zu erstattenden Kosten durch Beschluß kann jetzt nach Pr. FGG. Art. 9 ff. vorkommen, vgl. oben zu § 1.

Sachliche Gebührenfreiheit.

7. Bei den besonderen Anordnungen, durch welche für gewisse Rechtssachen eine gänzliche oder

theilweise Gebührenfreiheit bewilligt ist, behält es sein Bewenden. Gebührenfrei sind insbesondere[1] alle auf Ersuchen der Verwaltungsbehörden auszuführenden Geschäfte, welche ein öffentliches Interesse[2] betreffen; die auf Ersuchen von Verwaltungsgerichten oder Auseinandersetzungsbehörden vorzunehmenden Geschäfte; die von Amtswegen veranlaßte Vereidigung[3] von Personen, welche mit dem Forstschutze betraut sind; die Legalisation der Unterschriften der Behörden und Beamten bei den zum Gebrauch im Auslande bestimmten Urkunden; sowie Verfügungen und Verhandlungen, welche begründet befundene Beschwerden betreffen. Die Vorschriften des §. 43 des Gesetzes vom 11. Juni 1874 über die Enteignung von Grundeigenthum (Gesetz-Samml. S. 221) finden auf alle Besitzveränderungen, denen sich die Betheiligten aus Gründen des öffentlichen Wohles zu unterwerfen gesetzlich verpflichtet sind (Enteignungen), entsprechende Anwendung.[4]

Die Gerichte sind befugt, Gerichtsgebühren, welche durch eine unrichtige Behandlung der Sache ohne Schuld der Betheiligten entstanden sind, niederzuschlagen und für abweisende Bescheide sowie im Falle der Zurücknahme eines Antrags, wenn der Antrag auf nicht anzurechnender Unkenntniß der Verhältnisse oder auf Unwissenheit beruht, Gebührenfreiheit zu gewähren.[5]

1 Ferner die Handlungen in Angelegenheiten der Justizverwaltung sowie Entscheidungen der Aufsichtsbehörden über Erinnerungen und Beschwerden: § 145.

2 Ersuchen der Verwaltungsbehörden im alleinigen Interesse einer Privatperson sind also nicht befreit; Kostenschuldner ist die Privatperson: § 1. Das Interesse eines Kommunalverbandes ist noch kein öffentliches Interesse, die Gemeinnützigkeit des Zweckes entscheidet (Mügel S. 48).

Dagegen besteht schlechthin Gebührenfreiheit, wenn das Ersuchen von einem Verwaltungs**gericht** oder von einer Auseinandersetzungsbehörde ausgeht. (Vgl. auch zu § 103).

3 Die Vereidigung von Sachverständigen für gerichtliche Angelegenheiten im allgemeinen ist jetzt zu einem Geschäfte der Justizverwaltung erklärt (Pr. FGG. Art. 130 X) und deshalb nach § 145 stets gebührenfrei. Ebenso die Vereidigung von Sachverständigen auf Ersuchen einer Verwaltungsbehörde im öffentlichen Interesse: Johow Bd. 18 S. 154.

4 PrStG. § 4 e; auch wenn die Besitzveränderung nicht durch Enteignungsbeschluß, sondern durch freiwilliges Veräußerungsgeschäft bewirkt wird.

Nach § 43 des Enteign.G. sind die sämtlichen Verhandlungen der freiwilligen Gerichtsbarkeit, die durch das Enteignungsverfahren entstehen, einschließlich der Quittungen und Konsense der Hypothekengläubiger und der sonstigen Beteiligten, gebühren- und stempelfrei.

Auch die Kreise genießen bei ihren freihändigen Erwerbungen von Grundstücken zu Chausseebauzwecken nur dann Gebühren- und Stempelfreiheit, wenn ihnen bezüglich der erworbenen Grundstücke das Enteignungsrecht verliehen worden ist: Johow Bd. 18 S. 108.

Den öffentlichen Wassergenossenschaften steht für die Grundbuchgeschäfte, die durch eine auf statutenmäßiger **Verpflichtung** der Genossen **beruhende Abtretung** von Grundstücken an die Genossenschaft veranlaßt werden zwar nicht nach § 84 des G. v. 1. April 1879, wohl aber nach der KabO. v. 4. Mai 1833 Gebühren- und Stempelfreiheit zu: Johow Bd. 18 S. 110.

5 D. GKG. § 6; Auslagen § 9 Abs. 2.

§ 7 Abs. 2 gilt auch für den Stempel: § 30. Dagegen sind die sonstigen sachlichen Stempelsteuerbefreiungen im PrStG. § 4 bestimmt.

Persönliche Gebührenbefreiung.[1]

8. Von der Zahlung der Gerichtsgebühren sind befreit:[2]

1. der Fiskus des Deutschen Reichs und des Preußischen Staates sowie alle öffentlichen Anstalten und Kassen, welche für Rechnung des Reichs oder Staates verwaltet werden oder diesen gleichgestellt sind;[3]
2. alle öffentlichen Armen-, Kranken-, Arbeits- und Besserungsanstalten und Waisenhäuser; ferner milde Stiftungen, insofern solche nicht einzelne Familien oder bestimmte Personen betreffen oder in bloßen Studien-Stipendien bestehen, sowie endlich die Gemeinden in Armenangelegenheiten;[4]
3. alle öffentlichen Volksschulen;
4. alle öffentlichen gelehrten Anstalten und Schulen, Kirchen,[5] Pfarreien, Kaplaneien, Vikarien und Küstereien, jedoch nur insoweit, als nach dem Zeugnisse der zuständigen Staatsbehörde die Einnahmen derselben die etatsmäßige Ausgabe, einschließlich der Be-

soldung oder des statt dieser überlassenen Nießbrauchs, nicht übersteigen; insoweit jedoch eine Angelegenheit zugleich solche Ansprüche betrifft, welche lediglich das zeitige Interesse der für ihre Person zur Nutzung des betreffenden Vermögens Berechtigten berühren, haben letztere die auf ihren Theil verhältnismäßig fallenden Kosten zu tragen;

5. Militärpersonen rücksichtlich der von ihnen bei der Mobilmachung errichteten einseitigen und wechselseitigen letztwilligen Verfügungen sowie der Zurücknahme derselben. Die Eröffnung dieser Verfügungen erfolgt gebührenfrei; auch sind Anträge auf Todeserklärung der im Kriege vermißten Militärpersonen[6] gebührenfrei zu bearbeiten;

6. Aktiengesellschaften, Genossenschaften und Gesellschaften mit beschränkter Haftung, deren durch Statut bestimmter Zweck ausschließlich darauf gerichtet ist, unbemittelten Familien gesunde und zweckmäßig eingerichtete Wohnungen in eigens erbauten oder angekauften Häusern zu billigen Preisen zu verschaffen, und deren Statut die an die Gesellschafter zu vertheilende Dividende auf höchstens vier Prozent

ihrer Antheile beschränkt, auch den Gesellschaftern für den Fall der Auflösung der Gesellschaft nicht mehr als den Nennwerth ihrer Antheile zusichert, den etwaigen Rest des Gesellschaftsvermögens aber für gemeinnützige Zwecke bestimmt;[7]

7. (6) andere als die in Nr. 6 bezeichneten Privatunternehmungen, welche nicht auf einen besonderen Geldgewinn der Unternehmer gerichtet sind, sondern einen gemeinnützigen, nicht auf einzelne Familien oder Korporationen beschränkten Zweck haben, sofern denselben durch besondere gesetzliche Bestimmung Gebührenfreiheit bewilligt ist.[8] Die bisher solchen Unternehmungen, z. B. Pensions- und Versicherungsanstalten, Bürger-Rettungsinstituten u. s. w., bereits bewilligten Befreiungen bleiben in Kraft. Wenn in einzelnen Fällen die Befreiung zweifelhaft ist, so ist darüber gemeinschaftlich von den Ministern der Finanzen und der Justiz zu entscheiden.

Dem Fiskus anderer Staaten sowie den öffentlichen Anstalten und Kassen, die für Rechnung eines anderen Staates verwaltet werden oder diesen gleichgestellt sind, und den Chefs der bei dem Deutschen Reiche oder bei Preußen beglaubigten Missionen kann die Gebührenfreiheit gewährt werden, wenn der betreffende Staat Preußen gegenüber die gleiche Rücksicht übt.[9]

In den Fällen der Nr. 2 bis 7 erstreckt sich die Gebührenfreiheit nur auf Preußische Anstalten, Stiftungen, Vereine u. s. w. Diese Befreiung kann jedoch auch anderen Anstalten, Stiftungen, Vereinen u. s. w. gewährt werden, wenn der auswärtige Staat Preußen gegenüber die gleiche Rücksicht übt.[9]

Ueber die Gewährung der Gebührenfreiheit nach den Abs. 2, 3 entscheiden die Minister der Finanzen und der Justiz gemeinschaftlich.

Die einem Betheiligten bewilligte Befreiung soll in keinem Falle einem anderen Betheiligten zum Nachtheile gereichen.[10]

1 D. GKG. § 98; V. v. 24. Dez. 1883 (RGBl. 1884 S. 1), betr. die Gebührenfreiheit in dem Verfahren vor dem Reichsgericht.

2 Die Aufzählung ist erschöpfend (Bgr. 69).

3 Die Kostenfreiheit der Ansiedlungskommission (§ 10 des Ansiedlungsges. v. 26. April 1886) erstreckt sich zwar nicht auch auf die Auslagen (vgl. unten § 9): Johow Bd. 21 S. B 3; ist im übrigen aber der Kosten-

freiheit der anderen **stationes** des preußischen Fiskus entsprechend: Johow Bd. 26 S. B 3.

4 Auch Gutsbezirke und höhere Kommunalverbände (Gruchot 39 S. 1063) in Armenangelegenheiten: Kab.O. v. 18. Aug. 1841, deren Geltung nicht berührt werden sollte (KB. 2). Die Kostenfreiheit der Gemeinden beschränkt sich nicht auf die öffentliche Armenpflege; sie erstreckt sich vielmehr auf alle Angelegenheiten, welche Armensachen sind und die Unterstützung Hilfsbedürftiger betreffen, z. B. die Auflassung eines der Gemeinde zu Armenzwecken vermachten Grundstücks: Johow Bd. 19 S. 132.

Zu den öffentlichen Krankenanstalten gehören auch die Provinzialirrenanstalten: Verf. d. Just.-Min. v. 21. Juli 1879. Begriff der öffentlichen Anstalt: RGer. JMBl. 1882 S. 315, der milden Stiftung: RGer. JMBl. 1891 S. 24; 1893 S. 311 und bei Gruchot 36 S. 1102; ferner JMBl. 1899 S. 170.

5 Die Gebührenfreiheit tritt auch dann ein, wenn die Kirchengemeinde nicht als Vertreterin des Kirchenguts handelt; die entgegenstehende Ansicht des Ob.Verw.-Ger. (Entsch. 21 S. 431) ist für das Anwendungsgebiet dieses Ges. ausdrücklich zurückgewiesen (Bgr. 69).

Die Ausdehnung auf andere Religionsgesellschaften, insbesondere die Synagogengemeinden, wurde abgelehnt (KB. 2); im Stempelgesetz ist sie hingegen zugestanden worden: PrStG. § 5c.

Den Kreissynodalverbänden steht namentlich in Bezug auf ihre Einrichtungen für christliche Liebeswerke die Gebühren- und Stempelfreiheit der Kirchen zu: Johow Bd. 18 S. 101; JMBl. 1900 S. 588.

Ebenso den bischöflichen Stühlen, vgl. Allg. Verf. v. 3. Dezember 1897 (JMBl. S. 391).

6 Todeserklärung im Falle der Kriegsverschollenheit: BGB. § 15.

7 Entspricht dem PrStG. § 5g; vgl. G. v. 2. März 1867. Neu ist nur die Ausdehnung der Kostenfreiheit auf Genossenschaften und Gesellschaften mit beschränkter Haftung. Aus § 84 des Gesetzes, betreffend die Bildung von Wassergenossenschaften vom 1. April 1879 (GS. S. 297) läßt sich nicht herleiten, daß die öffentlichen Wassergenossenschaften auch für die nach ihrer Begründung vorgenommenen Geschäfte Kosten- und Stempelfreiheit genießen: Johow Bd. 17 S. 201. Wohl aber folgt aus der Allerh. Ordre v. 4. Mai 1833 die Gebühren- und Stempelfreiheit für solche Grundbuchgeschäfte, welche die statutenmäßige Abtretung von Grundstücken an die Genossenschaft betreffen: Johow Bd. 18 S. 110.

Ein Kreditverkehr steht der Gebührenfreiheit solcher gemeinnützigen Genossenschaften und Gesellschaften m. b. H. nicht entgegen, solange er nur einen Nebenzweck bildet: Allg. Verf. v. 30. April 1900 (JMBl. S. 410).

8 Über solche auf privatrechtlichem Titel beruhende Gebührenbefreiungen findet der Rechtsweg statt (KB. 2).

9 Abs. 2, 3 entsprechen den gleichlautenden Vorschriften des PrStG. § 5. Der Großh. Hessische Fiskus und die für Rechnung des Hessischen Staates verwalteten Anstalten und Kassen genießen die Gebührenfreiheit: Allg. Verf. v. 31. Okt. 1903 (JMBl. S. 271).

10 Der Anteil des gebührenfreien Beteiligten darf daher auch von den übrigen Kostenschuldnern nicht erfordert werden.

Keine Auslagenfreiheit.

9. Die Gebührenfreiheit entbindet nicht von der Zahlung der baaren Auslagen.[1]

Das Gericht kann anordnen, daß Auslagen, welche durch eine von Amtswegen veranlaßte Ver-

legung eines Termins oder durch eine begründet befundene Beschwerde entstanden sind, von der Partei nicht erfordert werden.[2] Dasselbe gilt von den Schreib- und Postgebühren, falls in Gemäßheit des §. 7 Abs. 2 die Gerichtsgebühren niedergeschlagen werden.[3]

1 Kosten der Fürsorgeerziehung: § 95 Abs. 3.

Auslagen, die der preußische Landesfiskus schuldet, bleiben trotz § 9 wegen der bestehenden Finanzgemeinschaft unerhoben: Allg. Verf. v. 2. Juli 1881, JMBl. S. 149 (für Schreibgebühren), vgl. § 15 der Instr. zu § 6 des GKG. v. 10. Mai 1851. Trotz der Finanzgemeinschaft hat die Kgl. Ansiedlungskommission die Auslagen an den Justizfiskus zu erstatten, weil sie mit einem besonderen, von dem sonstigen Staatsvermögen getrennten „Ansiedlungsfonds" zu wirtschaften hat: Johow Bd. 21 S. B 3.

Die Verpflichtung katholischer Pfarrgemeinden in der Rheinprovinz zur Zahlung derjenigen baren Auslagen, welche der Staatskasse durch eine nach dem Tode des Pfarrers in Gemäßheit des Kaiserlichen Dekrets vom 6. November 1813 von Amtswegen vorgenommene gerichtliche Siegelung erwachsen sind, besteht auch nach dem Preußischen Gerichtskostengesetze vom 25. Juni 1895: Johow Bd. 17 S. 194.

Der bisherige Satz 2 des Abs. 1 (Kostenfreiheit im Grundbuchanlegungsverfahren) ist gestrichen, gilt aber weiter; vgl. die Einleitung.

2 Nicht „niedergeschlagen", so daß die Wiedereinziehung von einem etwa regreßpflichtigen Beamten offen bleibt (Bgr. 70).

3 Andere Auslagen als Schreib- und Postgebühren müssen also im Falle des § 7 Abs. 2 von der Partei erhoben werden, der aber unter Umständen der Rückgriff

gegen den schuldigen Beamten offen bleibt. Sind durch ein vorschriftswidriges Verfahren **unnütze Auslagen** entstanden, z. B. zu hohe Einrückungskosten bei den sog. „kleinen“ Genossenschaften (GenG. §§ 156, 159), so ist die Niederschlagung dieser Auslagen gleichwohl unstatthaft; sie müssen vom Kostenschuldner erhoben werden: Johow Bd. 23 S. B 42.

Kosten in Vormundschaftssachen.

Das G. gewährt den Mündeln und Pflegebefohlenen teils Gebührenfreiheit, teils Stundung. Entnahme der Kosten aus der Masse: § 3. Auf Nachlaßpflegschaften und auf Vormundschaften über Verschwender oder Trunkfällige sowie auf Pflegschaften über Abwesende ist § 10 nicht zu erstrecken (KB. 3); jedoch ist auch hier Niederschlagung wegen Armut zulässig: § 17. — Durch Abs. 2 wird der § 10 auch auf dauernde Pflegschaften und Beistandschaften der im Abs. 2 näher bezeichneten Art ausgedehnt.

Andere (sachliche) Gebührenbefreiungen in Vormundschaftssachen: § 95.

10. Hinsichtlich der unter Vormundschaft stehenden minderjährigen, geisteskranken **oder geistesschwachen** Personen [1] wird Folgendes bestimmt:

1. Während der Dauer der Vormundschaft [2] können ohne Rücksicht auf die Höhe des Vermögens des Mündels aus demselben erhoben werden:
   a) alle vor Einleitung der Vormundschaft entstandenen Kosten, insofern sie nicht für Handlungen des Vormundschaftsgerichts

zu entrichten sind, welche in Rücksicht auf die einzuleitende Vormundschaft vorzunehmen waren;

b) alle baaren Auslagen; Schreibgebühren, Postgebühren und Rechnungsgebühren in Vormundschaftssachen jedoch nur dann, wenn der Mündel zur Zeit ihrer Entstehung das ihm nach Nr. 4 freizulassende Vermögen besitzt.

2. Mit der Einziehung anderer Kosten sollen die Mündel während der Dauer der Vormundschaft verschont bleiben, wenn und soweit die Kosten nicht aus den nach Bestreitung des Unterhalts und der Erziehung etwa übrig bleibenden Ueberschüssen der Einkünfte ihres Vermögens gedeckt werden können.[3] Sobald sich bei einer Rechnungslegung ein solcher Ueberschuß ergiebt, kann derselbe zur Deckung der bis dahin entstandenen Kosten und zwar zunächst zur Deckung der noch nicht berichtigten baaren Auslagen verwendet werden.

3. Wenn in Folge gesetzlicher Vorschriften, einer letztwilligen Verfügung oder eines sonstigen Rechtsgeschäfts der Mutter oder einem Dritten der Nießbrauch oder die von der Aufsicht des Gerichts befreite Verwaltung des Vermögens zusteht, so hat das Vormundschaftsgericht nach Anhörung des Vormundes nach billigem

Ermessen zu bestimmen, ob und in welcher Höhe ein Theil des Ertrags des Vermögens als Ueberschuß im Sinne der Vorschriften der Nr. 2 anzusehen ist.

4. (5) Die gestundeten Kosten sind nach beendigter Vormundschaft zu erheben; dem früheren Mündel [4] muß jedoch außer dem Bettzeuge, den Kleidungsstücken und Geräthschaften, welche ihm zu seinem persönlichen Gebrauch etwa verabfolgt oder angeschafft sind, ein reines Vermögen von 500 Mark belassen werden. Mit der gleichen Maßgabe sind die gestundeten Kosten von weiblichen Mündeln zu erheben, sobald sie sich verheirathen.

Die vorstehenden Bestimmungen finden entsprechende Anwendung auf minderjährige, geisteskranke, geistesschwache oder gebrechliche Personen, für die eine Pflegschaft oder Beistandschaft im Sinne des §. 92 eingeleitet ist. Wird die Angabe des Vermögens von dem Inhaber der elterlichen Gewalt verweigert, so hat das Vormundschaftsgericht nach freiem Ermessen nach Anhörung des Gewalthabers sowohl den Betrag des Vermögens als auch die Höhe des Ueberschusses der Einkünfte (Nr. 2) festzusetzen. Diese Festsetzung ist maßgebend für die Erhebung der in der Vormundschaftssache selbst entstandenen Kosten; andere Kosten sind ohne Rücksicht auf die Vorschrift der Nr. 2 sofort zu erheben.[5]

1 BGB. §§ 1773, 1896, § 6. Taube, Stumme, Blinde und Gebrechliche erhalten keinen Vormund, sondern einen Pfleger: BGB. § 1910.

2 Über die Fälligkeit der Gebühren in Vormundschaftssachen vgl. zu § 92 Nr. 1.

3 Ausnahmen: § 119 Abs. 3, § 10 Nr. 4; vgl. auch § 3 mit § 95. Die Höhe des Vermögens (Nr. 4) bleibt hier außer Betracht.

4 Jedem einzelnen Mündel sind 500 M. freizulassen. Die Stundung kommt den Erben des Mündels nicht zu gute, jedoch leben die nach § 10 endgültig außer Ansatz gelassenen Kosten nach dem Tode des Mündels nicht wieder auf.

5 Abs. 2 Satz 2, 3 wiederholt die Vorschriften der jetzt gestrichenen Nr. 4 der bisherigen Fassung. Für „Mündel", d. h. nicht unter elterlicher Gewalt stehende Kinder, können sie nicht mehr in Frage kommen, weil eine Befreiung des Vormundes von der Offenlegung der Vermögensübersicht nicht mehr zulässig ist: BGB. § 1854.

Fälligkeit.[1]

11. Soweit nicht in diesem Gesetze besondere Bestimmungen über die Fälligkeit getroffen sind, werden die Gebühren bei Beendigung des Geschäfts,[2] baare Auslagen bei ihrer Entstehung fällig.[3]

1 D. GKG. §§ 93 ff.

2 Begriff des „Geschäfts" unten § 12 N. 2.

3 Alljährlich: Vormundschaftssachen § 92 Nr. 2; Fideikommißsachen u. s. w. § 96. Die Aufbewahrungsgebühr für Verfügungen von Todeswegen bei der Annahme: § 44 Abs. 2.

Nachforderung.

12. Eine Nachforderung von Gerichtskosten wegen irrigen Ansatzes ist nur zulässig, wenn der berichtigte Ansatz vor Ablauf des nächsten Kalenderjahrs[1] nach endgültiger Erledigung[2] des Geschäfts dem Zahlungspflichtigen mitgetheilt ist.[3]

1 D. GKG. § 5. Nur der Gesamtbetrag der Kostenrechnung darf nicht mehr erhöht werden: Johow Bd. 9 S. 8; vgl. auch Bd. 13 S. 201.

Nachforderung bei Verfügungen von Todeswegen: § 44 Abs. 7.

2 Begriff der „endgültigen Erledigung", als Anfangspunkt der einjährigen Ausschlußfrist: Johow Bd. 19 S. 124. „Geschäft" bezeichnet im § 11 jede einzelne Tätigkeit des Gerichts, für welche eine Gebühr fällig wird, im § 12 dagegen die gesamte — möglicherweise aus verschiedenen gesondert gebührenpflichtigen Abschnitten zusammengesetzte — Tätigkeit. Mithin beginnt, wenn die Rechnungslegungsgebühr des § 92 Nr. 2 nicht erhoben ist, die Ausschlußfrist für ihre Nachforderung erst mit Beendigung der Vormundschaft.

3 Die Frist wird nur gewahrt durch Mitteilung des berichtigten Kostenansatzes, nicht durch vorbereitende Maßnahmen, selbst wenn der Kostenschuldner von diesen in Kenntnis gesetzt worden ist: Johow Bd. 25 S. B7 (JMBl. 1903 S. 56).

Verjährung.

13. Der Anspruch auf Zahlung von Gerichtskosten verjährt in vier Jahren.

Auf die Verjährung finden die Vorschriften des Bürgerlichen Gesetzbuchs[1] **mit folgenden Maßgaben Anwendung:**

Die Verjährung beginnt mit dem Schlusse des Jahres, in welchem die Kostenforderung fällig wird, bezüglich der Kosten, welche von den im §. 10 bezeichneten Personen zu entrichten sind, mit dem Schlusse des Jahres, in welchem die über sie geführte Vormundschaft, Pflegschaft oder Beistandschaft beendigt wird.[2]

Die Verjährung wird auch unterbrochen[3] durch eine an den Zahlungspflichtigen erlassene Aufforderung[4] zur Zahlung und durch die Bewilligung einer von ihm nachgesuchten[5] Stundung. **Wird die Verjährung unterbrochen, so beginnt eine neue Verjährung**[6] **nicht vor dem Schlusse des Jahres, in welchem der für die Beendigung der Unterbrechung maßgebende Zeitpunkt eintritt, und im Falle der Bewilligung einer Stundung nicht vor dem Schlusse des Jahres, in welchem die bewilligte Frist abläuft.**[7]

1 BGB. §§ 194 ff.; AG. BGB. Art. 8 § 2.

2 Abweichung von BGB. § 198, der die Entstehung des Anspruchs entscheiden läßt.

3 D. h. außer durch die Unterbrechungsgründe des BGB. §§ 208 bis 210.

4 Förmliche Zustellung ist nicht erforderlich; es genügt, daß die Aufforderung in die Hände des Zahlungspflichtigen gelangt ist (KB. 3). Mitteilung der Kostenrechnung genügt, weil in diese stets eine ausdrückliche Aufforderung zur Zahlung aufgenommen wird: Kassen-O. §§ 24, 25.

5 Eine von Amtswegen bewilligte Stundung unterbricht die Verjährung nicht.

6 Abs. 4 entspricht der Vorschrift des AG. BGB. Art. 8 § 2 Nr. 2.

7 § 13 gilt nicht für den Stempel: § 30; feste Stempel verjähren in 5, Wertstempel in 10 Jahren: PrStG. § 27.

Kostenansatz.

14. Der Ansatz der Gebühren und Auslagen erfolgt bei dem Gerichte, bei welchem die Rechtsangelegenheit anhängig geworden ist,[1] auch wenn sie bei einem ersuchten Gericht entstanden sind oder die Angelegenheit früher bei einem anderen Gericht anhängig war. Der Ansatz erfolgt bei dem Gerichte der Instanz, in welcher die Gebühren und Auslagen entstanden sind.

1 Dieses Gericht ist daher zuständig für die Wertfestsetzung (§§ 19 ff.), die Entscheidung über Erinnerungen (§ 24) und für die sonstigen in den §§ 6, 7, 9, 58 Abs. 6 bezeichneten Anordnungen. Der Begriff der Rechtsangelegenheit ist derselbe, wie der des „Geschäfts" im § 11 (s. N. 2 zu 12).

Zurückbehaltung von Schriftstücken.

15. Die Aushändigung von Ausfertigungen und Abschriften sowie die Rückgabe der aus Anlaß eines Geschäfts der freiwilligen Gerichtsbarkeit vorgelegten Urkunden kann von vorheriger Zahlung der Kosten und Stempelabgaben abhängig gemacht[1] werden. Ueber Erinnerungen[2] gegen eine derartige Anordnung wird im Aufsichtsweg entschieden.

1 Die ursprüngliche Fassung des Entwurfs „ist in der Regel" ist durch „kann" ersetzt, damit die Bestimmung nicht als eine zwingende aufgefaßt werden sollte (KB. 3).

Verzögerungen sind tunlichst zu vermeiden: § 14 Nr. 5 der Kassen-O., abgedr. im Anh. II b.

Vgl. auch Allg. Verf. v. 12. Sept. 1896, JMBl. S. 308 und jetzt § 13 der Kassen-O.: von der Befugnis ist Gebrauch zu machen, sofern nicht der Eingang der Kosten- und Stempelbeträge mit Sicherheit zu erwarten steht.

Zuständig für die Anordnung ist zunächst der berechnende Gerichtsschreiber; der Kassenkurator kann aber jederzeit eine abändernde Entscheidung treffen.

2 Note 3 zu § 6; die Entscheidung ist gebührenfrei: § 145.

Beitreibung.

16. Die zwangsweise Einziehung der Gerichtskosten, insbesondere die Eintragung im Grundbuch, erfolgt im Wege des Verwaltungszwangsverfahrens.[1]

Die Zwangsversteigerung von Gegenständen des unbeweglichen Vermögens wegen einer Kostenforderung[2] ist weder gegen den ursprünglichen

Schuldner noch gegen einen Ehegatten oder Abkömmling desselben oder den Ehegatten eines Abkömmlinges zulässig.

1 Kgl. V. v. 15. Nov. 1899 (GS. S. 545) und Ausführungsanweisung dazu v. 28. Nov. 1899; Gerichtsvollz.-Anweisung § 108; Kassen-O. §§ 33 ff. Die Vollstreckungsanordnung steht dem Rendanten der Gerichtskasse zu; er erläßt auch die Pfändungsbeschlüsse und stellt die Anträge auf Eintragung von Zwangshypotheken.

Nach der neuen Vorschrift der CPO. § 866 Abs. 3, die auch für das Verwaltungszwangsverfahren gilt, ist die Eintragung einer Zwangshypothek nur noch zulässig, wenn die beizutreibende Forderung mehr als 300 M. beträgt. Die Kosten der Eintragung, für die das Grundstück schon kraft Gesetzes haftet (CPO. § 867) sind nicht miteinzutragen; der abweichende Beschluß des Kammerger. (Johow Bd. 14, S. 145) erscheint nicht mehr maßgebend (Mügel S. 75 N. 4).

2 § 16 Abs. 2 gilt nicht für den Stempel: § 30; zwangsweise Einziehung des Stempels: PrStG. § 15; Beitreibung der Stempelstrafen: PrStG. § 22. Zwangsverwaltung ist unbeschränkt zulässig.

Niederschlagung.

17. Ein nach den Vorschriften der Civilprozeßordnung (§. 118 Abs. 2) für den Schuldner eines Kostenbetrags ausgestelltes Zeugniß soll in der Regel ausreichen, um die völlige oder theilweise Niederschlagung oder die Stundung des Kostenbetrags wegen Armuth[1] zu begründen. Der Schuldner ist jedoch verpflichtet, auf Verlangen der Kassenverwaltung nach den Vorschriften des §. 807 der

Civilprozeßordnung sein Vermögen anzugeben und den Offenbarungseid zu leisten.[2]

Durch die Niederschlagung der Kosten wird deren spätere Einziehung innerhalb der Verjährungsfrist nicht ausgeschlossen.

Ueber Beschwerden wegen verweigerter Niederschlagung oder Stundung wird im Aufsichtsweg entschieden.

1 Nach FGG. § 14 finden die Vorschriften über das Armenrecht (CPO. §§ 114--127) auch in den Angelegenheiten der freiwilligen Gerichtsbarkeit entsprechende Anwendung.

Neben der förmlichen Bewilligung des Armenrechts durch gerichtlichen Beschluß kennt aber das Pr. GKG. eine Niederschlagung oder Stundung von Kosten durch den Kassenkurator als Organ der Justizverwaltung. Eine vorgängige Prüfung, ob die Anträge des Schuldners zweckentsprechend sind (CPO. § 114), findet nur bei der gerichtlichen Entscheidung über das Armenrechtsgesuch statt.

2 Dieser Offenbarungseid setzt eine voraufgegangene fruchtlose Vollstreckung nicht voraus (streitig; ebenso Mügel S. 78). Über das Verfahren ist näheres nicht bestimmt. Es wird jedenfalls die Ladung des Schuldners vor das im § 21 der V. v. 15. Nov. 1899 (CPO. § 899) bestimmte Amtsgericht erfolgen müssen, da das Gericht auf einseitigen Antrag des Schuldners zur Abnahme des Offenbarungseids nicht schreiten darf. Nach Kassen-O. § 20 ist der Offenbarungseid nur zu fordern, wenn ausreichende Gründe zu der Annahme führen, daß der Schuldner Vermögensstücke verheimlicht. Bei Beträgen unter 15 M. ist von dem Verlangen des Offenbarungseids in der Regel abzusehen.

Werthberechnung.

18. Ist neben den Gebühren für die Eintragung des Eigenthümers im Grundbuche der Auflassungsstempel zu erheben, so ist die behufs Berechnung der Stempelabgabe getroffene Werthfestsetzung[1] auch bei dem Ansatze der Gerichtskosten maßgebend.

1 PrStG. § 6 und Tarifst. 6; Allg. Verf. v. 29. Febr. 1896 (JMBl. S. 63) §§ 13—18. Durch § 17 der Allg. Verf. ist die Entscheidung über die Wertfestsetzung unter Umständen dem Provinzialsteuerdirektor und dem Finanzminister zugewiesen, so daß diese Behörden mittelbar zugleich über den Ansatz der Gerichtskosten zu entscheiden haben.

19. In allen übrigen Fällen wird der Werth des Gegenstandes des Geschäfts vom Gerichte nach freiem Ermessen unter Beachtung der nachfolgenden Vorschriften festgesetzt.[1]

1 CPO. § 3.

Sondervorschriften für die Wertberechnung.

a) Gerichtliche Urkunden: §§ 39, 40;
b) Grundbuchsachen: §§ 58 Nr. 4, 64 Abs. 2, 65, 66 Nr. 1, 2;
c) Nachlaßsachen: §§ 81 Abs. 4 u. 5, 84, 89 Abs. 2, 90;
d) Vormundschaftssachen: § 92 Nr. 3.

Ein Gerichtsbeschluß über die Wertfestsetzung ergeht nur unter den Voraussetzungen des § 24.

Zeit der Werthberechnung.

20. Für die Werthberechnung ist der Zeitpunkt der Fälligkeit der Gebühren entscheidend.[1]

Maßgebend für den in Ansatz zu bringenden Werth ist nur der Hauptgegenstand des Geschäfts. Früchte, Nutzungen, Zinsen, Schäden, Vertragsstrafen und Kosten werden nur berücksichtigt, wenn sie für sich den Gegenstand eines besonderen Geschäfts bilden.[2]

1 Ausnahme: bei wiederkehrenden Leistungen entscheidet die Zeit des Anfalls (§ 21 Nr. 5), vgl. dazu KGer. Johow Bd. 16 S. 213.

2 CPO. § 4.

Gegenstand der Wertberechnung.

21. 1. Bei der Berechnung des Werthes einer Sache[1] ist nur der gemeine Werth derselben in Betracht zu ziehen; handelt es sich um einen Verkauf derselben, so ist als Werth der Betrag des vereinbarten Kaufpreises mit Hinzufügung des Werthes der vorbehaltenen Nutzungen[2] und ausbedungenen Leistungen in Ansatz zu bringen.

2. Der Werth des Besitzes einer Sache ist in der Regel dem Werthe der Sache gleich zu achten.

3. Der Werth eines Pfandrechts oder der Sicherstellung einer Forderung richtet sich nach dem Betrage der Forderung; hat der Gegenstand des Pfandrechts einen geringeren Werth, so ist dieser maßgebend, soweit nicht die besonderen Vorschriften für Eintragungen im Grundbuche (§. 65) entgegenstehen. Bei Vorrangseinräumungen richtet sich der Werth nach dem Betrage der vortretenden Post

und, wenn der Betrag der zurücktretenden Post der geringere ist, nach diesem.

4. Der Werth einer Grunddienstbarkeit[3] wird durch den Werth, welchen dieselbe für das herrschende Grundstück hat, und wenn der Betrag, um welchen sich der Werth des dienenden Grundstücks durch die Dienstbarkeit mindert, größer ist, durch diesen Betrag bestimmt.

5. Der Werth des Rechtes auf wiederkehrende Nutzungen oder Leistungen[4] wird nach den Vorschriften der §§. 15 bis 19 des Erbschaftssteuergesetzes in der Fassung der Bekanntmachung vom 24. Mai 1891 (Gesetz-Samml. S. 78)[5] mit der Maßgabe berechnet, daß bei immerwährenden Nutzungen oder Leistungen das Fünfundzwanzigfache des einjährigen Betrags maßgebend ist. Steht der Zeitpunkt des Anfalls nicht fest, so tritt an dessen Stelle der Zeitpunkt der Begründung des Bezugsrechts.

6. Der Werth eines Mieth- oder Pachtrechts bestimmt sich nach dem zusammenzurechnenden Werthe aller Leistungen des Miethers oder Pächters während der ganzen Vertragszeit.[6] Bei länger als 25 Jahre dauernden Mieth- oder Pachtverhältnissen ist der fünfundzwanzigfache Betrag der einjährigen Leistung maßgebend. Bei unbestimmter Dauer des Vertrags erfolgt die Berechnung bei ländlichen Grundstücken unter Zugrundelegung dreier Jahre, in allen anderen

Fällen unter Zugrundelegung eines Jahres; kann jedoch bei Verträgen, deren Dauer von einer Kündigung abhängt, die Auflösung des Vertragsverhältnisses erst zu einem späteren Zeitpunkte geschehen, so ist dieser Zeitpunkt maßgebend.

7. Der Werth der einem Fideikommiß- oder Lehnsfolger anfallenden Rechte ist nach den Bestimmungen unter Nr. 5 zu berechnen.[7]

8. Bei Kurs habenden Werthpapieren ist der Tageskurs als Werth anzusehen. Die Umrechnung der in anderer als Reichswährung angegebenen Summen erfolgt nach den für die Erhebung des Wechselstempels vom Bundesrathe festgesetzten Mittelwerthen[8] und, insoweit solche nicht bestimmt worden sind, nach dem laufenden Kurse.[9]

1 Vgl. CPO. §§ 6 ff. Bei der Beurkundung von Gutsüberlassungsverträgen und der Auflassung des durch einen solchen Vertrag überlassenen Grundstücks ist der gemeine Wert, nicht der Erwerbspreis maßgebend; denn die Gutsüberlassung ist nicht Kauf: Johow Bd. 19 S. 138 (JMBl. 1901 S. 25).

2 Zu den „vorbehaltenen Nutzungen" ist ein etwa vorbehaltenes Recht auf Mineralien und Fossilien nur dann zu rechnen, wenn das Grundstück zur Gewinnung von Mineralien u. s. w. bereits wirtschaftlich bestimmt ist: Johow Bd. 25 S. B 34.

3 Persönliche Belastungen eines Grundstücks, z. B. Baubeschränkungen, werden wie Grunddienstbarkeiten bewertet (RGer. Bd. 29 S. 406).

Der Wert eines Vorkaufsrechts ist gleich dem Werte des Grundstücks: Johow Bd. 25 S. B 14.

4 **Wertberechnung von Renten, die zum Mündelvermögen gehören, behufs Berechnung der Vormundschaftsgebühren: vgl. zu § 92 Nr. 1.**

Die Berechnung nach dem Kapitalwerte, der sich aus dem Lebensalter des Bezugsberechtigten ergibt, greift auch Platz bei der Löschung von Altenteilen und ähnlichen Leibrenten; man darf nicht sagen, daß das Recht, weil der Bezieher gestorben, zur Zeit keinen Wert mehr habe: Johow Bd. 19 S. 153.

5 Die Vorschrift in § 21 Nr. 5 des Preußischen Gerichtskostengesetzes vom 25. Juni 1895 betrifft nur die Art der Berechnung des Kapitalwertes, mit welchem die gesamten wiederkehrenden Nutzungen oder Leistungen anzusetzen sind; der Wert der einzelnen Jahresnutzung wird vom Gericht nach freiem Ermessen bestimmt. Die Berechnung des Kapitalwertes erfolgt bei auf bestimmte Zeit eingeschränkten Nutzungen oder Leistungen nach dem Maßstabe, welcher in der dem Erbschaftssteuergesetz in der Fassung der Bekanntmachung vom 24. Mai 1891 beigegebenen Hilfstabelle aufgestellt ist: Johow Bd. 17 S. 132.

§§ 15 bis 19 des Erbschaftssteuergesetzes in der Fassung vom 24. Mai 1891 (GS. S. 78) und 31. Juli 1895 (GS. S. 412):

§ 15. Bei immerwährenden Nutzungen und Leistungen wird das Fünfundzwanzigfache ihres einjährigen Betrages, bei Nutzungen und Leistungen von unbestimmter Dauer, sofern nicht die Vorschriften in den §§ 16 u. 17 Anwendung finden, oder anderweite die längste Dauer begrenzende Umstände nachgewiesen werden, das Zwölfundeinhalbfache des einjährigen Betrages als Kapitalwerth angenommen.

§ 16. Der Werth von Leibrenten, Nießbrauchsrechten auf Lebenszeit und anderen auf die Lebenszeit des Berechtigten oder einer anderen Person beschränkten Nutzungen oder Leistungen bestimmt sich nach dem zur Zeit des Anfalles erreichten Lebensalter der Person, bei deren Tode die Nutzung oder Leistung erlischt, und wird bei einem Lebensalter derselben

von	15 Jahren oder weniger			auf	das		18fache
über	15 Jahre	bis zu	25 Jahren	auf	das		17fache
„	25	„ „ „	35	„	„	„	16 „
„	35	„ „ „	45	„	„	„	14 „
„	45	„ „ „	55	„	„	„	12 „
„	55	„ „ „	65	„	„	„	8½fache
„	65	„ „ „	75	„	„	„	5 „
„	75	„ „ „	80	„	„	„	3 „
„	80	„ auf das	. . .	.	.	.	2 „

des Werthes der einjährigen Nutzung beziehungsweise Leistung angenommen.

Ist jedoch die Nutzung oder Leistung schon innerhalb eines Jahres nach dem Anfalle erloschen, so wird der Werth derselben nur nach Maßgabe ihrer wirklichen Dauer bestimmt und das Zuvielgezahlte erstattet.

§ 17. Ist die Dauer der Nutzungen oder Leistungen von der Lebenszeit mehrerer Personen dergestalt abhängig, daß beim Tode der zuerst versterbenden die Nutzung oder Leistung erlischt, so ist für die nach § 16 vorzunehmende Werthermittelung das Lebensalter der ältesten Person maßgebend. Wenn die Nutzung oder Leistung bis zum Tode der letztversterbenden Person fortdauert, erfolgt die Berechnung nach dem Lebensalter der jüngsten Person.

§ 18. Bei auf bestimmte Zeit eingeschränkten Nutzungen oder Leistungen ist der Kapitalwerth der gesammten Nutzungen beziehungsweise Leistungen für den Zeitpunkt des Anfalls unter Zugrundelegung eines vierprozentigen Zinsfußes nach der beigefügten Hülfstabelle*) zu ermitteln. Ist jedoch die Dauer der Nutzung oder Leistung

*) Hier nicht abgedruckt.

noch außerdem durch die Lebenszeit einer oder mehrerer Personen bedingt, so darf der nach §§ 16 und 17 zu berechnende Kapitalwerth nicht überschritten werden.

§ 19. Der einjährige Betrag der Nutzung eines Geldkapitals ist, wenn er nicht anderweitig feststeht, zu vier vom Hundert anzunehmen.

6 CPO. § 8.

7 § 26 des Erbschaftssteuerges.

8 Die Mittelwerte sind festgesetzt in der Bekanntmachung v. 23. März 1899 (Central-Bl. f. d. D. R. S. 104).

9 Bei Geldforderungen, die nicht mit kurshabenden Wertpapieren verknüpft sind, scheint das G. schlechthin den Nennwert als maßgebend zu betrachten, vgl. auch OLG. Celle in Seuffert Arch. Bd. 44, S. 93. Doch wäre eine nach freiem Ermessen unter Beachtung der wirtschaftlichen Lage des Schuldners erfolgende Schätzung des Wertes der Forderung durch § 19 wohl zu rechtfertigen (vgl. Mügel S. 77 N. 11). Bei der Abtretung einer Forderung ist, wie jetzt auch das KGer. annimmt, nicht schlechthin der Nennwert zu Grunde zu legen, sondern nur der geringere Handelswert, den die Forderung nach der Ansicht der Beteiligten hat: Johow Bd. 18 S. 169.

Gebührenerstattung.

22. (17 Abs. 4) Werden Pachtverträge, welche auf länger als drei Jahre geschlossen sind, vor Ablauf der vertragsmäßigen Zeit aufgelöst, so ist der Justizminister ermächtigt, die Rückzahlung der für die Beurkundung des Pachtvertrags entrichteten Gebühren[1] insoweit anzuordnen, als dieselben denjenigen Gebührensatz übersteigen, welcher bei Verabredung der wirklichen Vertragsdauer anzusetzen gewesen wäre.

1 Stempel kommt nicht in Frage, weil dieser bei Pachtverträgen durch Versteuerung des Pachtverzeichnisses entrichtet wird: PrStG. Tarifst. 48a.

Wert nicht vermögensrechtlicher Angelegenheiten.

23. (22) Bei nicht vermögensrechtlichen Angelegenheiten[1] wird der Werth des Gegenstandes zu 2000 Mark, ausnahmsweise niedriger oder höher, jedoch nicht unter 200 Mark und nicht über 50000 Mark angenommen.

Ist mit einer nicht vermögensrechtlichen Angelegenheit eine mit ihr zusammenhängende vermögensrechtliche verbunden, so ist nur ein Werth, und zwar der höhere, maßgebend.

1 D. GKG. § 10; vermögensrechtliche Angelegenheiten sind im Sinne des Gesetzes niemals unschätzbar, es tritt nur event. das freie richterliche Ermessen ein: § 20.

Ausnahmsweise ist § 23 bei einigen an sich zu den „vermögensrechtlichen" gehörenden Geschäften für anwendbar erklärt: §§ 39, 48.

Wertfestsetzung.

24. (23) Die Festsetzung des Werthes des Gegenstandes erfolgt gebührenfrei durch Beschluß des Gerichts, falls dieselbe von dem Kostenschuldner beantragt oder nach der Natur des Gegenstandes erforderlich wird.[1]

Der Kostenschuldner ist verpflichtet, die zur Festsetzung des Werthes erforderlichen Angaben zu machen. Das Gericht kann eine Beweisaufnahme, insbesondere die Einnahme des Augenscheins oder die Begutachtung durch Sachverständige, auf Antrag oder von Amtswegen anordnen. In dem Beschlusse, durch welchen der Werth festgesetzt wird, ist über die Kosten der Beweisaufnahme zu entscheiden. Dieselben sind ganz oder theilweise demjenigen zur Last zu legen, welcher durch Unterlassung der ihm obliegenden Werthangabe, durch unrichtige Werthangabe oder durch unbegründete Beschwerde die Beweisaufnahme veranlaßt hat.[2]

1 Im allgemeinen hat der Gerichtsschreiber den Wert des Gegenstandes zu ermitteln; trägt er Bedenken oder erfordert der Gegenstand eine Schätzung nach richterlichem Ermessen, so hat er einen Gerichtsbeschluß anzuregen. Hat ein Beteiligter die Wertfestsetzung beantragt, so fallen ihm die Auslagen (Schreib- und Postgebühren) zur Last.

Für den Ansatz der Gerichtsgebühren in Angelegenheiten der nicht streitigen Gerichtsbarkeit findet die Ermittelung und Festsetzung des Wertes des Gegenstandes ausschließlich nach den im Pr. GKG. aufgestellten Grundsätzen statt, und zwar in Ermangelung besonderer Vorschriften (z. B. § 23, § 90) nach dem freien Ermessen des Gerichts. Stempelrechtliche Vorschriften kommen für den Gebührenansatz ausnahmsweise nur da maßgebend in Betracht, wo dies ausdrücklich (z. B. im § 18) bestimmt ist: Johow Bd. 17, S. 132.

Die Wertfestsetzung kann für alle Beteiligte nur einheitlich erfolgen, jeder Beschluß wirkt für und gegen Alle: RGer. Bd. 31, S. 393. Ist auf Beschwerde eines Beteiligten eine Entscheidung des Landgerichts bereits ergangen, so steht den übrigen Beteiligten nur noch die weitere Beschwerde offen.

Beschwerde über den Festsetzungsbeschluß: § 27; Änderung von Amtswegen: § 26.

2 D. GKG. §§ 14, 16, 17.

Erinnerungen.

25. (24) Ueber Erinnerungen[1] des Zahlungspflichtigen oder der Staatskasse gegen den Ansatz von Gebühren und Auslagen entscheidet das Gericht, bei welchem der Ansatz erfolgt ist, gebührenfrei.

1 D. GKG. § 4; RGer. Bd. 16 S. 291.

Die Justizverwaltung hat es in der Hand, statt eine förmliche Erinnerung zu erheben, den Gerichtsschreiber im Aufsichtswege zu einer Berichtigung des Kostenansatzes anzuweisen: Allg. Verf. v. 28. Febr. 1885, JMBl. S. 90.

Der Rechtsweg ist in Kostensachen grundsätzlich ausgeschlossen: RGer. Bd. 25 S. 332; Mügel (S. 98) will dagegen den Rechtsweg bedingt, d. h. unter den Voraussetzungen der §§ 78, 79 II, 14 ALR., wie gegenüber „allgemeinen Anlagen" zulassen.

Ausdrücklich zugelassen ist der Rechtsweg durch § 3 Abs. 3, § 53 der V. über das Verwaltungszwangsverfahren v. 15. Nov. 1899 für den Fall, daß ein Dritter auf Grund des bürgerlichen Rechtes für die Kostenschuld in Anspruch genommen wird oder daß der Erbe seine Haftungsbeschränkung geltend machen will.

Änderung von Amtswegen.

26. (25) Die Entscheidungen über Werthfestsetzung oder über Erinnerungen gegen den Kostenansatz können von dem Gerichte, welches dieselben getroffen hat, oder von dem Gerichte der höheren Instanz von Amtswegen geändert werden.[1]

1 D. GKG. §§ 4, 16. Die Worte „im Laufe des Verfahrens", welche § 16 D. GKG. enthält, fehlen hier; folglich kann das höhere Gericht, auch wenn es nur mit einer Beschwerde über die Wertfestsetzung befaßt ist, zu Ungunsten des Beschwerdeführers ändern: Johow Bd. 17 S. 132; anders in der streitigen Gerichtsbarkeit: RGer. Bd. 14 S. 352.

Beschwerde.

27. (26) Gegen die in den §§. 24 bis 26 gedachten Entscheidungen findet Beschwerde nach Maßgabe der §§. 568 bis 575 der Civilprozeßordnung statt.[1] Gegen die Entscheidung der Landgerichte als Beschwerdegerichte findet auch dann, wenn ein neuer selbständiger Beschwerdegrund nicht vorliegt oder die Beschwerdesumme den Betrag von fünfzig Mark nicht übersteigt,[2] die weitere Beschwerde statt, falls die Entscheidung auf einer Verletzung des Gesetzes beruht. Die Vorschriften der §§. 550, 551 der Civilprozeßordnung finden in diesem Falle entsprechende Anwendung.[3]

Die Einlegung von Erinnerungen oder Beschwerden kann in allen Fällen durch Erklärung zum Protokolle des Gerichtsschreibers oder schriftlich ohne Mitwirkung eines Anwalts erfolgen.

1 Das Verfahren der weiteren Kostenbeschwerde ist ein Mittelding zwischen der weiteren Beschwerde der

streitigen und der freiwilligen Gerichtsbarkeit: sie kann sowohl auf Gesetzesverletzung, wie — wenn ein neuer Beschwerdegrund gegeben ist — auch auf Tatsachen gestützt werden; kein Anwaltzwang; die Zuständigkeit des Kammergerichts ist abweichend geordnet. Zur Beschwerde berechtigt ist jeder Kostenschuldner und die Staatskasse, da die Entscheidung für jeden Beteiligten Recht macht (§ 24 und N. 1).

Vertreter der Staatskasse ist der Erste Staatsanwalt, in höherer Instanz der Oberstaatsanwalt: Allg. Verf. v. 28. Febr. 1885, JMBl. S. 90. Eine gerichtliche Entscheidung, welche den Kostenansatz ermäßigt, ist gemäß § 15 der Allg. Verf. v. 28. Febr. 1885 dem Präsidenten vorzulegen; dieser ist befugt, die Staatsanwaltschaft zur Beschwerdeführung zu veranlassen. Aber auch gegen den Willen des Präsidenten ist die Staatsanwaltschaft befugt, die Kostenbeschwerde zu erheben: Johow Bd. 19 S. 114.

Das Gericht ist zur Beschwerde gegen einen seine Entscheidung abändernden Beschluß nicht befugt: Johow Bd. 3 S. 195.

Kein Rechtsweg wegen der Gerichtskosten, da das Beschwerdeverfahren den Rechtsweg ersetzt: RGer. JMBl. 1896 S. 322 und 1887 S. 85; s. oben N. 1 zu § 25.

Zulässig ist die Beschwerde nicht nur gegen Endentscheidungen in Kostensachen, sondern gegen alle das Kostenberechnungsverfahren betreffenden gerichtlichen Anordnungen, z. B. gegen eine die Wertangabe verlangende Zwischenverfügung: Johow Bd. 21 S. B 21.

2 Nach CPO. § 568 Abs. 3 ist die Beschwerde an das Oberlandesgericht in Kostensachen ausgeschlossen, wenn nicht eine Beschwerdesumme von 50 M. vorliegt. Diese Vorschrift wird durch § 27 auf Kosten der freiwilligen Gerichtsbarkeit nur insoweit mitausgedehnt, als die weitere Beschwerde nicht auf Gesetzes-

verletzung gestützt ist. Die eigentliche Rechtsbeschwerde ist mithin bei jedem Betrage zulässig.

3 Zuständiges Gericht: § 28; kein Anwaltszwang.

Zuständigkeit des Kammergerichts.

28. (27) Soweit die Aenderung einer Werth- oder Kostenfestsetzung von Amtswegen oder die Verhandlung und Entscheidung von Beschwerden den Oberlandesgerichten als Gerichten höherer Instanz oder Beschwerdegerichten zusteht, ist das Kammergericht ausschließlich zuständig, wenn nicht ein anderes Oberlandesgericht gleichzeitig über eine Beschwerde in der Angelegenheit, für welche Kosten in Ansatz zu bringen sind, zu entscheiden hat. Die Entscheidung erfolgt in einem Civilsenate.[1]

1 Vgl. Pr. FGG. Art. 7. Zur Entscheidung von reinen Kostenbeschwerden, soweit die Entscheidung den Oberlandesgerichten als Gerichten höherer Instanz oder Beschwerdegerichten zusteht, ist auch im Zwangsversteigerungs-Verfahren das Kammergericht ausschließlich zuständig: Johow Bd. 16 S. 163.

Beschwerden über die Festsetzung von Sachverständigengebühren gehören nicht zur ausschließlichen Zuständigkeit des Kammergerichts, selbst wenn der Sachverständige zur Werthermittelung behufs Kostenberechnung in einer Sache der freiwilligen Gerichtsbarkeit zugezogen worden ist: Johow Bd. 25 S. B. 3. Das Verfahren richtet sich vielmehr nach der GebO. f. Z. u. S.

Der bisherige § 28 (Bestimmung des örtlichen Gerichtsstandes) ist gestrichen und sachlich ersetzt durch § 20 des AG. GKG. in der Fassung des Pr. FGG. Art. 130 III.

Stempelpflicht.

29. **Eine Erhebung von Stempeln neben den Gebühren findet nur in denjenigen Fällen statt, in welchen es in diesem Gesetz ausdrücklich angeordnet ist.**[1]

Urkunden, welche in einem den Vorschriften dieses Gesetzes unterliegenden Verfahren errichtet werden, bleiben, soweit ihr Inhalt über den Gegenstand des Verfahrens hinausgeht, den allgemeinen Vorschriften über Erhebung von Stempeln unterworfen.[2]

1 a) Gerichtliche Urkunden: § 56;
b) Grundbuchsachen: § 69;
c) Fideikommiß- und Stiftungssachen: § 97;
d) gebührenfreie Zeugnisse und Abschriften aus den öffentlichen Registern: § 110 Abs. 2;
e) Ausfertigungen und Abschriften auf besonderen Antrag: § 114 Abs. 3.

Im übrigen werden die Stempelabgaben durch die Gebühren und Stempel zusammenfassenden Pauschsätze dieses Gesetzes mitabgegolten.

Handelsregister-Auszüge sind hiernach jetzt stempelfrei, vgl. zu § 74. Bescheinigungen über Eintragungen im Wassergenossenschafts- und im Genossenschaftsregister sind stempelpflichtig, da hier eine Gerichtsgebühr nicht erhoben wird: Allg. Verf. v. 9. Sept. 1879 (JMBl. S. 337) § 12; v. 29. Mai 1895 (JMBl. S. 171).

2 Wenn z. B. im Erbteilungsverfahren ein zu der Auseinandersetzung nicht gehöriger Vertrag abgeschlossen und beurkundet wird (Begr. 76).

Urkunden, die im Verfahren nicht errichtet, sondern nur gebraucht werden (D. GKG. § 2 Abs. 2), unterliegen stets den allgemeinen Stempelvorschriften: § 31.

Nach D. GKG. § 101 ist neben den reichsgesetzlichen Kosten für einen Vergleich im Prozeßverfahren oder für eine Entscheidung auf Anerkenntnis oder Verzicht, der Mehrbetrag zu erheben, um den die landesgesetzliche Abgabe für das entsprechende Rechtsgeschäft höher sein würde, insbesondere auch der Betrag des Landesstempels für einen Vergleich, jedoch unter Anrechnung der landesgesetzlichen Vergleichsgebühr: RGer. JMBl. 1898, S. 38.

Stempel als Gerichtskosten.

Vgl. hierzu die Allg. Verf. v. 29. Febr. 1896, JMBl. S. 63 und v. 17. Juli 1900, JMBl. S. 505.

30. Eine Verwendung von Stempelmaterial findet bei den Gerichten nicht statt. Wenn Stempelabgaben neben den Gebühren zu erheben sind, werden dieselben nach den für Gerichtsgebühren geltenden Vorschriften eingezogen und auch sonst als Gerichtsgebühren behandelt. Die Vorschriften der §§. 1, 2, 7 Abs. 1, 8, 12, 13, 16 Abs. 2, 19 bis 23 bleiben jedoch hinsichtlich der Stempelabgaben außer Anwendung.[1] Gegen die Entscheidungen des Oberlandesgerichts über die Festsetzung des für eine Stempelberechnung maßgebenden Wertes oder über Erinnerungen oder Beschwerden, betreffend den Ansatz von Stempelbeträgen, findet Beschwerde an den Justizminister statt.[2] Der Justizminister kann den Ansatz dieser Beträge in allen Fällen von Amtswegen berichtigen. Die Vorschriften über die Zulässigkeit des Rechtswegs werden durch die vorstehenden Bestimmungen nicht berührt.[3] Bezüglich des Verfahrens bei der Beanstandung der im

Falle einer Auflassung gemachten Werthangabe behält es bei den stempelgesetzlichen Vorschriften sein Bewenden.[4] Soweit der Finanzminister nach stempelgesetzlichen Vorschriften befugt ist, die Rückerstattung von Stempelabgaben oder die Abstandnahme von der Einziehung derselben anzuordnen, steht diese Befugniß hinsichtlich der als Gerichtskosten zu erhebenden Stempelbeträge dem Justizminister zu.[5]

Auf die nach stempelgesetzlichen Vorschriften zu stundenden Stempelbeträge[6] finden die Bestimmungen des ersten Absatzes keine Anwendung. Diese Beträge werden durch die Behörden der Verwaltung der indirekten Steuern eingezogen.

1 Die nicht anwendbaren Vorschriften betreffen: Haftung des oder Gesamthaftung der Antragsteller, Gebührenfreiheit, Nachforderung und Verjährung, Beschränkung der Zwangsversteigerung, Wertberechnung. Hier gelten die Bestimmungen der Stempelgesetze (PrStG. §§ 12, 13; 4, 5; 27; 15; 6).

2 Allg. Verf. v. 29. Febr. 1896 § 6.

3 G. v. 24. Mai 1861, betr. die Erweiterung des Rechtsweges (GS. S. 241); PrStG. § 26 und Allg. Verf. v. 29. Febr. 1896 § 7.

4 Instanzenzug: Provinzialsteuer-Direktor, Finanzminister: Allg. Verf. v. 29. Febr. 1896 § 17; vgl. N. 1 zu § 18 Pr. GKG.

5 Erstattung aus Billigkeitsgründen: PrStG. § 25 Abs. 2; Fälle, in denen (aus Rechtsgründen) der Stempel erstattet werden muß: PrStG. § 25a—c.

6 Bei gewissen Erbanfällen und Schenkungen: §§ 22—25, 27 des Erbschaftssteuergesetzes; Allg. Verf. v 29. Febr. 1896 §§ 11, 12.

Stempelpflichtige Urkunden.

31. Wenn zum Gebrauche bei Gericht bestimmte Vollmachten, Schätzungen und Vermögensverzeichnisse ohne den vorgeschriebenen Stempel eingereicht oder behufs Ausschließung des Auflassungsstempels oder des für die Eintragung, Abtretung oder Verpfändung einer Hypothek oder Grundschuld zu entrichtenden Werthstempels die Urkunden über das der Auflassung oder Eintragung zu Grunde liegende Rechtsgeschäft ohne den vorgeschriebenen Stempel vorgelegt werden, so finden auf die Einziehung des Stempels die Vorschriften des §. 30 entsprechende Anwendung.[1] Dasselbe gilt, wenn Verfügungen von Todeswegen zur amtlichen Verwahrung überreicht oder durch Uebergabe einer Schrift errichtet werden, hinsichtlich des für Testamente[2] und andere Verfügungen von Todeswegen vorgeschriebenen Stempels von 1 Mark 50 Pf., sowie wenn Urkunden zur gerichtlichen Vollziehung, Anerkennung des Inhalts, Sicherstellung der Zeit der Ausstellung,[3] Genehmigung oder Bestätigung[4] überreicht werden.

In denjenigen Fällen, in welchen bei nicht oder nicht ordnungsmäßig erfolgter Verwendung des Stempels nach den stempelgesetzlichen Vorschriften Stempelstrafen eintreten würden, sind die Betheiligten von Stempelstrafe frei, wenn die Einreichung der Urkunde bei Gericht innerhalb der für die Verwendung des Urkundenstempels sonst vorgeschrie-

benen Frist erfolgt. Die Verpflichtung der Notare,[5] für die Einziehung der Stempel zu sorgen, wird hierdurch nicht berührt.

1 Ist zwar ein Stempel, aber ein zu geringer verwendet, so ist der Rest als Gerichtskosten einzuziehen. Auch der zur Urschrift einer notariellen Urkunde fehlende Stempel ist als Gerichtskosten zu erfordern, wenn mit dem Antrag auf Eintragung einer Hypothek eine Ausfertigung der notariellen Urkunde über das zu Grunde liegende Rechtsgeschäft vorgelegt wird: Johow Bd. 22 S. B 15. Der Finanzminister ist dieser Entscheidung beigetreten: Allg. Verf. v. 23. April 1901 (JMBl. S. 115).

Tritt die Stempelpflicht einer notariellen Urkunde erst ein durch ihre gerichtliche Genehmigung oder Bestätigung, z. B. durch die Genehmigung des Vormundschaftsgerichts, so hat das Gericht den Stempel einzuziehen (Allg. Verf. v. 29. Dez. 1899, JMBl. 1900 S. 3).

Urkunden, die nur zur Beglaubigung der Unterschrift vorgelegt werden, fallen nicht unter § 31.

2 Der Testamentsstempel von 1,50 M. gilt auch für eigenhändige Testamente (BGB. § 2231 Nr. 2; AG. BGB. Art. 81 § 2 Nr. 4); wird das Testament verschlossen zur Verwahrung übergeben, so muß der Erblasser befragt werden, ob er den Stempel bereits verwendet habe.

3 Pr. FGG. Art. 36.

4 Annahme an Kindesstatt: BGB. § 1754, FGG. §§ 65 ff.

5 PrStG. §§ 15, 19; Allg. Verf. v. 25. März 1896, JMBl. S. 106; Nr. 8 der Dienstvorschriften zu PrStG. § 15. Vgl. N. 1.

Abrundung.

32. Der Mindestbetrag einer Gebühr ist zwanzig Pfennig, soweit nicht in diesem Gesetz ein anderer Mindestbetrag bestimmt ist.[1]

Pfennigbeträge, welche ohne Bruch nicht durch zehn theilbar sind, werden auf den nächst höheren durch zehn theilbaren Betrag abgerundet.

Die Gebühren, welche für Beträge von je 400, 1000, 2000 Mark bestimmt sind (§§. 92, 96), werden auch für die nur angefangenen Beträge voll in Ansatz gebracht.

Hinsichtlich der Abrundung der Stempelbeträge bewendet es bei den Vorschriften der Stempelgesetze.[2]

1 D. GKG. § 7; bei den Notariatsgebühren ist der Mindestbetrag 1,50 M.

Abweichende Mindestbeträge: §§ 47, 50, 53, 74, 96, 109.

Haben mehrere Kostenschuldner eine Gebühr gemeinschaftlich zu tragen, so findet bei den einzelnen Anteilen eine Abrundung nicht statt.

Kostenbeträge bis zu 20 Pf. einschließlich kommen nach § 18 Nr. 6 der Kassen-O. nicht zur Erhebung, soweit nicht gleichzeitig noch andere Kosten vom Schuldner einzuziehen sind.

2 Mindestbetrag des Stempels im allgemeinen 50 Pf.: PrStG. § 11; Abweichungen in den Tarifstellen 22 c und d, 58, 70.

Zweiter Abschnitt.

Gerichtliche Urkunden.

Vgl. die Tabelle I.

Werthklassen und Gebührensatz.

33. Die Gebühren für gerichtliche Urkunden werden nach dem Werthe des Gegenstandes erhoben.

Die volle Gebühr beträgt bei Gegenständen im Werthe

1)	bis 20 ℳ einschließlich							. . . . . .	0,40	ℳ,
2)	von	mehr	als	20	bis	60	ℳ	einschl.	0,70	=
3)	=	=	=	60	=	120	=	=	1,20	=
4)		=	=	120	=	200	=	=	1,80	=
5)	=	=		200	=	300	=	=	2,40	=
6)	=	=	=	300	=	450	=	=	3	=
7)	=	=	=	450	=	650	=	=	3,60	=
8)	=	=	=	650	=	900	=	=	4,20	=
9)	=	=	=	900	=	1 200	=	=	5	=
10)	=	=	=	1 200	=	1 600	=	=	6	
11)	=	=	=	1 600	=	2 100	=	=	7	=
12)	=	=	=	2 100	=	2 700	=	=	8	=
13)	=	=	=	2 700	=	3 400	=	=	9	=
14)		=	=	3 400	=	4 300	=	=	10	=
15)	=	=	=	4 300	=	5 400	=	=	11	=
16)	=	=		5 400	=	6 700	=		12	=
17)	=	=		6 700	=	8 200	=	=	13	=
18)	=	=	=	8 200	=	10 000	=	=	14	=
19)	=	=	=	10 000	=	12 000	=	=	15	=
20)	=	=	=	12 000		14 000	=	=	16	=
21)	=	=	=	14 000	=	16 000	=	=	17	=
22)	=	=	=	16 000	=	18 000	=	=	18	=
23)	=	=	=	18 000	=	20 000	=	=	19	=
24)	=	=	=	20 000	=	22 000	=	=	20	=
25)	=	=	=	22 000	=	24 000	=	=	21	=
26)	=	=	=	24 000	=	26 000	=	=	22	=
27)	=	=	=	26 000	=	28 000	=	=	23	=

28)	von	mehr	als	28 000	bis	30 000 ℳ	einschl.	24	ℳ,
29)	=	=	=	30 000	„	35 000 =	=	26	=
30)	=	=	=	35 000	„	40 000 =	=	28	=
31)	=	=	=	40 000	„	50 000 =	=	30	=
32)	=	=	=	50 000	„	60 000 =	=	32	=
33)	=	=	=	60 000	„	70 000 =	=	34	=
34)	=	=	=	70 000	„	80 000 =	=	36	=
35)	=	=	=	80 000	„	90 000	=	38	=
36)	=	=	=	90 000	„	100 000 =	=	40	= .

Die ferneren Werthklassen steigen um je 10 000 Mark und die Gebühren um je 1 Mark.

Einseitige Erklärungen, einseitige Verträge.

34. Die volle Gebühr wird erhoben für die Beurkundung einseitiger Erklärungen oder einseitiger Verträge,[1] namentlich solcher, durch welche nur von Seiten einer Partei Verbindlichkeiten übernommen oder bestehende Rechte anerkannt, abgetreten oder aufgehoben werden, ohne Unterschied, ob die Erklärungen nur von einzelnen Personen oder von mehreren Personen als Theilnehmern abgegeben werden und ob die der anderen Partei gemachten Zugeständnisse in derselben Verhandlung angenommen sind oder nicht.

1 Der wenig glückliche Ausdruck der früheren Fassung „einseitige Rechtsgeschäfte" ist nunmehr durch die aus dem BGB. bekannten Bezeichnungen „einseitige Er-

klärungen“ und „einseitige Verträge“ ersetzt. Den Gegensatz dazu bilden die im § 35 geregelten zweiseitigen, d. h. doppelseitig verpflichtenden, Verträge. Die Schenkung ist z. B. ein einseitiger Vertrag, die Miete und der Kauf ein zweiseitiger Vertrag; die Kündigung ist eine einseitige Erklärung.

Sondervorschriften: §§ 38, 43, 44, 89.

Zweiseitige Verträge.

35. Das Zweifache der vollen Gebühr wird erhoben für die Beurkundung zweiseitiger Verträge.[1]

Eheverträge[2] gelten stets als zweiseitige Verträge.

1 Begriff: N. 1 zu § 34. Schenkungen unter einer Auflage galten nach ALR. I, 11 § 1053 als lästige Verträge; nach BGB. § 525 fallen sie unter den Begriff der Schenkung; a. M. Mügel S. 121 N. 7.

Für eine Cessionsverhandlung ist die Gebühr des § 35 nur dann zu erheben, wenn der neue Gläubiger in der Verhandlung nicht nur die Cession annimmt, sondern selbständig eine Verpflichtung gegenüber dem Cedenten übernimmt: Johow Bd. 17 S. 204.

2 Ehevertrag ist nach BGB. § 1432 ein Vertrag, der die güterrechtlichen Verhältnisse der Eheleute regelt. Änderung des Güterstandes ist nicht erforderlich, auch Vereinbarungen über das Vorbehaltsgut wären z. B. als Ehevertrag anzusehen, dagegen nicht auch, wie man bisher annahm (KB. 14), ein mit Rücksicht auf die bevorstehende Ehe gemachtes Schenkungsversprechen.

Beurkundung eines Vertragsantrags.

36. (neu) Wird zum Zwecke der Schließung ines zweiseitigen Vertrags zunächst der Antrag eurkundet, so werden hierfür fünfzehn Zehntheile er vollen Gebühr erhoben.[1]

Auf die Beurkundung der Annahme eines Ver- ragsantrags findet die Vorschrift des §. 38 Nr. 1 ei einseitigen und bei zweiseitigen Verträgen An- vendung.

1 BGB. § 128: der Formvorschrift, z. B. für eine Grundstücksveräußerung (BGB. § 313), kann dadurch enügt werden, daß zunächst nur der Antrag des einen Teils und demnächst von der gleichen oder einer anderen Urkundsperson die Annahmeerklärung des anderen Teils eurkundet wird.

Der Satz $^{15}/_{10}$ ist in der Tabelle nicht dar- estellt, aber durch Zusammenrechnung der ollen Gebühr und des Satzes $^{5}/_{10}$ leicht zu rmitteln.

Erklärungen Dritter.

37. (36) Wird mit der Beurkundung eines Rechtsgeschäfts die Beurkundung solcher Erklärungen ines Dritten verbunden, welche mit dem Rechts- eschäft im inneren Zusammenhange stehen (z. B. Bürgschaften, Vorrangseinräumungen, Anerken- ung einer abgetretenen Forderung seitens des Schuldners),[1] so werden neben den in den §§. 34, 5 bestimmten Gebühren zusätzlich drei Zehntheile er vollen Gebühr erhoben.

Für die Zusatzgebühr ist der Werth der Erklärung des Dritten maßgebend.

1 Ferner die Zustimmung des Dritten zu Verfügungen über den Gegenstand, welcher mit dem Rechte des Dritten belastet ist: BGB. § 876. Die Zustimmung des gesetzlichen Vertreters (z. B. BGB. § 107) ist dagegen keine akzessorische Erklärung, sondern ein Bestandteil des Rechtsgeschäfts selbst; wird sie nachträglich erklärt, so findet § 38 Anwendung. Die Abrede über anderweitige Kündigungs- und Zahlungsbedingungen ist ein (unter Umständen unter § 40 Abs. 2 fallendes) neues zweiseitiges Geschäft: KGer. v. 9. März 1896. Wertberechnung vgl. zu § 23 Abs. 1.

Bei Vorrangseinräumungen ist für die Berechnung der Gebühren der Wert des Gegenstandes des Pfandrechts maßgebend, falls dieser noch hinter dem Betrage der kleineren der in Frage kommenden Forderungen zurückbleibt. Dies gilt auch hinsichtlich der Gebühren für die Eintragung einer Vorrangseinräumung im Grundbuche: Johow Bd. 17 S. 158.

Nachträgliche Erklärungen.

38. (37) Fünf Zehntheile der vollen Gebühr werden erhoben:

1. für jede besondere Urkunde, in welcher die Zustimmung einzelner Theilnehmer[1] zu einer bereits beurkundeten Erklärung beurkundet wird, ohne Unterschied, ob die letztere von derselben Behörde beurkundet ist oder nicht;
2. für Vollmachten;[2]
3. für nachträgliche ergänzende oder abändernde Erklärungen,[3] welche für sich kein besonderes

Geschäft bilden und von derselben Behörde beurkundet werden;

4. für die Beurkundung der Wiederaufhebung eines noch von keiner Seite erfüllten Vertrags.[4]

1 Wertberechnung: § 39 Abs. 3.

2 Wertberechnung: § 39 Abs. 4.

Von der Erklärung der Bevollmächtigung ist das der Vollmacht zu Grunde liegende Rechtsgeschäft (Auftrag, Dienstvertrag, Gesellschaftsvertrag, Angabe an Zahlungsstatt, — z. B. bei der procuratio in rem suam — u. s. w.) zu unterscheiden.

3 Maßgebend ist der Wert des Gegenstandes, auf welchen sich die Nachtragserklärung bezieht, nicht der Gegenstand des Hauptgeschäfts (KB. 15). Die Nachtragserklärung darf nicht eine ganz neue selbständige Vereinbarung in sich schließen. Die ermäßigte Gebühr tritt aber nicht nur dann ein, wenn Irrtümer in der ersten Beurkundung deren Änderung oder Ergänzung erfordern, sondern schlechthin, wenn der beurkundete Vertrag vor seiner Erfüllung geändert wird: Johow Bd. 20 S. B 7.

4 Ein Vertrag ist im Sinne der Gebührenvorschrift des § 38 Nr. 4 nur dann noch von keiner Seite erfüllt, wenn auch nicht von einer Seite mit der Erfüllung begonnen worden ist: Johow Bd. 18 S. 172.

Wertberechnung.

39. (38) Bei der Berechnung der Gebühren ist der Werth des Rechtsverhältnisses maßgebend, dessen Begründung, Uebertragung, Feststellung oder Aufhebung den Gegenstand des Rechtsgeschäfts bildet. Bei Verträgen, welche den Austausch von

Leistungen[1] zum Gegenstande haben, kommt nur der Werth der Leistungen des einen Theiles und, wenn der Werth der beiderseitigen Leistungen ein verschiedener ist, der höhere in Betracht.

Handelt es sich um Aenderungen eines bestehenden Rechtsverhältnisses[2] und erhellt, daß die Aenderung einen bestimmten Geldwerth für die Betheiligten hat, so ist dieser maßgebend; anderenfalls ist die Bestimmung des §. 23 mit der Einschränkung anwendbar, daß der Werth des von der Aenderung betroffenen Rechtsverhältnisses nicht überschritten werden darf.

Bei zustimmenden Erklärungen einzelner Theilnehmer (§. 38 Nr. 1) kommt nur der Antheil derselben in Betracht.

Der Werth einer Generalvollmacht ist unter entsprechender Anwendung des §. 23 zu bestimmen. Bei Vollmachten zum Abschluß eines bestimmten Rechtsgeschäfts ist der für dieses maßgebende Werth in Ansatz zu bringen, jedoch ist der Werth höchstens auf 50 000 Mark anzunehmen und bei der von einem Theilnehmer ausgestellten Vollmacht nur der Antheil desselben maßgebend.

Auf Anmeldungen zum Handelsregister oder zu ähnlichen Registern[3] findet, sofern ein bestimmter Geldwerth nicht erhellt, die Vorschrift des §. 23 entsprechende Anwendung.[4]

1 Gegensatz von „Austausch" ist Vereinigung der Leistungen (z. B. bei Gesellschaftsverträgen, Auseinander-

setzungen). Hier werden die Werte zusammengerechnet: Johow Bd. 7 S. 182 (vgl. Mügel S. 105 N. 1).

Für die beglaubigten Abschriften eines Kaufvertrags, die als Schuldurkunden über die Restkaufgelder mit den Hypothekenbriefen verbunden werden sollen, sind $^3/_{10}$ der vollen Gebühr, und zwar nach dem Werte der einzelnen Hypotheken zu erheben: Johow Bd. 18 S. 147; s. auch § 51 N. 3.

2 So z. B. bei Aenderung der Zahlungs- und Kündigungsbedingungen einer Hypothek; vgl. KGer. v. 9. März 1896 und Beschluß der Versamml. Berliner Notare, Bl. f. Rechtspflege im Bez. d. Kamm.Ger. 1895 S. 122; s. auch Friedemann Bl. f. Rechtspfl. 1897 S. 101, 1898 S. 29; ZSchr. d. Anwaltsk. Naumburg 1898 S. 9. Den Wert des Kündigungsausschlusses will Mügel S. 127 auf 1% vom Kapital für jedes Jahr bemessen. Bei der Umwandlung einer Briefhypothek in eine Buchhypothek und umgekehrt (BGB. § 1116) wird ein bestimmter Geldwert regelmäßig nicht vorliegen, also gleichfalls Schätzung gemäß § 23.

3 Ähnliche Register: §§ 76—79; außerdem die übrigen reichsrechtlich geregelten Register, soweit nicht Gebührenfreiheit vorgeschrieben ist (§ 75).

4 Schätzung nicht vermögensrechtlicher Angelegenheiten.

Gemeinschaftliche Beurkundung mehrerer Geschäfte.

40. (39) Wenn in einer Verhandlung mehrere selbständige Rechtsgeschäfte beurkundet werden, so wird für jedes derselben die nach der Art des Geschäfts und dem Werthe des Gegenstandes zu berechnende Gebühr besonders erhoben.

Stehen mehrere in einer Verhandlung beurkundete Erklärungen dergestalt in einem inneren Zusammenhange, daß sie ein einheitliches Rechtsgeschäft bilden, so werden die in den §§. 34 bis 38 bestimmten Gebühren nur einmal erhoben.[1] Dabei wird, wenn die mehreren Erklärungen einen verschiedenen Gegenstand haben, der Werth derselben zusammengerechnet, anderenfalls der Werth nur einmal zum Ansatze gebracht. Ist eine Forderung und deren Sicherstellung seitens des Schuldners gleichzeitig Gegenstand des Rechtsgeschäfts,[2] so wird der einmalige Betrag der Forderung der Gebührenberechnung zu Grunde gelegt. Unterliegen die zu einem Rechtsgeschäfte vereinigten Erklärungen zum Theil dem Satze des §. 34, zum Theil dem des §. 35, so tritt die Verdoppelung der Gebühr nur nach dem Werthe des zweiseitigen Vertrags ein.

Im Zweifel ist anzunehmen, daß alle in einer Urkunde zusammengefaßten Erklärungen, welche sich auf denselben Gegenstand beziehen oder die rechtlichen Beziehungen derselben Personen betreffen, ein einheitliches Rechtsgeschäft bilden.[3]

1 Zinsermäßigung bei Gelegenheit einer Zession ist nach § 40 Abs. 2 zu behandeln, nicht aber als selbstständiger zweiseitiger Akt (KGer. v. 9. März 1896).

Ein einheitliches Rechtsgeschäft liegt z. B. vor, wenn Eltern ihren Kindern den Grundbesitz in getrennten Teilparzellen durch einheitlichen Vertrag überlassen: Johow Bd. 24 S. B 3. Ebenso wenn gleichzeitig mit dem Grundstückskaufe die Auflassungsvollmacht beurkundet wird: Johow Bd. 25 S. B 11.

2 Z. B., wenn in der Schuldurkunde zugleich die Eintragung einer Hypothek für die Schuld bewilligt wird.

3 Die gesetzliche Vermutung spricht für die Einheit des Rechtsgeschäfts. Im Stempelrechte besteht eine solche Vermutung nicht; indessen ist jetzt auch hier der Grundsatz der Einheitlichkeit des Rechtsgeschäfts anerkannt: Pr.StG. § 11 Abs. 3; RGer. Bd. 23 S. 193 (abweichend früher RGer. v. 1. Nov. 1883).

Die Vorschriften des § 39 gelten nur für rechtsgeschäftliche Erklärungen unter Lebenden, nicht auch für solche Fälle, wo in einer Verhandlung ein selbständiges Rechtsgeschäft unter Lebenden und ein selbständiges Geschäft von Todes wegen zusammen beurkundet werden: Johow Bd. 18 S. 199.

Trifft aber ein Ehevertrag und ein Erbvertrag zusammen, so ist gleichwohl § 39 anzuwenden: § 44 Abs. 5.

Dies ist auch anzunehmen, wenn außer dem Ehe- und Erbvertrag und mit diesem zusammen in derselben Verhandlung noch ein *anderes* Rechtsgeschäft unter Lebenden, z. B. eine Gutsüberlassung, beurkundet wird: Johow Bd. 22 S. B 3.

Der bisherige § 40 (Gerichtliche Bestätigung) ist gestrichen. Eine Bestätigung kann als besonderes gebührenpflichtiges Geschäft nur noch bei der Annahme an Kindesstatt (BGB. § 1754) und bei der von einem Notar im Auftrage des Gerichts vermittelten Auseinandersetzung (Pr. FGG. Art. 23 Abs. 2) vorkommen; Gebühr im ersten Falle: § 99, im zweiten Falle: § 87 Nr. 2.

Anerkennung des Inhalts.

41. Für die Anerkennung des Inhalts einer schriftlich abgefaßten Erklärung (§. 176 *Abs. 2 des Gesetzes über die Angelegenheiten der freiwilligen Gerichtsbarkeit*)[1] werden dieselben Gebühren wie für die Beurkundung der Erklärung, jedoch nicht mehr als die volle Gebühr erhoben.

Werden bei dieser Anerkennung ergänzende oder abändernde Erklärungen beurkundet, so ist für die Beurkundung dieser Erklärungen nicht mehr als die volle Gebühr[2] nach dem Werthe derselben zu erheben.

1 FGG. § 176 Abs. 2: „Wird in der Erklärung auf eine Schrift Bezug genommen und diese dem Protokoll als Anlage beigefügt, so bildet sie einen Teil des Protokolls". Es handelt sich hier um den Fall, daß eine bereits schriftlich festgestellte Willenserklärung, z. B. ein privatschriftlicher Grundstückskaufvertrag, mit der gerichtlichen oder notariellen Form umkleidet wird, indem die Parteien den Inhalt der schriftlichen Erklärung unter Bezugnahme auf diese zum Protokolle des Urkundsbeamten wiederholen. Anlagen, die nicht zum Zwecke der Beurkundung beigefügt werden (z. B. Vollmachten), fallen nicht unter § 41.

2 Also auch dann, wenn die abändernden Erklärungen an sich einen zweiseitigen Vertrag (§ 35) darstellen würden.

Beglaubigung.

42. Für die Anerkennung oder Beglaubigung von Unterschriften oder Handzeichen[1] werden drei Zehntheile und, wenn es sich um einen zweiseitigen Vertrag handelt, vier Zehntheile der vollen Gebühr erhoben. Die Vorschriften der §§. 39, 40 sind entsprechend anzuwenden.[2]

Außer den Bestimmungen des Reichsgesetzes

vom 31. Mai 1891, betreffend das Reichsschuldbuch,[3] (Reichs-Gesetzbl. S. 321) bleiben auch die im §. 35 der Hinterlegungsordnung vom 14. März 1879[4] (Gesetz-Samml. S. 249) und im §. 21 Abs. 3 des Gesetzes vom 20. Juli 1883, betreffend das Staatsschuldbuch,[5] (Gesetz-Samml. S. 120) enthaltenen Vorschriften in Kraft, die letzteren mit der Maßgabe, daß die im Abs. 1 bestimmte Gebühr zu erheben ist, falls dieselbe geringer ist.[6]

1 Nur eine Gebühr, auch wenn mehrere Unterschriften oder Handzeichen zusammen beglaubigt werden.

Die Gebühren für Beglaubigung mehrerer Unterschriften unter einer Urkunde, die sich auf verschiedene Geschäfte bezieht, sind nach Maßgabe der in den §§ 38, 39 des Gerichtskostengesetzes gegebenen Vorschriften zu berechnen: Johow Bd. 18 S. 175.

2 Behufs Aufstellung der Kostenrechnung sind der Inhalt der Urkunde und der Wert des Geschäfts von der Partei zu erfragen, da der beglaubigende Beamte von dem Inhalte des Schriftstückes nicht Kenntnis nehmen darf: Pr. FGG. Art. 60.

3 Bis 2000 M.: 1,50 Mk., über 2000 M.: 3 M.

4 Gerichtliche Beglaubigung: 3 M. Gilt nach AG. ZwG. Art. 11 Abs. 1 auch für die Beglaubigung der Anträge auf Übersendung der im Zwangsversteigerungs- oder Zwangsverwaltungs-Verfahren zugeteilten Hebungen, wenn diese 3000 M. übersteigen.

5 Wie Note 3.

6 Die genaue Beachtung der Vorschriften im Abs. 2 ist durch die Allg. Verf. v. 31. Juli 1899 (JMBl. S. 245) noch besonders eingeschärft worden.

Beglaubigung und Beurkundung in Grundbuch- und Schiffspfandsachen.

43. Zwei Zehntheile des im §. 57 bestimmten Gebührensatzes A werden erhoben:

1. für die Beurkundung oder Beglaubigung von Anträgen auf Eintragungen oder Löschungen im Grundbuch oder im Schiffsregister sowie von Eintragungs- oder Löschungsbewilligungen oder Zustimmungen nach §. 27 der Grundbuchordnung oder nach §. 105 des Gesetzes über die Angelegenheiten der freiwilligen Gerichtsbarkeit, sofern nicht gleichzeitig das zu Grunde liegende Rechtsgeschäft beurkundet oder beglaubigt wird;[1]
2. für die Beurkundung einer Auflassung,[2] sofern nicht gleichzeitig das zu Grunde liegende Rechtsgeschäft beurkundet wird oder nach §. 58 Gebührenfreiheit eintritt;
3. (2) für die Beurkundung oder Beglaubigung von Vollmachten zur Auflassung;[3]
4. (3) für die Beglaubigung einer Schuldurkunde, in welcher zugleich der Antrag auf Eintragung einer Hypothek oder die Bewilligung dieser Eintragung enthalten ist.

Ist die vorstehend bestimmte Gebühr höher als die in den §§. 34, 38, 42 vorgesehene Gebühr, so wird die letztere erhoben.

Die Vorschriften der §§. 39, 40 sind entsprechend anzuwenden.

1 Bei gerichtlicher Aufnahme gebührenfrei, wenn nicht die Einreichung in beglaubigter Form gesetzlich vorgeschrieben ist: § 109 Nr. 1.

Die weitergehende Fassung ist gewählt, um die Aufnahme durch einen Notar zu treffen.

2 Gilt in erster Linie für den Notar (§ 6 der Geb.O für Notare ist gestrichen); für die Gerichte nur, wenn die Auflassung eines außerpreußischen Grundstücks beurkundet werden sollte. Auflassung preußischer Grundstücke mit Einschluß der rheinischen im Falle des Art. 26 § 1 Pr. AG. BGB. gebührenfrei: § 58 Nr. 1, 5.

3 Keine besondere Gebühr, wenn die Vollmacht bei der Aufnahme des Veräußerungsgeschäfts mit erklärt wird: § 40.

Die bisherige Nr. 4 (Vollmachten für rheinische, noch nicht unter Grundbuchrecht stehende Grundstücke) ist gestrichen, aber bis zur Anlegung des Grundbuchs noch anwendbar.

Verfügungen von Todeswegen.

44. Für die Errichtung eines Erbvertrags vor einem Richter wird die zweifache Gebühr erhoben, wenn der Erbvertrag mündlich erklärt oder der Entwurf vom Richter angefertigt wird. In allen anderen Fällen wird für die Errichtung einer Verfügung von Todeswegen vor einem Richter die volle Gebühr erhoben.[1]

Für die amtliche Verwahrung[2] einer Verfügung von Todeswegen werden bei der Annahme zwei Zehntheile der vollen Gebühr erhoben.

Für die Eröffnung einer Verfügung[3] von Todeswegen werden fünf Zehntheile der vollen Gebühr erhoben. Die Ertheilung beglaubigter Abschriften ist gebührenfrei.[4]

Für die Rückgabe einer Verfügung von Todeswegen werden fünf Zehntheile der vollen Gebühr erhoben. Diese Gebühr fällt fort, wenn die Rückgabe gleichzeitig mit der Errichtung oder Ueberreichung einer neuen Verfügung von Todeswegen beantragt wird. Diese Vorschriften finden entsprechende Anwendung auf den Widerruf einer letztwilligen Verfügung oder die Aufhebung eines Erbvertrags.

Wird ein Erbvertrag gleichzeitig mit einem Ehevertrage beurkundet, so finden die Vorschriften des §. 40 Anwendung.[5]

Soweit die Gebühren für eine Verfügung über den gesammten Nachlaß oder einen Bruchtheil desselben bei Lebzeiten des Verfügenden fällig werden, sind sie nach dem Werthe des Vermögens zur Zeit der Fälligkeit zu berechnen.

Der Berechnung der Gebühren sind in der Regel die Angaben des Verfügenden über den Werth des Gegenstandes zu Grunde zu legen. Eine Nachforderung der in Folge dessen zu wenig angesetzten Gebühren wird durch die Vorschrift des §. 12 nicht

ausgeschlossen.[6] **Bezüglich dieser Nachforderung beginnt die Verjährung erst mit dem Schlusse des Jahres, in welchem die Eröffnung oder Rückgabe der Verfügung erfolgt ist.**

1 Für die Errichtung eines Testaments ist künftig stets nur die einfache Gebühr zu erheben, auch wenn das Testament zu Protokoll erklärt oder der Entwurf vom Richter angefertigt wird. Erbverträge unterliegen, wie bisher, der doppelten Gebühr, wenn sie nicht schriftlich überreicht werden; dagegen ist durch den Abs. 5 dafür Sorge getragen, daß bei einer Verbindung von Ehevertrag und Erbvertrag, nicht mehr, wie bisher, das Vierfache erhoben werden kann.

2 Die Verwahrungsgebühr kommt bei den vor einem Richter oder Notar errichteten Testamenten zu der Errichtungsgebühr noch hinzu. Dagegen ist beim eigenhändigen Testament (BGB. § 2231 Nr. 2) die Verwahrungsgebühr die einzige den Erblasser treffende Belastung. Vermöge dieser Gestaltung des Kostenrechts wird voraussichtlich das eigenhändige Testament mit amtlicher Verwahrung (AG. BGB. Art. 81 § 2 Nr. 4) die gebräuchliche Testamentsform Preußens werden; ihre Sicherheit ist die gleiche, wie die des bisher gebräuchlichen testamentum judici oblatum. Auch die Verwahrungsgebühr des § 44 Abs. 2 ist nicht zu erheben, wenn das eigenhändige Testament nur gemäß BGB. § 2259 abgeliefert und von dem Gerichte dann bis zur Eröffnung nach § 47 Abs. 20 der Gesch. O. f. d. GSchr. in amtliche Verwahrung genommen worden ist: Johow Bd. 21 S. B 7.

3 Nur eine Eröffnungsgebühr, auch wenn mehrere letztwillige Verfügungen desselben Erblassers gleichzeitig eröffnet werden. Der Berechnung der Gebühr für Eröffnung eines wechselseitigen Testaments ist nicht nur der Wert des Nachlasses des erstverstorbenen Ehegatten,

sondern auch der Wert des Vermögens des überlebenden Ehegatten zur Zeit der Testamentseröffnung zu Grunde zu legen: Johow Bd. 18 S. 124, Bd. 24 S. B 6.

Für die Eröffnungsgebühr haften die Erben auch dann, wenn sie kein Interesse an Eröffnung der — vielleicht inzwischen widerrufenen Verfügung von Todeswegen haben: Johow Bd. 22 S. B 7.

Auch für die von Amts wegen vorgenommenen Eröffnung des Testaments (AG. BGB. Art. 82), ist die Gebühr zu erheben: Johow ebenda.

4 Schreibgebühren und Stempel werden erhoben: § 56 Abs. 2, § 114 Abs. 3.

5 Gilt auch dann, wenn mit dem Ehe- und Erbvertrag zusammen noch ein anderes Rechtsgeschäft unter Lebenden (Gutsüberlassung) beurkundet wird: Johow Bd. 22 S. B 3.

6 Die Angaben des Testators über den Wert seines Vermögens müssen, so lange das Testament nicht eröffnet ist, zunächst ohne nähere Prüfung zu Grunde gelegt werden, die Nachforderung etwa zu wenig berechneter Kosten würde daher in der gewöhnlichen Verjährungsfrist meistens nicht möglich sein (Bgr. 86).

Die Eröffnungsgebühr, bei der die Voraussetzungen des Abs. 5 nicht zutreffen, unterliegt der allgemeinen Regel (§ 12).

Familienstiftungen u. s. w.

45. Für die Errichtung von Familienfideikommissen, Familienstiftungen und Familienschlüssen wird das Zweifache der vollen Gebühr erhoben.[1]

1 Für ein etwa notwendiges Aufgebotsverfahren (AG. BGB. Art. 2 § 10 Abs. 2) werden die Kosten besonders erhoben, weitere Gebühren kommen dagegen nicht zum Ansatz (Bgr. 82, 86).

Ein in der Stiftungsurkunde bereits festgelegtes weiteres Anwachsen des Fideikommisses, z. B. durch Zuschlagen von Erträgnissen, ist bei der Wertberechnung zu berücksichtigen, wenn es zur Einverleibung des Zuwachses keiner neuen Stiftungsurkunde bedarf (Mügel S. 152 N. 2); vgl. PrStG. Tarifst. 24.

Freiwillige Versteigerung
a. unbeweglicher Sachen.

46. Bei freiwilligen Versteigerungen zum Zwecke des Verkaufs oder der Verpachtung von Grundstücken oder anderen Gegenständen, welche der Zwangsvollstreckung in das unbewegliche Vermögen unterliegen,[1] werden erhoben:

1. für die Vorbereitung der Versteigerung[2] fünf Zehntheile der vollen Gebühr;
2. für die Aufnahme einer gerichtlichen Schätzung fünf Zehntheile der vollen Gebühr;
3. für die Abhaltung eines jeden Versteigerungstermins die volle Gebühr;
4. für die Beurkundung des Zuschlags die volle Gebühr.

Die Gebühr für die Vorbereitung der Versteigerung wird auch für die gerichtliche Verfügung erhoben, durch welche nach Artikel 112 des Peußischen Gesetzes über die freiwillige Gerichtsbarkeit[3] die Versteigerung einer Ortsbehörde aufgetragen wird.

Der Versteigerungstermin gilt als abgehalten, wenn in demselben zur Abgabe von Geboten aufgefordert worden ist.

Werden mehrere Grundstücke oder andere Gegenstände, welche der Zwangsvollstreckung in das unbewegliche Vermögen unterliegen, in demselben Verfahren versteigert, so sind die Gebühren nach dem zusammenzurechnenden Werthe der mehreren Gegenstände des Verfahrens zu berechnen. Die Gebühr für die Beurkundung des Zuschlags wird jedoch für jeden Ersteher besonders nach dem zusammenzurechnenden Betrage seiner Gebote erhoben.

Finden mehrere Versteigerungstermine statt, so wird die Gebühr für jeden Termin nach dem zusammenzurechnenden Werthe der in ihm ausgebotenen Gegenstände besonders berechnet.[4]

Schuldner der Kosten für die Zuschlagsertheilung ist der Ersteher; im Uebrigen finden auf die Zahlungspflicht die allgemeinen Bestimmungen Anwendung.

Für die nach Maßgabe der Versteigerungsbedingungen erfolgende Sicherung des Erlöses, insbesondere durch Stellung eines Bürgen, wird eine besondere Gebühr nicht in Ansatz gebracht.

1 Der Begriff des „unbeweglichen Vermögens" ist dem BGB. nicht bekannt. Der Liegenschaftsvollstreckung unterliegen außer den Grundstücken auch die Erbbau-

rechte, die selbständigen Gerechtigkeiten (AG. BGB. Art. 40), das Bergwerkseigentum und die im Schiffsregister eingetragenen Schiffe.

2 „Versteigerung" setzt einen Termin voraus, der zur Abgabe von Geboten und Erteilung des Zuschlags bestimmt ist; ein Verfahren, in dem nur schriftliche Gebote abzugeben sind (Submission usw.) fällt nicht unter § 46.

3 Gilt nur für die im Artikel 111 Pr. FGG. bezeichneten Gebietsteile (aus den Oberlandesgerichtsbezirken Frankfurt a. M. und Cassel). Die Gebühren der Ortsbehörden sind in der Allg. Verf. vom 28. Dez. 1899 über das Verfahren und die Gebühren der Ortsgerichte (JMBl. S. 889) geregelt.

4 Auch anwendbar, wenn eine Versteigerung mehrere Tage lang dauert (KB. 20); nicht aber für den Zuschlagstermin.

b. beweglicher Sachen.

47. Für die Versteigerung von beweglichen Sachen, von Früchten auf dem Halme und von Holz auf dem Stamme sowie von Forderungen oder sonstigen Vermögensrechten werden nach dem zusammenzurechnenden Werthe der Gegenstände erhoben:

von dem Betrage		bis zu 100 M			5	vom Hundert,
= = =	über	100 M	bis	300	= 3	= =
= = =	=	300	=	1000	= 2	= =
= = =	=	1000	=	5000	= 1	= =
= = =	=	5000	=	. . . . . .	1/2	= =

jedoch nicht unter 2 Mark.[1]

Aus dem an das Gericht bezahlten Erlöse sind die Kosten vorweg zu entnehmen.

1 Gilt jetzt auch für die Gerichtsvollzieher: Art. 20 des Gesetzes v. 27. Sept. 1899. Zurücknahmegebühr: § 109.

Verlosungen, Generalversammlungen.

48. Das Zweifache der vollen Gebühr wird erhoben für die Beurkundung des Herganges bei Verloosungen, bei Ausloosung oder Vernichtung von Werthpapieren und bei Wahlversammlungen, ingleichen für die Beurkundung der Beschlüsse der Generalversammlungen, Aufsichtsräthe oder sonstigen Organe von Aktiengesellschaften oder anderen Vereinigungen.[1]

Bei der Beurkundung von Verloosungen entscheidet der Werth des zu verloosenden Gegenstandes, bei Ausloosung oder Vernichtung von Werthpapieren der Werth der auszuloosenden oder zu vernichtenden Werthpapiere. Erfolgt die Ausloosung und Vernichtung der Werthpapiere in einer Verhandlung, so ist die Gebühr nur einmal zu erheben.[2] Auf die Beurkundung der Beschlüsse von Generalversammlungen, Aufsichtsräthen und sonstigen Organen von Aktiengesellschaften oder anderen Vereinigungen, sowie auf die Beurkundung des Herganges bei Wahlversammlungen finden, sofern ein bestimmter Geldwerth nicht erhellt, die Vorschriften des §. 28 mit der Maßgabe Anwendung, daß der Werth in der Regel zu 20 000 Mark anzunehmen ist;[3] die Gebühr beträgt in keinem Falle

mehr als 300 Mark, gleichviel, ob ein bestimmter Geldwerth erhellt oder nicht.[4]

1 Z. B. Genossenschaften, Gesellschaften mit beschränkter Haftung, Gewerkschaften, eingetragene Vereine (BGB. §§ 55 ff.).

Für die Beurkundung der Beschlüsse von Generalversammlungen ist nicht eine einheitliche, die sämtlichen Beschlüsse deckende Gebühr zu erheben. Die Gebühr richtet sich vielmehr nach dem Inhalte der Beschlüsse und ist nach dem Geldwerte der einzelnen Beschlüsse zu berechnen: Johow Bd. 16 S. 254.

Der Wert der einzelnen Beschlüsse ist zusammenzurechnen, auch wenn es sich nicht um bestimmte Geldwerte handelt: Johow Bd. 17 S. 219.

Die Gebühr für Beurkundung eines Beschlusses der Generalversammlung, der die Festsetzung des Etats zum Gegenstande hat, ist nach der Schlußsumme des Etats als Wertgegenstand zu bemessen: Johow Bd. 17, S. 215. Betrifft ein Versammlungsbeschluß die Herabsetzung des Grundkapitals, so gilt als Wert der Beurkundung der Betrag der Herabsetzung: Johow Bd. 22 S. B. 27.

2 Die Gebühr für die Beurkundung des Herganges bei Verlosungen steht dem einen solchen Akt beurkundenden Notar nicht auch für den außerdem beurkundeten Akt der Einzählung der Losnummern in das Glücksrad zu. Für diese Beurkundung ist vielmehr nach § 15 der Gebührenordnung für Notare zu liquidieren: Johow Bd. 17 S. 236.

3 Diese Wertstufe ergibt 38 M. als Regelgebühr.

4 Die Beschränkung auf den Höchstbetrag von 300 M. galt nach der bisherigen Fassung für den ganzen Abs. 2. Nach der neuen Fassung bezieht sie sich nur auf Abs. 2 Satz 3, weil hinter „anzunehmen ist" statt des Punktes jetzt ein Semikolon gesetzt ist.

Bescheinigungen, Siegelungen.

49. Die volle Gebühr wird erhoben:

1. für die Ertheilung von Bescheinigungen über Thatsachen oder Verhältnisse, welche urkundlich nachgewiesen oder offenkundig sind;[1]
2. für die Abnahme von Eiden[2] und eidesstattlichen Versicherungen, mit Ausnahme der behufs Erlangung eines Erbscheins abzugebenden eidesstattlichen Versicherungen (§. 81 Abs. 2), und für die Vernehmung von Zeugen und Sachverständigen, soweit diese Geschäfte nicht einen Theil eines anderen Verfahrens bilden;
3. für die Mitwirkung bei Abmarkungen;[3]
4. für die Aufnahme von Verklarungen, von Protesten und ähnlichen Urkunden;[4]
5. für Siegelungen, einschließlich der Entsiegelungen, sowie für die Aufnahme von Schätzungen oder Vermögensverzeichnissen. Beschränkt sich die Thätigkeit des Gerichts auf die Siegelung oder die Entsiegelung, so werden nur fünf Zehntheile der vollen Gebühr erhoben.

Für die Aufnahme eines Vermögensverzeichnisses und die Vornahme von Siegelungen und Entsiegelungen durch einen Gerichtsschreiber werden nach dem Werthe der verzeichneten oder versiegelten Gegenstände erhoben[5]

bei	einem	Betrage	bis	50	ℳ	einschließlich	1	ℳ,
"	"	"	"	100	"	"	2	"
"	"	"	"	300	"	"	3	"
"	"	"	"	1000	"	"	4	"
"	"	"	"	5000	"	"	5	"
"	"	"	über	5000	"		6	".

Nimmt die Aufnahme einen Zeitaufwand von mehr als zwei Stunden in Anspruch, so erhöht sich die Gebühr für jede angefangene weitere Stunde um ein Viertheil. Für Siegelungen und Entsiegelungen durch einen Gerichtsschreiber wird, wenn mit denselben die Aufnahme eines Vermögensverzeichnisses nicht verbunden ist, die Hälfte der Gebühren erhoben.

Soweit die nach Abs. 2, 3 zu berechnende Gebühr die im Abs. 1 bestimmte übersteigt, ist die erstere Gebühr auch dann zu erheben, wenn die Siegelung oder Entsiegelung oder die Aufnahme eines Vermögensverzeichnisses durch den Richter[6] erfolgt.

1 Z. B. Lebensatteste, Identitätsbescheinigungen, Bescheinigungen über die Verfügungsbefugnis. Die Vorstände der Gerichte sind als solche nicht lediglich Organe der Justizverwaltung, sondern auch Träger der Gerichtsbarkeit. Für eine von ihnen in dieser Eigenschaft erteilte Bescheinigung ist deshalb eine Gebühr nach dem Gerichtskostengesetze zu berechnen: Johow Bd. 17 S. 139.

Für Erbscheine, auch wenn sie sich nur auf einzelne Gegenstände (z. B. Grundstücke) beziehen, für die in den §§ 37, 38 GBO. bezeichneten Bescheinigungen, für Zeugnisse, die die Verfügungsbefugnis über eine Schuldbuchforderung betreffen, für Bescheinigungen über den Grundbuchinhalt und für Registerauszüge gelten besondere Kostenvorschriften: §§ 81, 82, 66, 74.

2 Die Vereidigung von Sachverständigen, die ein für alle Mal erfolgt und die Abnahme von Diensteiden ist gebührenfrei: § 145 (vgl. Note 3 zu § 7). Die Beeidigung eines Dolmetschers, der bei der Beurkundung eines notariellen Testaments mitwirken soll (Pr. FGG. Art. 86), ist dagegen gebührenpflichtig; als Wert des Gegenstandes gilt der Wert der Testamentserrichtung: Johow Bd. 21 S. B 9.

3 BGB. §§ 919, 920; Pr. FGG. Art. 31 Abs. 1 Satz 3.

4 Proteste und Verklarungen (HGB. § 522, Binnenschiff.G. §§ 28, 33, 39). Wechselproteste: § 50. Wertberechnung bei Protesten: Allg. Verf. v. 26. Sept. 1864, JMBl. S. 270.

Verklarungen sind gebührenfrei in Unfallversicherungssachen: RGes. v. 13. Juli 1887 § 116.

In Binnenschiffahrts- und Flößereiangelegenheiten gelten für das Verfahren zur Sicherung des Beweises besondere Gebührenvorschriften: RGesetze vom 15. Juni 1895 (RGBl. S. 301, 341) § 14 u. § 11 (die Hälfte der entsprechenden Sätze des § 36 D. GKG., aber nicht über 30 M.).

5 Die Gebühr des Gerichtsschreibers gilt zugleich für den gleichfalls zuständigen Gerichtsvollzieher: Art. 20 d. Ges. v. 27. Sept. 1899.

6 Dies ist bei kleinen Objekten bis zu 300 M. der Fall.

Die Zusatzgebühr des § 53 wird auch in dem Falle erhoben, wenn für die Tätigkeit des Richters nur die Gebühr des Gerichtsschreibers in Ansatz kommt (Mügel S. 163).

Wechselproteste.

50. Für die Aufnahme von Wechselprotesten,[1] einschließlich einer etwaigen Interventionserklärung, wird die volle Gebühr erhoben. Diese Gebühr erhöht sich für jeden Weg, welchen der Richter behufs Vorlegung des Wechsels oder behufs Nachsuchung der Wohnung bei der Polizeibehörde unternimmt, um je ein Zehntheil der vollen Gebühr, mindestens aber um eine Mark.

Findet die Aufnahme eines Wechselprotestes durch einen Gerichtsschreiber[2] statt, so beträgt die Protestgebühr

bei einem Werthe	bis	50	ℳ	einschließlich	0,50	ℳ,
" "	"	100	"	"	1	"
" "	"	300	"	"	2	"
" "	"	1000	"	"	3	"
" "	"	5000	"	"	4	"
" "	"	über 5000	"	. . . .	5	"

und die Erhöhung für jeden Weg zwei Zehntheile dieser Sätze, mindestens aber fünfzig Pfennig.

Die im Abs. 2 bestimmten Gebühren sind auch bei der Aufnahme des Protestes durch einen Richter zu erheben, falls sie höher sind, als die im Abs. 1 bezeichneten Sätze.

Auf die Wegegebühren werden die den Gerichtspersonen zustehenden Tagegelder und Reisekosten angerechnet.[3] Dieselben sind auch dann zu erheben, wenn der Auftrag zur Protesterhebung nach Antritt des Weges seine Erledigung gefunden hat.

Für die Abschrift des Wechsels im Proteste werden Schreibgebühren nicht erhoben.[4]

1 Jeder Wechselprotest gilt als besonderer Akt, auch wenn mehrere Proteste über verschiedene Wechsel zu einer Urkunde zusammengefaßt werden: RGer. Bd. 32, S. 212.

Die Protestgebühr ist auch fällig, wenn der Protestbeamte die vom Wechselschuldner angebotene Zahlung entgegennimmt und deshalb die Aufnahme des Protestes unterläßt: RGer. a. a. O.

2 Oder Gerichtsvollzieher: Art. 20 d. G. v. 27. Sept. 1899. Auf Tagegelder und Reisekosten des Gerichtsschreibers hat der Gerichtsvollzieher keinen Anspruch.

3 Zu den Reisekosten gehören auch die Fuhrkosten: § 115 Nr. 2; es können also nicht Wegegebühren und Fuhrkosten nebeneinander erhoben werden: Johow Bd. 17 S. 252.

Auch die Gerichtsvollzieher müssen ihre Reisekosten auf die Wegegebühr anrechnen, können also nicht die Reisekosten noch besonders berechnen; Nr. II d. Allg. Verf. v. 27. April 1896, JMBl. S. 137.

4 D. h. für die Aufnahme des Wechselwortlauts in die Urschrift des Protestes. Bei Abschriften des Protestes werden auch die den Text des Wechsels wiedergebenden Zeilen mitvergütet. Für die in das Protestregister einzutragende Abschrift des Protestes sind Schreibgebühren zu erheben; vgl. die Allg. Verf. v. 17. Febr. 1900 (JMBl. S. 59), durch welche § 96 der Gesch.Anw. f. Gvz. in diesem Sinne geändert ist.

Abschriftsbeglaubigung, Ausfertigung.

51. Für die Beglaubigung von Abschriften werden drei Zehntheile der vollen Gebühr bis zum Höchstbetrage von 10 Mark erhoben.[1] **Für die**

Ertheilung von Ausfertigungen oder beglaubigten Abschriften von Urkunden, welche das Gericht selbst aufgenommen[2] hat, einschließlich der Ertheilung auszugsweiser Ausfertigungen oder beglaubigter Abschriften,[3] werden nur Schreibgebühren[4] erhoben. Dasselbe gilt hinsichtlich der Ausfertigungen oder beglaubigten Abschriften von den in Verwahrung des Gerichts befindlichen Urkunden der Auditeure, Notare und Schiedsmänner.[5]

1 Ausnahmen: §§ 70, 74, 80; die „Erneuerung von Urkunden" ist gestrichen, weil sie nicht mehr vorkommt; Erteilung eines „neuen" Hypothekenbriefs: § 66 Nr. 1. Der Höchstbetrag von 10 M. ist erst jetzt eingefügt.

2 Den Urkunden, welche das Gericht „aufgenommen" hat, stehen gleich die Urkunden, welche das Gericht selbst „ausstellt" und die gerichtlichen Verfügungen (FGG. §§ 16 ff.). Daher keine Gebühr für die Ausfertigung eines Erbscheins: Johow Bd. 20 S. B 10.

3 FGG. § 182 Abs. 2, Pr. FGG. Art. 47, 57 Abs. 3.

4 Auch Stempel: § 56, PrStG. Tarifst. 10. Die Befreiung gilt nur für die beglaubigte Abschrift solcher Urkunden, die das Gericht selbst aufgenommen hat. Erfolgt in einem notariell aufgenommenen Kaufvertrage über Parzellen eines Grundstücks eine hypothekarische Verpfändung der einzelnen Parzellen, so ist, falls vom Gericht für die einzelnen Restkaufgelder Hypothekenbriefe gebildet werden, für die Beglaubigung der zu den Urkunden erforderlichen Abschriften des Kaufvertrags die Gebühr des § 51 zu erheben, und zwar nach dem Werte der einzelnen Hypotheken, auf die sich die Schuldurkunde

bezieht, nicht nach dem ganzen bedungenen Kaufpreise: Johow Bd. 18 S. 147.

5 a) Notare: Pr. FGG. Art. 102;
b) Auditeure: § 3 des Ges. vom 8. Mai 1860 (GS. S. 240);
c) Schiedsmänner: § 31 Abs. 2 der Schiedsmanns-O. v. 29. März 1879 (GS. S. 321).

Bezieht sich nur auf Urkunden, die das Gericht an Stelle des Urkundsbeamten verwahrt, nicht auf Urkunden, die sich in den Akten des Gerichts, z. B. bei den Grundakten, befinden.

Sicherstellung der Zeit.

52. (neu) Drei Zehnteile der vollen Gebühr werden erhoben für die Sicherstellung der Zeit, zu welcher eine Privaturkunde ausgestellt ist.[1]

1 Eine für die meisten Landesteile neue Art der Beglaubigung, welche das Datum einer Privaturkunde zu öffentlichem Glauben feststellt; zuständig dafür ist auch der Gerichtsschreiber: Pr. FGG. Art. 36, 59.

Der bisherige § 52 (Wiederinkurssetzung) ist gestrichen, weil eine Außerkurssetzung nicht mehr vorkommen kann und die vorhandenen Außerkurssetzungsvermerke ohne weiteres ihre Wirkung verlieren: EG. BGB. Art. 176. Mit der „Umschreibung auf den Namen" (AG. BGB. Art. 18) haben die Gerichte nichts zu tun.

Handlungen außerhalb der Gerichtsstelle.

53. Wird auf Verlangen[1] der Partei oder mit Rücksicht auf die Art der Rechtshandlung die letztere außerhalb der Gerichtsstelle[2] vorgenommen, so werden neben den in diesem Abschnitte bestimmten Gebühren — mit Ausnahme der in den §§. 47, 49 Abs. 2, 50 vorgeschriebenen Gebühren[3] — fünf Zehntheile der vollen Gebühr, jedoch mindestens 1 Mark und höchstens 10 Mark, erhoben. Kann das Geschäft nicht an einem Kalendertage beendigt werden, so wird die Zusatzgebühr für jeden Tag, an welchem das Gericht außerhalb der Gerichtsstelle thätig war, besonders erhoben; die Gebührenstufe für die Zusatzgebühr wird in diesem Falle durch eine Theilung des Werthes des Gegenstandes nach der Zahl der Tage ermittelt. Beziehen die Gerichtspersonen Tagegelder und Reisekosten oder die im §. 116 bezeichnete Gebühr,[4] so wird der Betrag derselben auf die Zusatzgebühr angerechnet.[5]

Die Zusatzgebühr wird, sofern die Gerichtspersonen den Weg zur Vornahme des Geschäfts angetreten haben, auch dann in Ansatz gebracht, wenn das Geschäft aus einem in der Person des Betheiligten liegenden Grunde nicht zur Ausführung gelangt ist.

Die Vorschriften über die Erhebung von Vorschüssen für baare Auslagen finden auf die Zusatzgebühr entsprechende Anwendung.[6]

1 Das „verlangen" steht dem „veranlassen" (§ 115 Pr. GKG.) gleich. Daher keine Zusatzgebühr, wenn der Richter (Notar) bei seiner Anwesenheit in einem Orte noch andere Geschäfte beurkundet, als dasjenige,

welches seine Reise unmittelbar veranlaßt hat. (KGer. v. 20. Jan. 1896.)

2 Das Gerichtstagslokal gilt als Gerichtsstelle: § 139.

3 Versteigerungen, Inventare und Siegelungen durch den Gerichtsschreiber, Wechselproteste; vgl. aber N. 6 zu § 49.

4 Kommissionsgebühr bei der Errichtung einer Verfügung von Todeswegen.

5 Die Zusatzgebühr hat nicht den Charakter einer Wegegebühr, sie wird daher für jeden Akt besonders erhoben, auch wenn durch die mehreren gleichzeitig erledigten Akte nicht mehr als ein Weg veranlaßt worden ist: Johow Bd. 16 S. 168.

6 Die Handlung kann von der Zahlung des Vorschusses abhängig gemacht werden: § 6.

Ergebnislose Verhandlungen.

54. Unterbleibt die beantragte Beurkundung einer Erklärung, nachdem das Gericht über dieselbe mit den Betheiligten verhandelt[1] hat, so werden fünf Zehntheile der für die Beurkundung bestimmten Gebühr bis zu einem Höchstbetrage von 20 Mark erhoben.[2]

1 Nicht jede Besprechung gilt als Verhandlung (Bgr. 91).

2 Zurücknahme eines Antrags drei Zehnteile: § 109 Nr. 2.

Fremde Sprache.

55. (neu) Die Gebühren für die Beurkundung eines Rechtsgeschäfts werden um ein Viertheil erhöht, wenn sich ein Betheiligter in fremder Sprache erklärt.[1]

Die Gebührenerhöhung sowie die durch die Zuziehung eines Dolmetschers entstandenen Auslagen[2] fallen dem Betheiligten zur Last, welcher die Zuziehung des Dolmetschers oder die Verhandlung in fremder Sprache veranlaßt hat.

1 Diese Gebührenvorschrift bildet das natürliche Gegengewicht gegen die auf Veranlassung der Polen aufgenommene neue Bestimmung im § 179 FGG., nach der ein Dolmetscher schon dann zugezogen werden muß, wenn ein Beteiligter „erklärt", der deutschen Sprache nicht mächtig zu sein; vgl. auch BGB. § 2244 (Testamentserrichtung). Wer in fremder Sprache verhandeln will, muß nicht nur die Dolmetscherkosten tragen, sondern auch die besondere Gebühr des Abs. 1 entrichten, und zwar auch dann, wenn ihn die Zahlungspflicht für die Gerichtsgebühren an sich nicht treffen würde. Die Zusatzgebühr tritt nur ein bei der Beurkundung eines Rechtsgeschäfts; nicht bei Beglaubigungen, Versteigerungen beweglicher Sachen, Protesten, Versammlungs- und Verlosungsprotokollen.

Auf Taubstumme, die sich durch einen Dolmetscher erklären (FGG. § 178), findet die Gebühr des § 55 Abs. 1 keine Anwendung.

2 Dolmetschergebühren entstehen nicht, wenn der Dolmetscher für die betreffende Sprache als solcher bei dem Gericht angestellt ist (Geb.O. f. Z. u. S. § 13); s. zu § 113 Nr. 4.

Pauschcharakter der Gebühren.

56. (55) Die in diesem Abschnitte bestimmten Gebühren umfassen die gesammte Thätigkeit des Gerichts einschließlich aller Nebengeschäfte. Neben den Gebühren werden die Beträge der nach den Vorschriften der Stempelgesetze zu entrichtenden

Stempelabgaben erhoben.[1] Der auf dem Geschäfte ruhende Stempel wird für die Urschrift erhoben; die erste **Ausfertigung** ist stempelfrei, für weitere Ausfertigungen wird der Stempel nach der Tarifstelle „Duplikate" erhoben.[2] Im Uebrigen finden auf die Besteuerung von Ausfertigungen und beglaubigten Abschriften die Vorschriften des §. 114 Abs. 3 Anwendung.[3]

1 § 30. Eine Zusammenfassung von Gerichtsgebühren und Stempel war in diesem Abschnitte nicht angängig, weil die hier bestimmten Gebühren gleichzeitig auch für die Akte der Notare gelten (Begr. 91).

Auch Ausfertigungen und beglaubigte Abschriften der unter Abschnitt 2 fallenden Urkunden sind nach den Stempelgesetzen zu versteuern: PrStG. § 9 u. Tarifst. 1, 10, 77 (vgl. Mügel S. 177).

2 Der neue Zusatz beseitigt die Zweifel, welche über das gegenseitige Verhältnis des § 55 und des § 114 Abs. 3 entstanden waren. Die Stempelpflicht für gerichtliche Urkunden über Rechtsgeschäfte ist nunmehr in der gleichen Weise, wie für notarielle Urkunden geregelt (PrStG. § 9 Abs. 1, 2).

3 Hiernach sind die Ausfertigungen nicht stempelpflichtiger Urkunden stempelfrei; das Gleiche gilt von beglaubigten Abschriften, wenn sie von Amtswegen erteilt werden oder wenn die Urkunde nicht stempelpflichtig war. Wird die Abschrift auf einen Antrag erteilt, so ist sie ferner stempelfrei, falls die Gebühr des § 51 zu erheben ist, dagegen stempelpflichtig, wenn für die Erteilung der Abschrift nur Schreibgebühren zum Ansatze kommen (Begr. AG.).

Dritter Abschnitt.

Grundbuchsachen.

Die Vorschriften dieses Abschnitts sind in allen wesentlichen Punkten unverändert geblieben. Die Aenderungen betreffen entweder die Fassung oder sie schließen sich an die Vorschriften an, in denen die Reichsgesetzgebung vom Preußischen Grundbuchrecht abweicht.

Wegen der Vorschriften über die Grundbuchanlegung und die Führung der älteren Grund- und Hypothekenbücher vgl. die Einleitung.

Werthklassen und Gebührensatz.

Vgl. die Tabelle II.

57. (56) In Grundbuchsachen beträgt, sofern nicht Ausnahmen[1] vorgesehen sind, die volle Gebühr

bei einem Werthe des Gegenstandes								nach dem Satze A. ℳ	nach dem Satze B. ℳ
1)	bis 20 Mark einschließlich							0,40	0,20
2)	von	mehr	als	20 bis	60 ℳ	einschl.		0,70	0,40
3)	"	"	"	60 "	120 "	"		1	0,60
4)	"	"	"	120 "	200 "	"		1,50	1
5)	"	"	"	200 "	300 "	"		2	1,40
6)	"	"	"	300 "	450 "	"		2,60	1,90
7)	"	"	"	450 "	650 "	"		3,20	2,40
8)	"	"	"	650 "	900 "	"		4	2,90
9)	"	"	"	900 "	1 200 "	"		4,80	3,40
10)	"	"	"	1 200 "	1 600 "	"		6	4
11)	"	"	"	1 600 "	2 100 "	"		7,20	4,60

bei einem Werthe des Gegenstandes	nach dem Satze A. ℳ	nach dem Satze B. ℳ
12) von mehr als 2 100 bis 2 700 ℳ einschl.	8,40	5,40
13) „ „ „ 2 700 „ 3 400 „ „	9,60	6,20
14) „ „ „ 3 400 „ 4 300 „ „	11	7,20
15) „ „ „ 4 300 „ 5 400 „ „	12,60	8,20
16) „ „ „ 5 400 „ 6 700 „ „	14,40	9,40
17) „ „ „ 6 700 „ 8 200 „ „	16,20	10,60
18) „ „ „ 8 200 „ 10 000 „ „	18	12
19) „ „ „ 10 000 „ 12 000 „ „	20,40	13,80
20) „ „ „ 12 000 „ 14 000 „ „	22,80	15,60
21) „ „ „ 14 000 „ 16 000 „ „	25,20	17,40
22) „ „ „ 16 000 „ 18 000 „ „	27,60	19,20
23) „ „ „ 18 000 „ 20 000 „ „	30	21
24) „ „ „ 20 000 „ 22 000 „ „	32,40	22,80
25) „ „ „ 22 000 „ 24 000 „ „	34,80	24,60
26) „ „ „ 24 000 „ 26 000 „ „	37,20	26,40
27) „ „ „ 26 000 „ 28 000 „ „	39,60	28,20
28) „ „ „ 28 000 „ 30 000 „ „	42	30
29) „ „ „ 30 000 „ 35 000 „ „	47	34
30) „ „ „ 35 000 „ 40 000 „ „	52	38
31) „ „ „ 40 000 „ 50 000 „ „	60	45
32) „ „ „ 50 000 „ 60 000 „ „	66	51
33) „ „ „ 60 000 „ 70 000 „ „	72	57
34) „ „ „ 70 000 „ 80 000 „ „	78	63
35) „ „ „ 80 000 „ 90 000 „ „	84	69
36) „ „ „ 90 000 „ 100 000 „ „	90	75

Die ferneren Werthklassen steigen um je 10 000 Mark und die Gebühren bei beiden Gebührensätzen je um 6 Mark.

1 Ausnahme: § 66; fernere Anwendung des Satzes A: §§ 43, 78 Nr. 1, des Satzes B: § 78 Nr. 2, 3, §§ 81 bis 89.

Eintragung des Eigentümers.

Hierzu: Allg. Verf. v. 15. Sept. 1895, abgedr. im Anh. I a.

58. (57) 1. Für die Eintragung des Eigenthümers, einschließlich der Entgegennahme der Auflassungserklärung oder der Beurkundung des Antrags auf Eintragung sowie einschließlich der vorkommenden Nebengeschäfte,[1] insbesondere der gleichzeitig beantragten Eintragung des Erwerbsgrundes und des Erwerbspreises, des Schätzungswerths und der Feuerversicherungssumme sowie der Uebertragung des Grundstücks und der auf dasselbe bezüglichen Eintragungen auf ein anderes Blatt, wird der Gebührensatz A erhoben.[2]

2. Für die Eintragung des Eigenthums von Abkömmlingen des bisherigen Eigenthümers, sofern sie auf Grund der Erbfolge oder eines Uebertragsvertrags[3] oder der Erbauseinandersetzung erfolgt, ohne Unterschied, ob die Erben inzwischen im Grundbuch eingetragen waren oder nicht, für die nachträgliche Eintragung des Miteigenthums eines Ehegatten oder von Kindern an Grundstücken, welche zur ehelichen Gütergemeinschaft oder zur fortgesetzten Gütergemeinschaft gehören, ingleichen

für die Umschreibung der Grundstücke, welche einem Ehegatten oder den Erben eines solchen bei der Auseinandersetzung einer aufgelösten Gütergemeinschaft überwiesen oder welche einem Ehegatten nach Auflösung der Gütergemeinschaft kraft Gesetzes zugefallen sind, einschließlich der bei diesen Geschäften vorkommenden Nebengeschäfte, werden fünf Zehntheile des Gebührensatzes A erhoben.

3. Wenn nach §. 90 der Grundbuchordnung ein Eigenthumserwerb unter Ausscheiden des Grundstücks aus dem Grundbuche stattfindet, wird der Gebührensatz A erhoben.[4]

4. Erfolgt die Eintragung eines Eigenthümers auf Grund eines gleichzeitig gestellten Antrags bei mehreren Grundstücken, welche im Bezirke desselben Amtsgerichts belegen sind, so werden die vorstehend bestimmten Gebühren nur einmal nach dem zusammenzurechnenden Werthe der Grundstücke erhoben. Ist eine Aufforderung des Gerichts, ein Grundstück, für welches ein besonderes Blatt besteht, auf ein für ein anderes Grundstück bestehendes Blatt übertragen zu lassen, erfolglos geblieben, so werden die Gebühren für dieses Grundstück besonders berechnet.[5]

5. Hinsichtlich der im Geltungsbereiche des Rheinischen Rechtes belegenen Grundstücke kommen folgende Bestimmungen zur Anwendung:

Für die Entgegennahme der Auflassungserklärung wird auch dann, wenn dieselbe vor einem anderen Gericht erfolgt, eine Gebühr nicht erhoben.[6]

Die an einen Notar für die Beurkundung einer Auflassung gezahlte Gebühr wird von der für die Eintragung des Eigenthümers zu entrichtenden Gebühr in Abzug gebracht. Diese Bestimmung kommt jedoch nicht zur Anwendung, wenn eine notarielle Beurkundung des zu Grunde liegenden Vertrags stattgefunden hat.

6. Die Entgegennahme der Auflassung und, wenn diese nicht vor dem Grundbuchrichter erfolgt, die Eintragung des neuen Eigenthümers im Grundbuche kann nach dem Ermessen des Gerichts von einer vorgängigen Sicherstellung der Staatskasse[7] wegen der Kosten der Eintragung und des Stempels für die Auflassung oder das zu Grunde liegende Rechtsgeschäft abhängig gemacht werden. Ueber Erinnerungen gegen derartige Anordnungen wird im Aufsichtsweg entschieden.

1 Kein gebührenfreies Nebengeschäft ist die Vermerkung der eingesetzten Nacherben im Grundbuche. Die Eintragung ist gebührenpflichtig, als Wert gilt aber nicht der Wert des Grundstücks, sondern der frei zu schätzende Wert der das Grundstück betreffenden Anwartschaft des Nacherben: Johow Bd. 19 S. 134 (s. jetzt § 59 Satz 2).

2 Zahlungspflichtig ist nur der neue Eigentümer, nicht auch der Veräußerer: § 2 mit N. 1.

Die Eintragungsgebühr wird auch erhoben, wenn das Eigentum in anderer Art als durch Auflassung erworben ist, auch dann, wenn der bisherige Eigentümer

Ersteher in der Zwangsversteigerung wird und deshalb der Zuschlagsbeschluß dahin ergeht, daß ihm das Eigentum zu belassen ist: Johow Bd. 17 S. 145. Einbringung von Grundstücken in ein Gesellschaftsvermögen: vgl. RGer. Bd. 25 S. 252; RGer. JMBl. 1896 S. 243; PrStG. Tarifst. 25.

Teilung von Miteigentum: Johow Bd. 13 S. 232. Wertberechnung: § 18 u. N. 1. Der Wert des mitverkauften beweglichen Zubehörs bleibt außer Betracht, der vereinbarte Kaufpreis ist mithin um den auf dieses Zubehör entfallenden Betrag zu kürzen: Johow Bd. 17 S. 142.

Für die Eintragung des Erstehers im Zwangsversteigerungsverfahren ist die Gebühr nach dem Betrage des Meistgebots zu berechnen: Johow Bd. 17 S. 152; vgl. auch §§ 126, 127.

3 „Abkömmlinge" sind Verwandte der geraden absteigenden Linie, einschließlich der unehelichen und der an Kindesstatt angenommenen.

Treffen Abkömmlinge mit Erwerbern anderer Art zusammen, so ist der Anteil der Abkömmlinge von der halben Gebühr (Abs. 2) und der Anteil der Nichtbegünstigten von der vollen Gebühr zu berechnen: Johow Bd. 20 S. B 27.

Übertragsvertrag ist soviel als Gutsüberlassungs- oder Übergabevertrag: vgl. AG. BGB. Art. 15, BGB. § 330; RGer. Bd. 29 S. 173. Stempelfreiheit: PrStG. Tarifst. 32.

Der Überlassungsvertrag gilt nicht als Kauf, die Auflassungsgebühr ist mithin nicht nach dem Erwerbspreise, sondern nach dem gemeinen Werte des Grundstücks zu erheben: Johow Bd. 19 S. 138.

4 Abschreibung eines Grundstücks ohne Wiedereintragung, z. B. beim Übergang auf den Fiskus oder die Gemeinde.

5 Die Grundstückswerte sind auch dann zusammenzurechnen, wenn die Zusammenbuchung der Grundstücke durch ein besonderes rechtliches oder tat-

sächliches Hindernis ausgeschlossen erscheint: Johow Bd. 22 S. B 10.

6 Wohl aber für die Beurkundung des zu Grunde liegenden Veräußerungsgeschäfts: § 35. Ist die Auflassung bereits protokolliert und wird dann der Antrag zurückgenommen, so ist die Gebühr des § 109 Nr. 2 verwirkt: Johow Bd. 17 S. 147.

7 Nach richterlichem Ermessen durch Bareinzahlung, Sicherungshypothek, Bürgschaft oder in anderer Weise. Bei überschuldeten Grundstücken wird sich die Einforderung eines Barvorschusses schon deshalb empfehlen, um betrügliche Schiebungen zu erschweren (Begr. 94); näheres im Anh. Ia.

Eintragung von Belastungen.

59. (58) Für jede Eintragung der Belastung des Grundstücks mit einem Rechte, einschließlich der dabei vorkommenden Nebengeschäfte wird der Gebührensatz B erhoben.[1] Als Belastungen des Grundstücks[2] gelten auch das Recht des Nacherben, die Lehns- oder Fideikommißeigenschaft, ein bedingtes Recht auf Eigenthumserwerb sowie die Zugehörigkeit zu einer Wassergenossenschaft, einer Bahneinheit oder einer sonstigen mit Beschränkungen des Eigenthümers verbundenen Vermögensmasse und die nach §. 1010 des Bürgerlichen Gesetzbuchs[3] eingetragenen Bestimmungen oder Ansprüche.

1 Zahlungspflichtig ist der Antragsteller, doch muß auch der andere Teil sich die Rückbehaltung der Urkunden bis zur Berichtigung der Kosten gefallen lassen:

§ 15. Für mehrere gleichzeitige Eintragungen in der II. oder III. Abteilung des Grundbuchs ist nicht eine einheitliche Gebühr nach dem zusammengerechneten Werte sämtlicher Eintragungen zu erheben, vielmehr wird für jede Eintragung die Gebühr stets besonders berechnet; § 40 hat für Grundbuch- und Hypothekensachen keine Geltung: Johow Bd. 17 S. 132. Wird eine Zwangshypothek verteilt auf mehrere Grundstücke des Vollstreckungsschuldners eingetragen, so ist die Gebühr für jede Eintragung besonders zu berechnen: Johow Bd. 25 S. B 36.

Bei der Eintragung eines Vorkaufsrechts ist der Wert des Grundstücks maßgebend: Johow Bd. 25 S. B 13.

2 Damit kommt zum Ausdruck, daß diese „Beschränkungen des Eigentums" nicht unter die im § 60 genannten „Verfügungsbeschränkungen" fallen. Das Recht des Nacherben wird bei der Eintragung des Vorerben von Amtswegen mit eingetragen (GBO. § 52); auch hierfür ist die Gebühr des § 58 zu erheben; Wertberechnung: § 58 N. 1.

3 Ausschluß der Teilung oder Bestimmung einer Kündigungsfrist beim Miteigentum nach Bruchteilen.

Eintragung von Veränderungen.

60. (59) Für die Eintragung von Veränderungen aller Art,[1] Vormerkungen, Widersprüchen[2] und Verfügungsbeschränkungen[3] werden fünf Zehntheile des Gebührensatzes B erhoben.[4]

1 Auch für die Eintragung des Vermerkes, daß der Konkurs eröffnet ist: KGer. JMBl. 1896 S. 304; ebenso für den Vermerk, daß die Nachlaßverwaltung angeordnet worden ist: Johow Bd. 23 S. B 40; nicht aber für den Vermerk, daß die Zwangsversteigerung oder Zwangsverwaltung eingeleitet ist: § 132; wegen des Vermerkes

der landschaftlichen Zwangsverwaltung s. unten N. 3 und Pietsch Pr. GKG. N. 9b zu § 59 (alter Fass.).

Als Wertgegenstand ist bei der Einschreibung des Konkurs- und des Nachlaßverwaltungsvermerkes der Wert des Grundstücks anzusetzen, und zwar ohne Abzug der eingetragenen Belastungen. Sind die Schulden (Nachlaßschulden) geringer als der Grundstückswert, so ist deren Betrag maßgebend: Johow Bd. 16 S. 234, Bd. 23 S. B 40.

Wertberechnung bei Vorrangseinräumungen s. N. 2 zu § 37.

Jede besondere Eintragung einer Veränderung bei einer Post der Abt. II oder III rechtfertigt eine besondere Gebühr nach § 60: Johow Bd. 17 S. 163; Bd. 19 S. 144, 149. Als Wert gilt nur der Wert der Veränderung; betrifft aber die Veränderung mehrere Hypotheken in ihrer Gesamtheit, so gilt als Wert der Veränderung der zusammenzurechnende Betrag der Hypotheken: Johow Bd. 19 S. 144; vgl. auch Johow Bd. 16 S. 237.

Der Vermerk der Änderung des Namens einer als Hypothekengläubigerin im Grundbuch eingetragenen juristischen Person unterliegt der Gebührenvorschrift des § 61: Johow Bd. 16 S. 236.

2 Der Widerspruch entkräftet den öffentlichen Glauben des Grundbuchs bis zur Erledigung des Berichtigungsverfahrens, bis zur Beseitigung der einer beantragten Eintragung entgegenstehenden Hindernisse oder bis zur Entscheidung über eine Beschwerde: BGB. § 893, GBO. §§ 18, 54, 76. Die Eintragung des Widerspruchs ist gebührenfrei, wenn sie zur Entkräftung einer durch ein Versehen des Grundbuchamts bewirkten unrichtigen Eintragung von Amtswegen geschieht: § 61 Abs. 1 Satz 2.

3 Gebührenfrei ist die Eintragung des Konkursvermerkes (KO. § 115) und des Vollstreckungsvermerkes (§ 132); nicht aber des Vermerkes der landschaftlichen

Zwangsverwaltung (Ges. vom 3. August 1897): Mügel S. 200.

4 Der Wert einer Eigentumsbeschränkung an einem Grundstücke, die das ganze Eigentumsrecht als solches ergreift, ist nicht nach freiem Ermessen zu schätzen, sondern steht dem Werte des ganzen Grundstücks gleich: Johow Bd. 17 S. 155.

Zurückführung auf das Steuerbuch.

61. (60) Für die Eintragungen, welche die Zurückführung des Grundbuchs auf die Steuerbücher zum Gegenstande haben oder zum Zwecke der Erhaltung der Uebereinstimmung zwischen dem Grundbuch und den Steuerbüchern erfolgen, sind weder Gebühren noch Auslagen zu erheben.[1] Gebührenfrei ist die nach §. 54 der Grundbuchordnung erfolgende Eintragung.[2]

Wird ein Antrag zurückgewiesen, nachdem nach §. 18 der Grundbuchordnung eine Vormerkung oder ein Widerspruch eingetragen war, so wird nur die Gebühr für diese Eintragung erhoben.[3]

1 GBO. § 2 Abs. 2; Kgl. V. betr. das Grundbuchwesen v. 13. Nov. 1899 Art. 2; Allg. Verf. v. 20. Nov. 1899 (JMBl. S. 349) § 3.

Die Fortschreibungsgebühren der Katasterämter sind von den Gerichtskassen einzuziehen und zu den Gerichtskosten zu vereinnahmen; Beschwerden über den Ansatz einer Fortschreibungsgebühr sind an die Bezirksregierung zur Entscheidung abzugeben: Allg. Verf. v. 4. Jan. 1899 (JMBl. S. 10); Kassen-O. § 23.

2 Der Widerspruch gegen eine unrichtige Eintragung, die das Grundbuchamt unter Verletzung gesetzlicher Vorschriften bewirkt hat. Auch die Löschung einer solchen Eintragung geschieht gebührenfrei.

3 D. h., wenn zu Gunsten eines beanstandeten Eintragungsantrags ein Widerspruch oder eine Vormerkung eingetragen war. Die Zurückweisungsgebühr (§ 109 Nr. 2) fällt in diesem Falle weg. Wird dem Antrage stattgegeben, so ist die Gebühr für den Widerspruch oder die Vormerkung neben der Gebühr für die beantragte Eintragung zu erheben, sofern nicht § 7 Abs. 2 Platz greift.

Sonstige Eintragungen.

62. (61) Für alle Eintragungen, welche unter keine der vorstehend (§§. 58 bis 61) getroffenen Bestimmungen fallen, insbesondere für die Vermerke, welche durch die ohne Veränderung des Eigenthümers stattfindende Theilung von Grundstücken oder Uebertragung derselben auf ein anderes Blatt veranlaßt werden, für die nachträglich beantragte Eintragung des Schätzungswerths, der Feuerversicherungssumme, des Erwerbsgrundes oder des Erwerbspreises, für die Eintragung des Verzichts auf das Eigenthum am Grundstücke,[1] für die Eintragung der nachträglichen Ausschließung der Ertheilung eines Briefes oder der Aufhebung dieser Ausschließung,[2] für die Anlegung eines Blattes für ein noch nicht in das Grundbuch eingetragenes oder aus dem Grundbuch ausgeschiedenes

Grundstück,[3] für das Ausscheiden eines Grundstücks aus dem Grundbuche, falls nicht gleichzeitig eine Eigenthumsveränderung eingetragen wird, für den Vermerk von Rechten, welche dem jeweiligen Eigenthümer zustehen,[4] werden drei Zehntheile des Gebührensatzes B erhoben.

Auf die Berechnung des Werthes findet die Vorschrift des §. 23 Abs. 1 entsprechende Anwendung.

1 BGB. § 928. 2 BGB. § 1116.
3 GBO. § 90.
4 Z. B. Grunddienstbarkeiten, Reallastberechtigungen, Vorkaufsrechte: GBO. § 8. In Preußen ist für solche Rechte im Grundbuche der Abschnitt II des Bestandverzeichnisses „Verzeichnis der mit dem Eigentume verbundenen Rechte" bestimmt.

Löschungen.

63. (62) Für jede Löschung,[1] einschließlich der dabei vorkommenden Nebengeschäfte, werden fünf Zehntheile der vorstehend für die Eintragungen bestimmten Sätze erhoben.[2]

Die hiernach zu erhebenden Kosten bleiben insoweit außer Ansatz, als solche bei der Eintragung zugleich für die künftige Löschung entrichtet worden sind.[3]

1 Vgl. die Note 2 zu § 61. Gebührenfrei ist die Löschung des Vollstreckungs- und des Konkursvermerkes (§ 132, KO. § 115), ferner die Löschung des Vermerkes

der Rentenpflichtigkeit: Johow Bd. 1 S. 160; nicht aber die Löschung des landschaftlichen Zwangsverwaltungsvermerkes: Mügel S. 200.

2 Bei der Löschung kommt es für die Wertberechnung nicht darauf an, was das zu löschende Recht zur Zeit der Löschung tatsächlich und wirtschaftlich noch wert ist, sondern was das eingetragene Recht als solches wert ist. Z. B. kommt bei der Löschung eines Pachtrechts der Wert nach der ganzen Vertragsdauer (§ 21 Nr. 6) zur Berechnung. (KGer. v. 29. Juni 1896.)

3 Nur von Bedeutung für Schleswig-Holstein, wo bis zum Jahre 1873 bei der Eintragung von Pfandrechten ein solcher Zuschlag erhoben wurde (Begr. 95).

Auf mehreren Grundstücken.

64. (63) Wird eine Eintragung oder Löschung bei mehreren Grundstücken auf Grund einer Bewilligung oder sonstigen Urkunde vorgenommen,[1] so werden die in den §§. 59, 60, 62, 63 bezeichneten Sätze nur für die erste Eintragung oder Löschung, dagegen für jede folgende Eintragung oder Löschung nur fünf Zehntheile derselben erhoben. Die gleiche Herabsetzung der Gebühren findet statt, wenn einzelne Grundstücke in die Mithaft für eine Forderung eintreten oder aus der Mithaft entlassen werden.

Erfolgt die Eintragung oder Löschung bei mehreren Grundstücken desselben Eigenthümers auf Grund eines gleichzeitig gestellten Antrags, so werden die Eintragungs- oder Löschungsgebühren nur einmal erhoben, wenn die Grundstücke in dem-

selben Amtsgerichtsbezirke belegen sind, und eine erfolglose Aufforderung des Gerichts, die Vereinigung derselben auf einem Blatte zu beantragen, nicht ergangen ist.[2] Im Sinne dieser Bestimmung gelten Grundstücke, welche Eheleuten oder welche dem überlebenden Ehegatten und den Kindern des Verstorbenen im Falle der fortgesetzten Gütergemeinschaft oder Verwaltungsgemeinschaft[3] gehören, als Grundstücke eines Eigenthümers.[4]

1 Wichtigster Fall die Gesamthypothek und Gesamtgrundschuld: BGB. §§ 1132, 1192.

Bei der Eintragung von Veränderungen, die sich auf mehrere Posten beziehen, die teils auf mehreren Grundstücken desselben Eigentümers, teils auf Grundstücken verschiedener Eigentümer haften, gilt als Wert der „ersten Eintragung" der zusammengerechnete Wert aller Hypotheken. Die ermäßigten Gebühren des Abs. 1 werden dagegen nach dem Werte der Einzelhypotheken, mit Ausschluß der höchsten Post berechnet. Es ist jedoch nur Abs. 2 mit gesonderter Berechnung der Werte anzuwenden, wenn die Anwendung des Abs. 1 einen höheren Gebührenbetrag ergeben würde: Johow Bd. 16 S. 237.

2 Es müssen folgende Voraussetzungen zusammentreffen:

a) Gleichzeitigkeit des Antrages, b) Identität des Eigentümers (vgl. jedoch Abs. 2 a. E.), c) Belegensein im selben Amtsgerichtsbezirk, d) Fehlen der erfolglosen Aufforderung zur Vereinigung auf einem Blatte (§ 58 Nr. 4). Andernfalls werden die Gebühren für jede Eintragung oder Löschung besonders berechnet.

3 Eine „fortgesetzte Verwaltungsgemeinschaft" gibt es nach dem BGB. nicht. Ob etwa der Fall der elterlichen Nutznießung des aus dem Nachlasse des ver-

storbenen Elternteils herrührenden Kindesvermögens gemeint sei, ist recht zweifelhaft. Nach Mügel S. 209 sind „Rechtssysteme zu verstehen, nach welchen das Vermögen des Ueberlebenden und der Kinder wie eine Masse auf gemeinschaftliche Rechnung verwaltet wird".

4 Ihre Vereinigung auf einem Blatte ist nicht mehr zulässig: GBO. § 4.

Werthberechnung.

65. (64) Bei der Eintragung oder Löschung von Hypotheken oder Grundschulden ist der Betrag der Forderung oder der Grundschuld, bei Rentenschulden der Betrag der Ablösungssumme für die Gebührenberechnung maßgebend; soweit nach §. 64 Abs. 1 nur fünf Zehntheile der Gebühr zu erheben sind,[1] ist jedoch der Werth des Grundstücks, falls derselbe der geringere ist, als Maßstab anzunehmen.

1 § 65 weicht von der allgemeinen Regel (§ 21 Nr. 3) ab, jedoch nur bei solchen Eintragungen und Löschungen, bei denen eine Gesamtheit nicht in Frage steht. Die Regel des § 21 Nr. 3 greift wieder Platz bei allen ferneren Eintragungen und Löschungen der gleichen Post (Abtretungen, Vorrangseinräumungen, Veränderungen) und bei dem Eintreten von Trennstücken in die Pfandhaft oder ihrer Entlassung aus der Haftung.

Hypotheken-, Grundschuld- und Rentenschuldbrief. Abschrift des Grundbuchblatts.

66. (65) 1. Für die Ertheilung eines Hypotheken-, Grundschuld- oder Rentenschuldbriefs

werden vier Zehntheile der im §. 33 bestimmten Gebühr für die Ertheilung eines neuen Briefes, einschließlich des über die Ertheilung im Grundbuch einzutragenden Vermerkes, für die Ergänzung des Auszugs aus dem Grundbuche sowie für die Herstellung eines Theilbriefs zwei Zehntheile der im §. 33 bestimmten Gebühr erhoben.[1] Die Vorschriften der §§. 64, 65 finden entsprechende Anwendung.

2. Für die Ertheilung beglaubigter Abschriften[2] werden drei Zehntheile der im §. 33 bestimmten Gebühr erhoben, wenn eine Abschrift des vollständigen Grundbuchblatts ertheilt wird, und zwei Zehntheile, wenn die Abschrift nur einen Theil des Grundbuchblatts betrifft. Wird die Abschrift von mehreren Grundbuchblättern desselben Eigenthümers auf Grund eines gleichzeitig gestellten Antrags ertheilt, so wird die Gebühr nur einmal nach dem zusammenzurechnenden Werthe der Grundstücke erhoben. Die Bestimmung im §. 64 Abs. 2 letzter Satz[3] findet auch hier Anwendung.

3. Für Bescheinigungen des Grundbuchrichters über den Inhalt des Grundbuchs oder für Vermerke desselben auf dem Hypotheken-, Grundschuld- oder Rentenschuldbriefe, welche nicht ein gebührenfreies Nebengeschäft bilden, werden zwei Zehntheile der im §. 33 bestimmten Gebühr erhoben.

4. (5) Die Einsicht des Grundbuchs ist gebührenfrei.[4]

1 GBO. §§ 56, 67, 68, § 57 Abs. 2, § 61. Die Herstellung des Teilbriefs galt bisher als gebührenfreies Nebengeschäft bei der Beurkundung der Teilabtretung.

2 Für einfache Abschriften nur Schreibgebühren. Die beglaubigten Abschriften des Grundbuchblatts im Zwangsversteigerungs- und Zwangsverwaltungsverfahren sind gebühren- und auslagenfrei: § 132.

Die Gebühr für die Erteilung einer beglaubigten Abschrift, die lediglich eine einzelne Eintragung im Grundbuch, insbesondere eine Hypothek oder Grundschuld betrifft, ist nach dem Werte des Rechts, bei Hypotheken und Grundschulden nach deren Betrage, nicht nach dem höheren Werte des Grundstücks oder nach dem Kaufpreise zu berechnen: Johow Bd. 18 S. 145, 147.

3 Bei Grundstücken, die Eheleuten oder Eltern und Kindern gehören.

4 Die bisherige Nr. 4 ist gestrichen, da Zinsquittungsbogen nicht mehr erteilt werden.

Bergwerke und Gerechtigkeiten.

67. (66) Die vorstehend für Grundstücke gegebenen Vorschriften sind auf Bergwerke und andere Berechtigungen, für welche die sich auf Grundstücke beziehenden Vorschriften gelten,[1] entsprechend anzuwenden. Dabei wird jedoch der Gebührensatz A nur zur Hälfte erhoben, wenn die anderweite Eintragung eines Eigenthümers durch die Konsolidation mehrerer Bergwerke, welche

bis dahin verschiedenen Eigenthümern (Gewerkschaften) gehörten, veranlaßt wird.[2]

Wird ein Bergwerk mit unbeweglichen Antheilen der Gewerken in Ausführung eines gemäß §. 235a des Allgemeinen Berggesetzes gefaßten Beschlusses auf den Namen der Gewerkschaft eingetragen, so wird für diese Eintragung, einschließlich des vorläufigen Vermerkes des Beschlusses im Grundbuche, der Anlegung des Gewerkenbuchs und der Ausfertigung und Aufbewahrung der Kuxscheine, der Gebührensatz A erhoben. Für die Umschreibung eines Kuxes in dem vom Gerichte geführten Gewerkenbuch auf einen neuen Erwerber, einschließlich der dabei vorkommenden Nebengeschäfte, wird der Gebührensatz B erhoben. Für die Eintragung von Veränderungen bei den auf Kuxscheinen eingetragenen Pfandrechten sowie für Löschungen werden dieselben Gebühren erhoben wie für Eintragung von Veränderungen und Löschungen im Grundbuche.[3]

1 Z. B. Erbbaurechte (BGB. § 1017), Fährgerechtigkeiten, Schiffmühlengerechtigkeiten (AG. BGB. Art. 40), sächsische Kohlenabbaugerechtigkeiten (AG. BGB. Art. 38).

2 Die Eintragung neu verliehener Bergwerke ist wie die Anlegung des Grundbuchs zu behandeln. Es findet alsdann der für die Grundbuchanlegung noch fortgeltende § 69 alter Fassung Anwendung, da für die Anlegung des Grundbuchblatts für das Bergwerk — abweichend von dem im § 68 behandelten Falle der Anlegung des Bahngrundbuchs — keine besondere Gebühr bestimmt ist.

3 §§ 60, 63 ff.

Bahngrundbuch.

68. (66 a) Die hinsichtlich der Grundbücher bestehenden Gebührenbestimmungen sind auf die Bahngrundbücher[1] entsprechend anzuwenden. Es werden erhoben für die Anlegung und für die Schließung[2] des Bahngrundbuchs der Satz des §. 62 und für den Vermerk des Erlöschens der Genehmigung,[3] einschließlich der öffentlichen Bekanntmachung des Vermerkes, der Satz des §. 60. Die Eintragung des in Folge einer Veräußerung der Bahn eingetretenen Eigenthumswechsels in dem über ein Bahngrundstück geführten gerichtlichen Buche erfolgt gebührenfrei.

Die Kosten der Anlegung des Bahngrundbuchs sowie der Vermerke der Zugehörigkeit eines Grundstücks zur Bahneinheit trägt der Bahneigenthümer; die bezeichneten Kosten fallen jedoch, wenn ein Gläubiger durch den Antrag auf Eintragung einer vollstreckbaren Forderung die Anlegung des Bahngrundbuchs veranlaßt, diesem Gläubiger und, wenn die Anlegung im Zwangsversteigerungsverfahren[4] auf Ersuchen des Vollstreckungsgerichts erfolgt, dem Ersteher zur Last.

1 Durch das G. über das Pfandrecht an Kleinbahnen und Privateisenbahnen v. 19. August 1895, jetzt „Gesetz über die Bahneinheiten" in der Fassung v. 8. Juli 1902, ist eine eigenartige Sachgesamtheit (universitas juris), die „Bahneinheit", geschaffen, die als selbständige unbewegliche Sache behandelt wird, solange das Unternehmen besteht.

Wegen des Bahngrundbuchs vgl. auch die Allgem. Verf. v. 11. Nov. 1902 (JMBl. S. 275).

2 $^{3}/_{10}$ des Gebührensatzes B.

3 $^{8}/_{10}$ des Gebührensatzes B.

4 §§ 21, 24 d. G. über die Bahneinheiten.

Stempel.

Hierzu Allg. Verf. v. 13. Juni 1900, betreffend die dem Grundbuchrichter hinsichtlich des Auflassungsstempels obliegenden Belehrungen: abgedr. im Anhang I b.

69. (67) **Neben den in diesem Abschnitte bestimmten Gebühren werden noch die für Auflassungen, Eintragungsanträge und Kuxscheine bestimmten Stempel**[1] **erhoben.**

1 PrStG. § 29 Tarifst. 2, 8, 58, 34. Wegen des Auflassungsstempels vgl. Allg. Verf. v. 29. Febr. 1896 (JMBl. S. 63) §§ 13 ff.

Unterläßt der Richter bei der Auflassung die gehörige Verhandlung über die Möglichkeit, den Auflassungsstempel durch Einreichung einer geringer zu versteuernden Veräußerungsurkunde zu ersparen, so fehlt eine Grundlage für den Ansatz des Auflassungsstempels und ist das ganze, diesen Stempel betreffende Verfahren zu erneuern: Johow Bd. 18 S. 101, Bd. 24 S. B 18 (vgl. auch JMBl. 1900 S. 591).

Eine vorgelegte Urkunde schließt den Auflassungsstempel nur aus, wenn sie das Veräußerungsgeschäft so enthält, wie es unter den Beteiligten wirklich verabredet ist, und namentlich keinen geringeren Kaufpreis als den vereinbarten angibt. Hierbei fällt die Prüfung, ob das Geschäft der wahren Abrede gemäß beurkundet ist, dem Grundbuchgerichte und nicht der Steuerbehörde zu: Johow Bd. 16 S. 292.

Abschriften zu den Grundakten.

70. (68) **Wenn Urkunden, deren Vorlegung zur Erwirkung von Einschreibungen nothwendig war, von den Betheiligten ohne Uebergabe einer für die Grundakten bestimmten Abschrift zurückgefordert werden, so werden für die auf Anordnung des Grundbuchrichters zu fertigenden Abschriften Schreibgebühren[1] erhoben. Die Beglaubigung der von den Betheiligten überreichten Abschriften erfolgt gebührenfrei.[2]**

1 § 113.

2 § 51 erleidet hier eine Ausnahme. Stempelfreiheit: § 114 Abs. 3. Gilt auch für Abschriften zu den Registerakten: Johow Bd. 22 S. B 35.

Die §§ 69—72 der älteren Fassung (Kosten der Grundbuchanlegung und Kosten der nach älterem Rechte zu bearbeitenden Grund- und Hypothekensachen), ingleichen die bisher dem Gesetze beigefügte Anlage A zu § 71 sind gestrichen. Wegen ihrer weiteren Geltung für die nach den bisherigen Vorschriften zu erledigenden Angelegenheiten s. die Einleitung.

Vierter Abschnitt.

Registerführung.

Reichsrechtliche Kostenvorschriften für die Registerführung:

GenossenschaftsG. in der Fassung v. 20. Mai 1898 §§ 158, 159, von denen § 159 aber nur mit Hilfe des jetzt gestrichenen § 150 alter Fass. verständlich ist.

MusterschutzG. v. 11. Jan. 1876 (RGBl. S. 11) §§ 9 Abs. 6, 12.

BörsenG. v. 22. Juni 1896 (RGBl. S. 157) §§ 56, 57, 62, 64 Abs. 2.

Wegen des Standesregisters vgl. Anh. III und § 80 Pr. GKG.

Landgüterrolle.

71. (73) Für jede auf Antrag bewirkte Eintragung oder Löschung in einer Landgüter- oder Höferolle, einschließlich der darüber dem Eigenthümer zu machenden Mittheilung, wird eine Gebühr von drei Mark erhoben.[1] Für Zuschreibungen oder Löschungen in Landgüterrollen, welche von Amtswegen erfolgen,[2] sowie für den Vermerk der Nummer des Rollenblatts auf dem Blatte des Grundbuchs sind Gebühren nicht zu erheben.

Die Gestattung der Einsicht der Landgüter- oder Höferolle erfolgt gebührenfrei.[3]

1 Aufnahme der Anträge gebührenfrei: § 110 Nr. 1

2 Oder auf Ersuchen der Generalkommission: § 7.

3 § 66 Nr. 4.

Handelsregister.

Hierzu: Allg. Verf. v. 28. Okt. 1895, abgedr. im Anh. IIa.

72. (74) Für die Eintragungen in das Handelsregister sind folgende Gebühren zu erheben:

1. bei Einzelkaufleuten[1]
   a) für die Eintragung der Firma sowie für die Eintragung von Veränderungen,[2]
      je nachdem der Gewerbebetrieb nach den §§. 6 bis 8, 24, 34 des Gewerbesteuer-

gesetzes vom 24. Juni 1891 (Gesetz-Samml. S. 205) in die erste, zweite, dritte oder vierte Gewerbesteuerklasse gehört, 100, 50, 20 oder 10 Mark, bei Gewerbebetrieben, welche wegen geringen Ertrags und Kapitals von der Gewerbesteuer frei sind, 2 Mark.

Soweit eine Einschätzung zur Gewerbesteuer nach Maßgabe des Gesetzes vom 24. Juni 1891 nicht erfolgt, geschieht die Einreihung in die verschiedenen Klassen nach dem Ermessen des Gerichts;

b) für die Löschung der Firma bei den drei ersten Gewerbesteuerklassen die Hälfte der Sätze zu a, im Uebrigen 2 Mark;

2. bei offenen Handelsgesellschaften und Kommanditgesellschaften
   a) für die erste Eintragung derselben das Zweifache der Sätze zu 1a;
   b) für jede spätere Eintragung[3] die Sätze zu 1a;

3. bei Kommanditgesellschaften auf Aktien, Aktiengesellschaften und Gesellschaften mit beschränkter Haftung
   a) für die Eintragung der Gesellschaft sowie für die Eintragung eines Beschlusses über Erhöhung oder Herabsetzung des Gesellschaftskapitals

   die im §. 33 bestimmte Gebühr mit der Maßgabe, daß von 100 000 Mark an die ferneren Werthklassen um je 10 000 Mark und die Gebühren um je 3 Mark steigen und mindestens das Zweifache der Sätze zu 1a zu erheben ist.

Die Gebühren werden nach dem Betrage des Gesellschaftskapitals, bei Erhöhungen oder Herabsetzungen desselben nach dem Betrage der Erhöhung oder Herabsetzung berechnet. Ist das Gesellschaftskapital nicht voll eingezahlt, so ist der Gesellschaft auf Verlangen zu gestatten, zunächst nur denjenigen Gebührenbetrag zu zahlen, welcher dem eingezahlten Kapital entspricht, und den Rest nach Maßgabe der erfolgenden Einzahlungen nachträglich zu entrichten; in jedem Falle ist mindestens das Zweifache der Sätze zu 1a sofort zu zahlen;

b) für alle sonstigen Eintragungen[4] die Sätze zu 1a;

4. für die Eintragung einer Prokura die Sätze zu 1a, für die Eintragung des Erlöschens derselben die Sätze zu 1b.

1 Die Firmeneintragung einer „juristischen Person" (HGB. § 33) unterliegt der gleichen Gebühr wie die Firmeneintragung des Einzelkaufmanns: Johow Bd. 20 S. B 13.

2 Beim Eintritt eines Gesellschafters in das Geschäft eines Einzelkaufmanns war bisher die Gebühr für Eintragung einer Veränderung (nicht Löschung) bei der Einzelfirma (Nr. 1a) und außerdem die Gebühr für die

erste Eintragung der Gesellschaftsfirma (Nr. 2a) zu erheben: Johow Bd. 18 S. 112. Infolge der veränderten Einrichtung des Registers (Verschmelzung des Firmen- und Gesellschaftsregisters) ist jedoch jetzt in diesem Falle nur eine einzige Eintragung (Veränderung) erforderlich und deshalb auch nur eine Gebühr, die des § 72 Nr. 2a zu erheben. Wird aber auch die Firma geändert, so liegen zwei gesonderte gebührenpflichtige Eintragungen vor.

3 Bei dem Übergang der Gesellschaftsfirma von einer offenen Handelsgesellschaft auf einen Einzelkaufmann ist jetzt nur noch die Gebühr für Eintragung einer Veränderung bei der Gesellschaftsfirma (Nr. 2b) zu erheben.

4 Bei Verlegung des Gesellschaftssitzes einer bereits eingetragenen Aktiengesellschaft usw. ist für die Eintragung in das Handelsregister des neuen Sitzes nicht die Gebühr für „die Eintragung" der Gesellschaft (Nr. 3a), sondern nur die Gebühr für eine „sonstige Eintragung" (Nr. 3b) zu erheben: Johow Bd. 17 S. 166.

Mehrfache Eintragung.

73. (75) Geschieht eine Eintragung sowohl in das Handelsregister der Hauptniederlassung als in das einer Zweigniederlassung, so ist für jede Eintragung in jedes Register der im §. 72 vorgeschriebene Satz besonders zu erheben,[1] im Falle der Nr. 3a des §. 72 jedoch für die Eintragung in das Register der Zweigniederlassung nur das Zweifache der Sätze zu 1a.[2]

Wenn auf Grund einer und derselben Anmeldung mehrere Eintragungen, welche auf dieselbe Firma oder dieselbe Prokura oder dieselbe Gesellschaft sich beziehen, in das Handelsregister desselben Gerichts erfolgen, so wird nur der höchste Satz von den für die einzelnen Eintragungen nach §. 72 zu berechnenden Sätzen erhoben.[3]

1 Die Gebühr, welche für eine Eintragung in das Handelsregister der Hauptniederlassung erhoben wird, kommt regelmäßig nochmals in gleicher Höhe zum Ansatze, wenn diese Eintragung demnächst in das Handelsregister einer Zweigniederlassung erfolgt: Johow Bd. 16 S. 175. Bei mehrfachen preußischen Zweigniederlassungen einer Gesellschaft, die ihren Sitz außerhalb Preußens hat, ist für die Eintragung eines unter § 72 Nr. 3a fallenden Rechtsverhältnisses (Beispiel: Erhöhung des Grundkapitals) nur bei der ersten Eintragung in ein preußisches Register die volle Gebühr des § 72 Nr. 3a, bei den weiteren preußischen Registern dagegen nur die Gebühr des § 73 Abs. 1 zu erheben: Johow Bd. 20 S. B 31.

Für die Wertberechnung kommt bei der ausländischen Gesellschaft die Gewerbesteuerklasse in Betracht, zu der ihre Zweigniederlassung in Preußen eingeschätzt ist: Johow Bd. 24 S. B 11.

Für den nachträglichen Vermerk der Zweigniederlassung auf dem Registerblatte der Hauptniederlassung keine Gebühr, wenn der Vermerk von Amtswegen nachgetragen wird oder wenn das Registergericht der Zweigniederlassung die vorgängige Eintragung des Vermerkes auf dem Registerblatte der Hauptniederlassung verlangt hat: Johow Bd. 17 S. 170.

Die Gebühr für die Eintragung einer Firma in das Handelsregister einer Zweigniederlassung bestimmt sich nach der Gewerbesteuerklasse, in welche der gesamte Gewerbebetrieb des Unternehmens gehört: Johow Bd. 17 S. 177.

2 Also nicht die Gebühr des § 33. Diese Gebührenermäßigung greift jedoch nicht Platz, wenn eine Aktien-

gesellschaft, deren Sitz sich außerhalb des Deutschen Reichs befindet, im Inlande eine Zweigniederlassung errichtet: Johow Bd. 17 S. 180.

3 Die Gebührenermäßigung des Abs. 2 tritt auch ein, wenn auf Grund derselben Anmeldung mehrere Eintragungen, die sich auf verschiedene Prokuren desselben kaufmännischen Unternehmers beziehen, sämtlich in Abteilung A oder sämtlich in Abteilung B des Handelsregisters erfolgen: Johow Bd. 21 S. B 12. Hierzu die Allg. Verf. v. 28. Okt. 1895 (JMBl. S. 324), abgedr. im Anh. IIa.

Registerauszüge.

(Hierzu § 14 Nr. 5 der Kassenordnung v. 31. März 1900, abgedr. im Anh. IIb.)

74. (76) Wenn von den zur Begründung einer Anmeldung vorgelegten Urkunden wegen Zurückforderung derselben beglaubigte Abschriften haben zurückbehalten werden müssen, so werden für diese Abschriften Schreibgebühren erhoben. Die Beglaubigung erfolgt gebührenfrei.[1]

Für eine aus dem Handelsregister ertheilte Bescheinigung sowie für beglaubigte Abschriften oder Auszüge[2] aus demselben ist in allen Fällen außer den Schreibgebühren ein Zehntheil der im §. 72 unter 1a bestimmten Sätze, mindestens aber eine Mark, zu erheben. Für einfache Abschriften kommen nur die Schreibgebühren zum Ansatze.

Für Bescheinigungen, daß bezüglich des Gegenstandes einer Eintragung weitere Eintragungen nicht vorhanden sind[3] oder daß eine bestimmte Eintragung nicht erfolgt ist, sowie für die wiederholte Ertheilung[4] einer Bescheinigung, einer Abschrift oder eines Auszugs wird eine Gebühr von 1 Mark erhoben.

Auf die Ertheilung beglaubigter Abschriften der zum Handelsregister eingereichten Schriftstücke[5] finden die Vorschriften des §. 51 Anwendung.

1 Auch stempelfrei: § 114 Abs. 3; vgl. § 70. Ebenso Johow Bd. 15 S. 266, Bd. 22 S. B 35.

2 Wegen der Beibringung von Registerauszügen im Prozeßverfahren s. den Auss. im JMBl. 1896 S. 117.

Alle dieselbe Firma oder dieselbe Gesellschaft betreffenden Eintragungen innerhalb desselben Registers bilden ein einheitliches Ganze (KGer. v. 11. Mai 1896). Wird gleichzeitig eine Bescheinigung über die Mitglieder des Vorstandes und die Prokuristen erteilt, so ist die Gebühr des § 74 zweimal zu erheben: Johow Bd. 24 S. B 34.

Handelsregister-Auszüge usw. unterliegen nach der allgemeinen Regel des § 29 keiner Stempelabgabe; die Vorschrift des § 114 Abs. 3 erscheint nicht anwendbar, da sie nur solche Anträge betrifft, die lediglich die Erteilung einer Ausfertigung, nicht aber die Vornahme eines besonderen gebührenpflichtigen Geschäfts bezwecken (KGer. v. 11. Mai 1896).

3 Die sog. Negativzeugnisse: HGB. § 9 Abs. 3.

4 Die Gebühr von 1 M. für die wiederholte Erteilung eines Zeugnisses oder einer Abschrift tritt ein, wenn das Zeugnis oder die Abschrift mit der früher erteilten Bescheinigung inhaltlich übereinstimmt. Der Umstand, daß das Zeugnis von dem Richter und die

frühere Bescheinigung von dem Gerichtsschreiber erteilt ist, schließt die Anwendung der ermäßigten Gebühr nicht aus: Johow Bd. 23 S. B 3.

5 Es werden also für solche beglaubigten Abschriften $^{3}/_{10}$ der vollen Gebühr des § 33, jedoch nicht über 10 M. erhoben.

Gebührenfreie Geschäfte.

75. (77) Gebühren kommen nicht zum Ansatze:[1]

1. für die Beurkundung einer zur Eintragung in das Handelsregister bestimmten Anmeldung, falls sie vor dem zur Führung des Registers bestellten Gerichte geschieht;
2. für die Aufnahme einer Verhandlung über die Zeichnung einer Firma oder Unterschrift, sofern diese Verhandlung vor dem zur Führung des Registers bestellten Gericht erfolgt;
3. für die Gestattung der Einsicht des Handelsregisters und der eingereichten Zeichnungen der Firmen und Unterschriften;
4. für die Eintragung der Konkurseröffnung, der Aufhebung des Eröffnungsbeschlusses sowie der Einstellung und Aufhebung des Konkurses;[2]
5. für eine nach den §§. 142 bis 144 des Gesetzes über die Angelegenheiten der freiwilligen Gerichtsbarkeit von Amtswegen erfolgende Löschung;[3] wird der Wi-

derspruch eines Betheiligten zurückgewiesen, so hat er für die Zurückweisung die für die Löschung bestimmte Gebühr zu entrichten;

6. **für das Löschungsverfahren nach §. 141 des Gesetzes über die Angelegenheiten der freiwilligen Gerichtsbarkeit, falls die Löschung in Folge erhobenen Widerspruchs unterbleibt.**[4]

1 Auch keine Stempel: § 29. Über die Stempelpflicht einer Prokura-Anmeldung, wenn sie nur beglaubigt wird und ihre Stempelfreiheit im Falle der förmlichen Beurkundung der Anmeldung s. Verf. des Finanz-Min. v. 27. Juni 1899 (FMBl. S. 193).

2 Die neue Fassung stellt klar, daß auch die Aufhebung des Eröffnungsbeschlusses sowie die Aufhebung und Einstellung des Konkurses im Handelsregister gebührenfrei zu vermerken sind.

3 Gemeint ist die Löschung einer Eintragung, die mangels einer wesentlichen Voraussetzung unzulässig war (FGG. § 142), die Löschung einer Aktiengesellschaft oder Kommanditgesellschaft auf Aktien aus den eine Nichtigkeitsklage rechtfertigenden Gründen und die Löschung eines gesetzwidrigen, das öffentliche Interesse verletzenden Generalversammlungsbeschlusses (FGG. § 143). Diese Löschungen sind gebührenfrei.

4 Die Eintragung des Erlöschens einer Firma ist gebührenpflichtig, auch wenn sie von Amtswegen erfolgt; dagegen ist das auf die Herbeiführung der Löschung gerichtete Verfahren (FGG. § 141) gebührenfrei, wenn der beabsichtigten Löschung mit Erfolg widersprochen worden ist.

Vereinsregister.

76. (neu) Für die Eintragungen in das Vereinsregister[1] werden erhoben:

a) für alle Eintragungen, mit Ausnahme der unter b und c bezeichneten Eintragungen, der Gebührensatz B des §. 57;

b) für die erste Eintragung des Vereins das Zweifache des Satzes zu a;

c) für Eintragungen, welche sich auf Mitglieder des Vorstandes oder Liquidatoren beziehen, sowie für die Löschung des Vereins die Hälfte des Satzes zu a.

Die Vorschriften der §§. 73 Abs. 2, 74, 75 finden mit der Maßgabe entsprechende Anwendung, daß an die Stelle des im §. 74 erwähnten Satzes 1a des §. 72 der im Abs. 1 bestimmte Satz a tritt.[2]

1 Bei dem Vereinsregister (BGB. § 21) sind die für die Führung des Handelsregisters geltenden Vorschriften zum großen Teil entsprechend anzuwenden (FGG. § 159). Deshalb sind auch die Gebührenvorschriften in ähnlicher Art geordnet. Die Eintragung des Vereins ist, da nur Idealvereine eintragungsfähig sind (BGB. § 21), eine nicht vermögensrechtliche Angelegenheit: § 23. Danach beträgt die Gebühr zu a regelmäßig 4,60 M.,

sie kann aber bis auf 1 M. ermäßigt und bis auf 45 M. erhöht werden (Begr. AG.).

2 D. h. die Vorschriften über mehrere Eintragungen, die gleichzeitig in Ansehung desselben Vereins bewirkt werden, Auszüge aus dem Vereinsregister und gebührenfreie Geschäfte (Beurkundung der Anmeldungen, Einsicht des Vereinsregisters).

Für die Berufung einer Mitgliederversammlung (BGB. § 37, FGG. § 160) und für die Bestellung von Vorstandsmitgliedern oder von Liquidatoren ist die Gebühr des § 104 (3/10 der Gebühr Tabelle III) zu erheben (Bgr. AG.).

Güterrechtsregister.

77. (neu) Für die Eintragungen in das Güterrechtsregister wird der nach §. 23 Abs. 1 zu berechnende Gebührensatz B des §. 57 erhoben.[1]

Die Vorschriften der §§. 74, 75 finden mit der Maßgabe entsprechende Anwendung, daß an die Stelle des im §. 74 erwähnten Satzes 1a des §. 72 der im Abs. 1 bestimmte Satz tritt.

1 Die Eintragungen in das Güterrechtsregister (BGB. §§ 1558 ff.) sind ausdrücklich als nicht vermögensrechtliche Angelegenheiten im Sinne des § 23 Abs. 1 bezeichnet. Die Regelgebühr ist daher die gleiche, wie im Falle des § 76 zu a; s. die Note 1 zu § 76.

Die zu den Registerakten zurückbehaltenen beglaubigten Abschriften der eingereichten Urkunden, z. B. des Ehevertrags, sind gebühren- und stempelfrei (vgl. §§ 70, 74): Johow Bd. 22 S. B 35.

Schiffsregister.

78. Für die Eintragungen in das Schiffsregister,[1] einschließlich der dabei vorkommenden Nebengeschäfte, werden erhoben:

1. für die Eintragung des Schiffes in das Schiffsregister, einschließlich der Verhandlungen zur Feststellung der Voraussetzungen der Eintragung, fünf Zehntheile des im §. 57 bestimmten Gebührensatzes A;
2. für die Eintragung von Veränderungen,[2] einschließlich aller derselben vorausgehenden Verhandlungen, ohne Unterschied, ob dabei das Schiff auf ein neues Blatt eingetragen wird, fünf Zehntheile des im §. 57 bestimmten Gebührensatzes B;
3. für die Eintragung der Verpfändung eines Schiffes, einschließlich des Vermerkes auf den betreffenden Urkunden, für die Einschreibung der ein eingetragenes Pfandrecht betreffenden Veränderungen oder Löschungen fünf Zehntheile der für die entsprechenden Eintragungen im Grundbuche bestimmten Sätze.

Für die Löschung eines Schiffes im Schiffsregister kommen Gebühren nicht zum Ansatze.

Für die Ertheilung des Schiffscertifikats oder des Schiffsbriefs[3] ist der im §. 66 Nr. 1 für die Ertheilung eines Hypothekenbriefs bestimmte Satz und für den Vermerk einer Veränderung auf dem

Schiffscertifikat oder dem Schiffsbriefe die Hälfte[4] dieses Betrags zu erheben.

Die Einsicht des Schiffsregisters ist gebührenfrei.

1 RG. über das Flaggenrecht der Kauffahrteischiffe v. 22. Juni 1899 §§ 4 ff.; Binnenschiff G. in d. Fass. v. 20. Mai 1898 §§ 119 ff.; Schiffspfandrecht: BGB. §§ 1260 ff., FGG. §§ 100 ff.

2 Als Veränderung zu behandeln ist auch die Eintragung des Schiffes in das Schiffsregister der neuen Registerbehörde, welche bei Verlegung des Heimatorts notwendig wird: Johow Bd. 26 S. B 7.

3 Auslagen für besondere Ausstattung der Urkunde: § 114 Abs. 2.

Für beglaubigte Auszüge aus dem Schiffscertifikate sind nur Schreibgebühren und Stempel zu erheben: Allg. Verf. v. 2. Jan. 1896, JMBl. S. 10.

4 Im Falle der Anm. 2 ist auch für die Erteilung des anderweitigen Schiffsbriefs nur die halbe Gebühr zu erheben: Johow Bd. 26 S. B 7.

Wasserrechts- und Vorrechtsregister.

79. Für die Geschäfte, welche die Register für Wassergenossenschaften oder die Vorrechtsregister betreffen, werden nur Schreibgebühren und sonstige baare Auslagen erhoben.[1]

1 § 44 des Ges. v. 1. April 1879 (GS. S. 297); § 36 AG. zur Konkursordnung. Die eingetragenen Vorrechte sind mit dem Schlusse des Jahres 1899 erloschen.

Standesregister.

(Hierzu: Gebührentarif im Anhang III.)

80. Der Gebührentarif[1] zu dem Reichsgesetze vom 6. Februar 1875 über die Beurkundung des

Personenstandes und die Eheschließung (Reichs-Gesetzbl. S. 23) nebst den Vorschriften des §. 16 daselbst findet auf die nach Maßgabe landesgesetzlicher Vorschriften geführten und bei den Gerichten aufbewahrten Standesregister oder Kirchenbücher[2] Anwendung.

1 Die Führung der Standesregister und die darauf bezüglichen Verhandlungen sind kosten- und stempelfrei: § 16 des angef. Gesetzes. Gerichtlich verwahrte Nebenregister: § 14 daselbst. Vgl. auch Bundesrats-Vorschriften v. 25. März 1899, RGBl. S. 225.

2 Standesregister für Juden und Dissidenten: V. v. 30. März 1847 (GS. S. 125); Kirchenbücher: ALR. II, 11 §§ 503, 504.

Fünfter Abschnitt.

Nachlaßsachen und Auseinandersetzungen.

Erbschein.

81. Für die Ertheilung eines Erbscheins, einschließlich des vorangegangenen Verfahrens,[1] wird der im §. 57 bestimmte Gebührensatz B erhoben. Die Hälfte dieser Gebühr wird, wenn das Verfahren mit einem Verfahren zur Sicherung des Nachlasses (§. 83) oder einem Erbtheilungsverfahren (§. 86) verbunden wird, auf die für das letztere Verfahren zu erhebende Gebühr angerechnet.

Neben den im Abs. 1 bestimmten Gebühren wird für die in dem Verfahren abgegebene eidesstattliche

Versicherung[2] die im §. 33 bestimmte volle Gebühr, jedoch nicht mehr als vier Zehntheile des im §. 57 bestimmten Gebührensatzes B erhoben. Treten einzelne Erben der bereits von anderen abgegebenen Versicherung bei, so ist die gleiche Gebühr für die Aufnahme ihrer eidesstattlichen Versicherung von ihrem Antheil an dem Nachlasse zu berechnen.

Für die Einziehung oder Kraftloserklärung eines Erbscheins[3] werden, sofern nicht ein neuer Erbschein ertheilt ist, drei Zehntheile des im §. 57 bestimmten Gebührensatzes B erhoben. Wird demnächst ein neuer Erbschein ertheilt, so wird diese Gebühr auf die Gebühr für die Ertheilung des Erbscheins angerechnet. Für die Veranstaltung von Ermittelungen über die Richtigkeit eines Erbscheins werden Gebühren nicht erhoben.

Bei der Berechnung der Gebühren wird der Werth des Nachlasses und, wenn der Erbschein nur zur Verfügung über einzelne Gegenstände berechtigt,[4] der Werth dieser Gegenstände nach Abzug der auf dem Nachlaß oder auf diesen Gegenständen haftenden Schulden zu Grunde gelegt. Wird über mehrere Erbfälle ein Erbschein ertheilt, so werden die Beträge der mehreren Nachlässe zusammengerechnet. Wird der Erbschein nur über das Erbrecht eines Miterben ertheilt, so ist für die Gebührenerhebung nur dessen Erbtheil maßgebend.

Wird dem Nachlaßgerichte glaubhaft gemacht, daß der Erbschein nur zur Verfügung über ein Grundstück oder ein im Grundbuch eingetragenes Recht gebraucht werde, und wird beantragt, die Ausfertigung des Erbscheins dem Grundbuchamte zur Aufbewahrung bei dessen Akten zu übersenden, so wird die im Abs. 1 Satz 1 bestimmte Gebühr nur nach dem Werthe des Gegenstandes, über den verfügt werden soll, berechnet. Wird demnächst die Ertheilung einer Ausfertigung oder einer Abschrift des Erbscheins beantragt, so hat der Antragsteller die nach dem Werthe des reinen Nachlasses berechnete Gebühr des Abs. 1 Satz 1 nach Abzug des bereits bezahlten Betrags nachzuentrichten.[5]

Die Vorschriften der Abs. 1 bis 5 finden auf das Zeugniß über die Fortsetzung der Gütergemeinschaft[6] oder die Ernennung eines Testamentsvollstreckers[7] entsprechende Anwendung; bei der Berechnung der Gebühr für das Zeugniß über die Fortsetzung der Gütergemeinschaft tritt

an die Stelle des Werthes des Nachlasses der halbe Werth des Gesammtguts der fortgesetzten Gütergemeinschaft.

1 BGB. §§ 2353 ff.; FGG. §§ 84, 85; jetzt auch bei testamentarischer Erbfolge.

2 BGB. § 2356 Abs. 2. Die Gebühr wird, wie Satz 2 dieses Absatzes ergibt, für jede eidesstattliche Versicherung besonders erhoben, auch dann, wenn die verschiedenen Versicherungen in derselben Verhandlung erklärt sind: Johow Bd. 16 S. 257.

Abs. 2 setzt nicht etwa ein bereits anhängiges Erbscheinverfahren voraus; auch die selbständig vor einem Richter oder Notar erklärte eidesstattliche Versicherung genießt die hier bestimmte Ermäßigung, sofern sie nur zur Verwendung im Erbscheinverfahren bestimmt ist. Bezieht sich die Versicherung auf zwei Erbfälle, so ist die Gebühr für jeden Erbfall besonders zu berechnen. (KGer. v. 15. Juni 1896, Bl. f. Rechtspflege S. 79.)

3 BGB. § 2361, FGG. § 84. Wird gleichzeitig ein neuer Erbschein erteilt, so ist nur die Gebühr für diesen zu erheben, die Einziehung oder Kraftloserklärung geschieht in diesem Falle gebührenfrei.

4 Der Inhalt der Bescheinigung entscheidet; auf den Zweck, zu dem sie gebraucht wird, kommt es nicht an. Für die Berechnung des Objekts bei Erteilung eines Erbscheins ist der Wert des ganzen Nachlasses auch dann maßgebend, wenn der Erbschein nur behufs der Verfügung über einen Teil der Erbschaft verlangt wird: Johow Bd. 18 S. 119.

5 Hier wird ein voller Erbschein erteilt; dessen Ausfertigung wird aber nicht dem Antragsteller ausgehändigt, sondern nur zu den Grundakten hinübergegeben. Deshalb wird einstweilen die Gebühr — sowohl für

den Erbschein selbst wie für die eidesstattlichen Versicherungen — nur nach dem Werte des Grundstücks, der Hypothek usw. berechnet. Der Rest (nach dem Werte des ganzen Nachlasses) wird erst dann eingefordert, wenn ein weitergehender Gebrauch von dem Erbschein gemacht werden soll. In dem Falle der §§ 37, 38 GBO. wird dagegen nicht ein Erbschein, sondern ein lediglich die Verfügungsberechtigung über eine Hypothek, Grundschuld oder Rentenschuld feststellendes Zeugnis erteilt; Gebühr für dieses: § 82.

6 BGB. § 1507. Bezieht sich das Zeugnis auf eine vor dem 1. Januar 1900 eingetretene fortgesetzte Gütergemeinschaft, so ist nach § 143 Abs. 2 das Pr. GKG. älterer Fassung (§ 49 Nr. 1 daselbst) anzuwenden: Johow Bd. 25 S. B 39.

7 BGB. § 2368. In gleicher Weise gebührenpflichtig ist auch ein Zeugnis des Inhalts, daß eine zum Testamentsvollstrecker ernannte Person das Amt angenommen oder eine Erklärung über die Annahme des Amtes eingereicht hat: Johow Bd. 22 S. B 30.

Die Gebühr für das Testamentsvollstrecker-Zeugnis wird auch dann besonders erhoben, wenn dieses Zeugnis mit einem Erbscheine zu einer Urkunde zusammengefaßt ist: Johow Bd. 23 S. B 6.

Andere Zeugnisse.

82. (81 Abs. 4.) Für die von einem Rechtsnachfolger von Todeswegen nach den Gesetzen über das Reichsschuldbuch[1] und das Staatsschuldbuch[2] beizubringende Bescheinigung, daß er über die eingetragene Forderung zu verfügen berechtigt ist, sowie für die in den §§. 37, 38 der Grundbuchordnung vorgesehenen Zeugnisse[3] werden drei Zehntheile der im §. 33 bestimmten Gebühr bis zum

Höchstbetrage von 10 Mark erhoben.[4] Sind in den Fällen der §§. 37, 38 der Grundbuchordnung die Theilungsurkunden vom Gericht aufgenommen oder bestätigt,[5] so werden für die Zeugnisse Gebühren nicht erhoben.

1 Ges. v. 31. März 1891 (RGBl. S. 321).
2 Ges. v. 20. Juli 1883 (GS. S. 249).
3 Vgl. Note 5 zu § 81.
4 Wertberechnung nach dem Werte des Gegenstandes, auf den sich die Bescheinigung bezieht.
5 Wenn ein gerichtliches Teilungsverfahren — mit oder ohne Verweisung an einen Notar — stattgefunden hat oder wenn der Auseinandersetzungsvertrag gerichtlich beurkundet ist; vgl. insbesondere auch FGG. §§ 86 ff.; Pr. FGG. Art. 21 ff.; AG. GBO. Art. 10.

Sicherung des Nachlasses.

83. (82) Findet die Sicherung eines Nachlasses durch Siegelung oder auf andere Weise statt, so wird für das ganze Verfahren, einschließlich der Anordnungen wegen Aufbewahrung des Nachlasses, Ermittelung der Erben und Ausantwortung des Nachlasses an dieselben, der im §. 57 bestimmte Gebührensatz B erhoben.[1]

Neben den im Abs. 1 bestimmten Gebühren werden, wenn die Siegelung, Entsiegelung oder Aufnahme des Vermögensverzeichnisses durch das Gericht erfolgt, die im §. 49 bestimmten Gebühren erhoben.[2]

1 Wertberechnung nach dem Betrage der sichergestellten Nachlaßstücke § 90 Abs. 3.

2 Die Gebühr ist auch zu entrichten, wenn die Sicherung des Nachlasses auf Anordnung des Gerichts durch einen Notar, einen Gerichtsvollzieher oder das Dorfgericht erfolgt. Wird das Dorfgericht ohne gerichtlichen Auftrag tätig, so sind nur die ihm nach der Allg. Verf. vom 20. Dez. 1899 zustehenden Gebühren zu entrichten.

Die bisher in diesem Paragraphen geregelte Nachlaßpflegschaft ist in den § 84 verwiesen.

Der bisherige § 83 (Einweisung in den Nachlaß) ist gestrichen, weil er durch das neue Recht gegenstandslos geworden ist.

Nachlaßpflegschaft.

84. (neu) Wird eine Nachlaßverwaltung, eine sonstige Nachlaßpflegschaft oder eine Abwesenheitspflegschaft nach §. 88 des Gesetzes über die Angelegenheiten der freiwilligen Gerichtsbarkeit angeordnet, so finden die Vorschriften des sechsten Abschnitts mit der Maßgabe Anwendung, daß an die Stelle des Vermögens des Mündels der Werth des Nachlasses oder des Antheils des Abwesenden zur Zeit der Anordnung tritt und bei der Nachlaßverwaltung ein Abzug der Schulden nicht stattfindet. Auf die Gebühr für die Nachlaßflegschaft wird die im §. 83 Abs. 1

bestimmte Gebühr angerechnet, wenn die Nachlaßpflegschaft zur Sicherung des Nachlasses eingeleitet wird.[1]

1 Die Nachlaßpflegschaft kann zur Sicherung des Nachlasses dienen (BGB. §§ 1960, 1961); ihr Hauptfall ist aber die zum Zwecke der Befriedigung der Nachlaßgläubiger angeordnete Nachlaßpflegschaft („Nachlaßverwaltung", BGB. § 1975). Ein Abzug der Schulden bei der Wertberechnung findet nur bei der Nachlaßpflegschaft zur Sicherung, nicht aber bei der Nachlaßverwaltung statt. Vgl. auch Johow Bd. 18, S. 127; bei überschuldetem Nachlaß keine Gebühr für die Sicherungspflegschaft: Johow Bd. 19 S. 127. Die Pauschgebühr des § 92 deckt auch die etwaige Erteilung eines Erbscheins; diese ist während des Bestehens einer Nachlaßpflegschaft gebührenfrei: Johow Bd. 26 S. B 11.

Die Abwesenheitspflegschaft (FGG. § 88) wird für das Auseinandersetzungsverfahren von dem Nachlaßgericht eingeleitet.

Erbrecht des Fiskus.

85. (neu) Für das Verfahren zur Feststellung des Erbrechts des Fiskus oder der an seine Stelle tretenden Körperschaft, Stiftung oder Anstalt des öffentlichen Rechtes wird die im §. 81 für die Ertheilung eines Erbscheins bestimmte Gebühr erhoben.[1] Wird auf Grund dieser Feststellung ein Erbschein ertheilt, so ist hierfür eine besondere Gebühr nicht zu erheben.

1 Das Verfahren zur Feststellung des Erbrechts des Fiskus usw. (BGB. §§ 1964 ff.; EG. BGB. Art. 138) ist kein Aufgebot, sondern eine Art des Erbscheinverfahrens. Ist der Preußische Fiskus Erbe, so bleibt die Gebühr außer Ansatz: § 8 Nr. 1.

Erbteilung.

86. (84) Für das gesammte Erbtheilungsverfahren[1] wird das Dreifache und, soweit das eingeleitete Erbtheilungsverfahren nicht durch die Bestätigung der Auseinandersetzung oder durch die Beurkundung einer vertragsmäßigen Auseinandersetzung abgeschlossen wird, das Zweifache des im §. 57 bestimmten Gebührensatzes B erhoben. Ein zur Deckung des zweifachen Satzes voraussichtlich ausreichender Betrag kann nach Einleitung des Verfahrens als Vorschuß erhoben werden.

Die Gebühren für Vermögensverzeichnisse, Schätzungen und Versteigerungen[2] werden neben den im Abs. 1 bestimmten Gebühren besonders erhoben. Wird mit einem Dritten vor dem Theilungsgerichte zum Zwecke der Auseinandersetzung ein Vertrag geschlossen, so wird von dem Dritten die Hälfte der nach den Vorschriften des zweiten Abschnitts zu berechnenden Gebühr für die Beurkundung des Vertrags erhoben.

Die Verhandlungen zur Ermittelung und Feststellung der Nachlaßmasse sind in der Gebühr des Abs. 1 mit inbegriffen. Beschränkt sich die Thätig-

keit des Gerichts auf diese Verhandlungen, so wird das Zweifache des im §. 57 bestimmten Gebührensatzes B erhoben.

Wird die Erbtheilung nicht unter Leitung des Gerichts vorgenommen, sondern nur der Erbtheilungsvertrag von den Betheiligten zu Protokoll gegeben, so findet die Vorschrift des §. 35 Anwendung.

Auf die in den Abs. 1, 3 bestimmten Gebühren finden die Vorschriften des §. 55 entsprechende Anwendung.[3]

1 Gemeint ist ein auf Beseitigung der Erbengemeinschaft zielendes gerichtliches Teilungsverfahren (FGG. §§ 86 ff.). Beurkundung eines im privaten Auseinandersetzungsverfahren (Abs. 4) zu Stande gekommenen Erbrezesses: § 35; hier wäre auch der Rezeßstempel zu erheben, während im Teilungsverfahren der Stempel durch die Gerichtsgebühr mit abgegolten wird. Vollzieht sich die Auseinandersetzung in der Art, daß mit einem Dritten ein Vertrag geschlossen wird (z. B. Erbschaftskauf), so fällt die Vertragsgebühr (§ 35) nebst dem Vertragsstempel zur Hälfte dem Dritten zur Last, während die andere Hälfte der Gebühr und des Stempels als durch die Erbteilungsgebühr abgegolten unerhoben bleibt (Mügel S. 254). Dritter ist auch der überlebende Ehegatte, wenn er der Erbschaft entsagt hat.

Die Gebühr des § 86 (Erbteilung ohne Rezeß) ist verwirkt, sobald das Verfahren eingeleitet worden ist, auch wenn eine Verhandlung über den Antrag auf Vermittelung der Auseinandersetzung überhaupt nicht stattgefunden hat. Wird demnächst der Antrag zurückgenommen, so ist nicht etwa die Zurücknahmegebühr, sondern der zweifache Gebührensatz B zu erheben: Johow Bd. 16 S. 195.

2 §§ 49, 46, 47. Der Stempel für das Vermögensverzeichnis ist in allen Fällen zu erheben.

3 Erhöhung um ein Vierteil, wenn sich ein Beteiligter in fremder Sprache erklärt.

Erbteilung vor einem Notar.

87. (neu) Wird die Vermittelung der Auseinandersetzung einem Notar übertragen,[1] so wird ein Zehntheil der Sätze des §. 8 des Deutschen Gerichtskostengesetzes erhoben:

1. für die Entscheidung über den Antrag auf Einleitung des Verfahrens;
2. für die Entscheidung über die Bestätigung der Auseinandersetzung;
3. für die Anordnung einer Beweisaufnahme.

Jede der vorbezeichneten Gebühren wird in jeder Instanz rücksichtlich eines jeden Theiles des Nachlasses nur einmal erhoben. Sind die Gebühren mehrfach von verschiedenen Theilen des Nachlasses anzusetzen, so darf ihr Gesammtbetrag die nach dem Werthe des gesammten Nachlasses berechnete Gebühr nicht übersteigen.

Das Gericht kann, wenn der im Artikel 21 Abs. 1 des Preußischen Gesetzes über die freiwillige Gerichtsbarkeit bezeichnete Antrag nach dem ersten Verhandlungstermine gestellt wird, von Amtswegen die Erhebung einer besonderen Gebühr[2] beschließen; die Gebühr beträgt ein Zehntheil der Sätze des §. 8 des Deutschen Gerichtskostengesetzes, kann aber vom Gerichte bis auf zwei Hunderttheile dieser Sätze herabgesetzt werden. Gegen den Beschluß findet Beschwerde nach Maßgabe der Artikel 4 bis 7 des Preußischen Gesetzes über die freiwillige Gerichtsbarkeit statt.

1 Neuerung des Pr. FGG. Art. 21 ff. Das Gericht leitet das Verfahren ein, überweist auf Antrag die Vermittelung der Auseinandersetzung einem Notar, auf den nunmehr die sonst dem Gericht obliegenden Verrichtungen übergehen. Bestätigung der Auseinandersetzung: Pr. FGG. Art. 23 Abs. 2; Beweisaufnahme: ebenda Satz 2.

2 Eine Art Strafgebühr für die Verzögerung.

Andere Auseinandersetzungen.

88. (85) Die Vorschriften über Erbtheilungen sind auf die Auseinandersetzung von Gütergemeinschaften oder sonstigen Gemeinschaften sowie auf

die Auseinandersetzung geschiedener Ehegatten entsprechend anzuwenden.[1]

1 Wertberechnung: § 90. Wenn die Auseinandersetzung einer Gütergemeinschaft mit der Teilung des Nachlasses des erstverstorbenen Ehegatten in einem einheitlichen gerichtlichen Verfahren verbunden wird, so ist für den in dem Verfahren geschlossenen Überlassungsvertrag, mittels dessen der überlebende Ehegatte das gesamte gütergemeinschaftliche Vermögen übernimmt, eine besondere Gebühr nicht in Ansatz zu bringen: Johow Bd. 16 S. 206.

Die bisherigen §§ 86 (rechtliche Aussage in Schleswig-Holstein) und 87 (rheinisches Teilungsverfahren) sind als künftig gegenstandslos gestrichen.

Erbrechtliche Erklärungen.

89. (88) Für die Entgegennahme von Erklärungen, Anmeldungen und Anzeigen seitens des Nachlaßgerichts,[1] einschließlich der Beurkundung oder Beglaubigung durch das Nachlaßgericht, für die Entgegennahme des Inventars, einschließlich der Anordnung wegen Aufnahme des Inventars durch eine zuständige Behörde, oder einen zuständigen Beamten oder Notar,[2] für die Bestimmung oder Verlängerung einer Frist durch das Nachlaßgericht, für die nach den Vorschriften des Bürgerlichen Gesetzbuchs über Testamentsvollstrecker vom Nachlaßgerichte zu treffenden Anordnungen sowie für die Abhaltung des Termins zur Leistung des im §. 2006 des Bürgerlichen Gesetzbuchs vorgesehenen Offenbarungseids werden fünf Zehntheile des im §. 57 bestimmten Gebührensatzes B erhoben. Finden diese Handlungen in Verbindung mit einem in diesem Abschnitte bezeichneten Verfahren[3] statt, so wird eine besondere Gebühr für dieselben nicht erhoben. Im Falle der Anmeldung von Nachlaßforderungen auf Aufforderung eines Miterben wird die Gebühr nur einmal vom Miterben erhoben.

Bei der Berechnung der Gebühren wird, sofern eine vermögensrechtliche Angelegenheit[4] vorliegt, der Werth der Vermögensmasse nach Abzug der Schulden zu Grunde gelegt.

1 Z. B. die Erklärungen über die Ausschlagung oder die Annahme einer Erbschaft oder des Amtes als Testamentsvollstrecker, die Anfechtung solcher Erklärungen, die Bestimmung der Person des Testamentsvollstreckers im Falle des § 2198 BGB., die Anfechtung einer letztwilligen Verfügung, die Anzeige von dem Eintritte der Nacherbfolge, die Anmeldung der Forderung eines Nachlaßgläubigers (BGB. § 2061), die Anfechtung einer Ehe oder der Ehelichkeit eines Kindes in den Fällen der §§ 1342, 1597 BGB., die Aufhebung der fortgesetzten Gütergemeinschaft durch den überlebenden Ehegatten, der Verzicht eines Abkömmlings auf seinen Anteil an dem Gesamtgute der fortgesetzten Gütergemeinschaft (BGB. §§ 1492, 1491).

Kostenschuldner ist der Erklärende; indem er die Erklärung gegenüber dem Nachlaßgericht abgibt, beantragt er damit zugleich, seine Erklärung entgegenzunehmen, und er haftet deshalb als Antragsteller (§ 1): Johow Bd. 23 S. B 37.

2 BGB. §§ 1994, 2003; zuständiger Beamter ist auch der Gerichtsschreiber oder der Gerichtsvollzieher, zuständige Behörde auch das Dorfgericht. Die Gebühr des zuständigen Beamten oder der Behörde für die Aufnahme des Inventars ist noch besonders zu entrichten.

3 Die Gebühr des § 89 fällt weg, wenn Erklärungen der bezeichneten Art in einem Erbscheinverfahren, in einem Verfahren zur Erteilung des Testamentsvollstrecker-Zeugnisses, einem Erbteilungsverfahren usw. abgegeben werden oder auch schon, wenn mehrere der im § 89 bezeichneten Geschäfte mit einander zusammenhängen, z. B. Fristbestimmung zur Erklärung und Entgegennahme der Erklärung oder Entgegennahme eines Inventars und demnächst der Erklärung eines Miterben, daß das Inventar auch für ihn gelten solle.

4 Nicht vermögensrechtliche Angelegenheiten (§ 23) sind die Anfechtung einer Ehe und die Anfechtung der Ehelichkeit eines Kindes, die nach dem Tode des anderen Gatten oder des Kindes durch Erklärung gegenüber dem Nachlaßgericht erfolgen.

Wertberechnung in Nachlaßsachen.

90. (89) Soweit nicht vorstehend ein Anderes bestimmt ist,[1] werden in den unter diesen Abschnitt fallenden Angelegenheiten die Gebühren von dem Betrage der den Gegenstand des Verfahrens bildenden Vermögensmasse ohne Abzug der Schulden berechnet.[2]

Betrifft ein Verfahren mehrere im Zusammenhange stehende Massen,[3] so werden die Werthe derselben zusammengerechnet. Die nach dem Gesammtwerthe berechnete Gebühr wird auf die einzelnen Massen nach Verhältniß des Werthes derselben vertheilt. Wird die Theilung des Nachlasses eines Ehegatten, welcher in einer Gütergemeinschaft gelebt hat, mit der Auseinandersetzung der Gütergemeinschaft verbunden, so wird bei der Anwendung der Vorschriften dieses Absatzes der Werth der gütergemeinschaftlichen Masse nur zur Hälfte und, sofern dem überlebenden Ehegatten von der gütergemeinschaftlichen Masse ein anderer Bruchtheil als die Hälfte zufällt, zu diesem Bruchtheil in Ansatz gebracht.

Werden nur einzelne Theile der Masse von den in diesem Abschnitte bezeichneten Gattungen von Geschäften berührt, so werden die Gebühren nur nach dem Werthe dieser Theile berechnet.

1 §§ 81, 89: Wertberechnung nach dem reinen Vermögen.

2 Lasten, die den Wert der Aktiva mindern, aber nicht Schulden sind, wie Nießbrauch, Grunddienstbarkeiten, Beschränkungen des Eigentums, sind stets abzuziehen.

3 Es genügt, daß die mehreren Massen gleichzeitig zur Teilung kommen und ein Teil der Beteiligten an den mehreren Massen zugleich interessiert ist.

Sechster Abschnitt.

Thätigkeit des Vormundschaftsgerichts.

Stundung und Niederschlagung der Gebühren in Vormundschaftssachen: § 10.

Fürsorge im Einzelfalle.

91. (90) Bei den zur Wahrnehmung einzelner Geschäfte eingeleiteten Pflegschaften[1] oder Beistandschaften[2] sowie im Falle einer sonstigen Fürsorge für ein unter elterlicher Gewalt stehendes Kind, insbesondere im Falle der Genehmigung eines Rechtsgeschäfts oder im Falle einer Verfügung nach den §§. 112, 1631, 1635, 1636, 1645, 1665, 1677, 2282 des Bürgerlichen Gesetzbuchs, ist nach dem Werthe des Gegenstandes die im §. 33 bestimmte Gebühr zu erheben.

Diese Gebühr kommt jedoch nur insoweit zum Ansatz, als nicht rücksichtlich der Personen, in deren Interesse ein Pfleger oder Beistand bestellt oder eine sonstige Fürsorgethätigkeit ausgeübt wird, eine Vormundschaft, Pflegschaft oder Beistandschaft eingeleitet oder einzuleiten ist, auf welche die Bestimmungen des §. 92 Anwendung finden.[3]

1 Gegensatz zur Einzelpflegschaft ist die Pflegschaft für einen bestimmten Kreis von Geschäften. Die im

Prozeßverfahren vorkommende Bestellung eines Vertreters für eine nicht handlungsfähige Partei (CPO. §§ 57, 494, 668, 679, 686, 779) ist nach § 47 Nr. 9 D. GKG. gebührenfrei. Unter §§ 91, 92 fallen nur Pflegschaften, die vom Vormundschaftsgericht eingeleitet werden. Andere Pflegschaften, z. B. die Abwesenheitspflegschaft im Teilungsverfahren, welche das Nachlaßgericht anordnet, fallen unter besondere Gebührenvorschriften, z. B. § 84, soweit sie nicht als gebührenfreies Nebengeschäft anzusehen sind.

2 Wenn die Mutter die elterliche Gewalt ausübt und der Beistand nur für ein einzelnes Geschäft bestellt wird: BGB. § 1688.

3 Die Gebühren des § 91 und des § 92 schließen einander derart aus, daß nur die eine oder die andere erhoben werden kann (Begr. 111).

Die Gebühren des § 91 sind auch dann nicht zu erheben, wenn bisher eine Vormundschaft der Mutter bestand, die durch den Eintritt der elterlichen Gewalt der Mutter beendet ist (Begr. AG.).

Vormundschaft, Pflegschaft, Beistandschaft.

92. (91) 1. Bei anderen Pflegschaften oder Beistandschaften und bei Vormundschaften ist von dem Vermögen[1] des Mündels, Pflegebefohlenen oder unter elterlicher Gewalt stehenden Kindes, auf welches sich die Vormundschaft, Pflegschaft oder Beistandschaft erstreckt, von je 400 Mark eine Mark zu erheben.[2]

2. Außerdem sind, soweit über die Verwaltung des Vermögens dem Vormundschaftsgerichte Rechnung

gelegt werden muß,[3] jährlich von je 400 Mark des Vermögens 10 Pfennig zu erheben. Dabei wird das angefangene Kalenderjahr sowohl am Anfang als auch am Ende der Verwaltung voll gerechnet.

3. (4) Bei der Berechnung des Betrags des Vermögens werden die Schulden in Abzug gebracht.[4]

4. Die Vorschriften der Nr. 1 bis 3 finden auch auf die vorläufige Vormundschaft[5] Anwendung. Endigt die vorläufige Vormundschaft, weil auf Grund der erfolgten Entmündigung ein Vormund bestellt wird, so gelten die vorläufige und die endgültige Vormundschaft als ein Verfahren.

1 Zu dem „Vermögen, auf welches sich die Vormundschaft erstreckt", gehören Renten, die der Mündel bezieht, nur zu dem Werte, den sie bei dem Beginne der Vormundschaft noch haben, die Kapitalisierung erfolgt daher nach dem Vielfachen — vgl. § 16 Erbsch.St.G. abgedr. zu § 21[5] Pr. GKG. —, welches dem Lebensalter des Rentenberechtigten bei der Einleitung der Vormundschaft — nicht beim Anfalle des Rentenrechts — entspricht: Johow Bd. 16 S. 213.

Der Betrag des Mündelvermögens, von welchem die Kosten zu berechnen sind, ist ohne Rücksicht auf einen darauf lastenden Nießbrauch zu bestimmen. Ein solcher Nießbrauch ist auch ohne Einfluß auf die Frage, ob die sogen. Revenüengebühren zu entrichten sind: Johow Bd. 16 S. 208.

Wegen der Wertberechnung bei der Nachlaßpflegschaft s. Johow Bd. 18 S. 127 und oben § 84 Anm. 1.

2 Die Gebühr der Nr. 1 (allgemeine Vormundschaftsgebühr) wird nach der Regel des § 11 erst bei Beendigung der Vormundschaft fällig: Johow Bd. 16 S. 213. Keine Gebühr, wenn der Mündel beim Fälligwerden der Kosten kein Vermögen besitzt: Kammerg. v. 1. Nov. 97.

3 Ob die Rechnung wirklich gelegt ist, bleibt für die Kostenfrage unerheblich: Johow Bd. 4 S. 220.

4 Bei einem Vermögen von 500 M. und weniger kann überhaupt nichts erhoben werden: § 10 Nr. 5.

5 Die vorläufige Vormundschaft wird eingeleitet, wenn gegen einen Volljährigen die Entmündigung beantragt ist und das Vormundschaftsgericht sie zur Abwendung einer erheblichen Gefährdung der Person oder des Vermögens für erforderlich erachtet: BGB. § 1906.

Gebührenbeschränkung.

93. (90 Abs. 3) Bei keinem Mündel, Pflegebefohlenen oder unter elterlicher Gewalt stehenden Kinde darf der Gesammtbetrag der nach dem §. 91 und dem §. 92 Nr. 1 zu erhebenden Gebühren denjenigen Betrag übersteigen, der nach §. 92 Nr. 1 im Falle der Vormundschaft zu erheben ist.[1]

1 Auch wenn in Ansehung der gleichen Person wiederholt eine Vormundschaft, Pflegschaft oder Beistandschaft eingeleitet wird oder das Gericht wiederholt Rechtsgeschäfte genehmigt oder wiederholt eine fürsorgliche Tätigkeit eintreten läßt, darf im Ganzen nicht mehr erhoben werden, als die Gebühr für eine fortdauernde Vormundschaft betragen würde. Vgl. hierzu Geschäfts-O. für die Gerichtsschreibereien der Amtsgerichte § 57 Abs. 8, § 58 Abs. 2.

Andere familienrechtliche Angelegenheiten.

94. (neu) Drei Zehntheile der Sätze des §. 8 des Deutschen Gerichtskostengesetzes werden erhoben:[1]

1. für Volljährigkeitserklärungen, wenn der Minderjährige nicht unter Vormundschaft steht;
2. für die Ersetzung der elterlichen Einwilligung zur Eingehung der Ehe oder der Einwilligung der Mutter zur Ehelichkeitserklärung;
3. für Entscheidungen, betreffend den Unterhalt der Kinder nach §. 1612 des Bürgerlichen Gesetzbuchs;
4. für die Uebertragung der Ausübung der elterlichen Gewalt an die Mutter (§. 1685 Abs. 2 des Bürgerlichen Gesetzbuchs);
5. für die Ersetzung der Zustimmung antheilsberechtigter Abkömmlinge zu Rechtsgeschäften des überlebenden Ehegatten im Falle der fortgesetzten Gütergemeinschaft;
6. für die Thätigkeit des Vormundschaftsgerichts[2] im Falle der Verheiratung des Vaters oder der Mutter sowie für die nach den

§§. 1639 Abs. 1, 1640 Abs. 2, 1653, 1666, 1667, 1668, 1670, 1760 Abs. 2 des Bürgerlichen Gesetzbuchs zu treffenden Anordnungen;

7. für Entscheidungen, welche die persönlichen Rechtsbeziehungen der Ehegatten zu einander oder das eheliche Güterrecht betreffen;

8. für sonstige Verfügungen des Vormundschaftsgerichts, die sich nicht auf Mündel, Pflegebefohlene oder unter elterlicher Gewalt stehende Kinder beziehen.

Zahlungspflichtig ist in den Fällen unter Nr. 4, 6 der Vater oder die Mutter.

Hat eine Rechnungslegung stattzufinden,[3] so werden neben der im Abs. 1 bestimmten Gebühr die Gebühren des §. 92 Nr. 2 erhoben.

1 In den Nummern 1 bis 8 sind diejenigen Fälle zusammengefaßt, in denen das Vormundschaftsgericht tätig werden kann, ohne daß es sich um eine Fürsorge für Mündel, Pflegebefohlene oder Kinder in elterlicher Gewalt handelt, namentlich die Entscheidungen über Rechtsverhältnisse der Ehegatten oder der Eltern und Kinder zu einander (Unterhaltsansprüche, Zustimmung zur Eheschließung usw.). Die Gebühren des § 94 sind auch neben einer etwaigen Vormundschaftsgebühr zu erheben: § 95.

2 Die Tätigkeit des Vormundschaftsgerichts bei der Wiederverheiratung des Vaters oder der Mutter ist rein

familienrechtlicher Art; daher Wertberechnung nach § 23 Abs. 1: Johow Bd. 21 S. B 24.

3 Eine Rechnungslegung kann das Vormundschaftsgericht anordnen, wenn der Vater oder die Mutter die mit der Nutznießung des Kindesvermögens verbundenen Pflichten verlegt oder in Vermögensverfall gerät: BGB. § 1667. Zahlungspflichtig ist auch in diesem Falle der schuldige Elternteil: BGB. § 1667 Abs. 3.

Gebührenbefreiungen in Vormundschaftssachen.

95. (92) Für Verhandlungen und Verfügungen, welche von den Vormundschaftsgerichten als solchen oder behufs Sicherung, Verwaltung oder Beaufsichtigung des Vermögens des Mündels, Pflegebefohlenen oder unter elterlicher Gewalt stehenden Kindes von den Nachlaßgerichten vorgenommen oder erlassen werden, ingleichen für die Auseinandersetzungen über den Nachlaß des Vaters oder der Mutter oder desjenigen, durch dessen Tod die Vormundschaft, Pflegschaft oder Beistandschaft nöthig geworden ist, einschließlich des Erbbescheinigungsverfahrens,[1] dürfen bei Vormundschaften, Pflegschaften und Beistandschaften neben den in den §§. 91, 92 bestimmten Gebühren nur die im §. 94 bestimmten Gebühren, baare Auslagen und die Kosten eines etwa gerichtlich aufgenommenen Vermögensverzeichnisses angesetzt werden.[2]

Sind bei einzelnen Geschäften, für welche dem Mündel, Pflegebefohlenen oder unter elterlicher Gewalt stehenden Kinde besondere Kosten nicht angesetzt werden dürfen, andere Personen betheiligt, so müssen diese die für solche Geschäfte in anderen Fällen bestimmten Kosten nach dem Verhältniß ihres Antheils entrichten.

Die Vorschrift des §. 11 des Gesetzes, betreffend die Unterbringung verwahrloster Kinder, vom 13. März 1878 (Gesetz-Samml. S. 132) bleibt unberührt.[3]

1 Auch wenn der Erbschein außerhalb eines anhängigen Nachlaßverfahrens erteilt wird: Johow Bd. 10 S. 133.

2 Derartige Geschäfte sind hiernach stempelfrei, auch wenn sie, wie Erbteilungen, zu den an sich stempelpflichtigen gehören (vgl. den allgemeinen Grundsatz des § 29). Dasselbe gilt von der vormundschaftsgerichtlichen Genehmigung. Dritte Beteiligte haben dagegen den auf sie entfallenden Anteil der Kosten (Abs. 2) und des Stempels zu tragen (Begr. 112).

Die Gebührenbefreiung gilt auch für die höheren Instanzen, z. B. bei Beschwerden, die ein Dritter im Interesse des Mündels erhebt, dagegen nicht bei andern Beschwerden in Vormundschaftssachen: Johow Bd. 18 S. 129.

3 Abs. 3 entspricht dem bisherigen § 95 Abs. 2. § 11 d. G. v. 13. März 1878 ist jetzt ersetzt durch § 8 Abs. 1 Satz 1 des G. über die Fürsorgeerziehung vom 2. Juli 1900 (GS. S. 264): „Die gerichtlichen Verhandlungen sind gebühren- und stempelfrei; die baren Auslagen fallen der Staatskasse zur Last". Die Gebühren- und Auslagenfreiheit gilt auch für das Beschwerdeverfahren: Johow Bd. 8 S. 8 (für die gleichlautende Vorschrift d. G. vom 13. März 1878).

Die Erwähnung der Wiederinkurssetzung ist gestrichen, weil sie nicht mehr vorkommen kann (s. oben bei § 52).

Siebenter Abschnitt.

Fideikommisse, Stiftungen und Vermögensverwaltungen.

96. (93) 1. Für die Beaufsichtigung von Fideikommissen und Stiftungen werden jährlich nach dem Betrage des Vermögens (§. 92 Nr. 3) drei Zehntheile der im §. 33 bestimmten Gebühr erhoben.[1] Dabei wird das angefangene Kalenderjahr sowohl am Anfang als auch am Ende der Beaufsichtigung voll gerechnet.

2. Soweit bei dem Gericht eine Rechnungslegung[2] über die Verwaltung des Vermögens stattfindet, werden jährlich statt der in Nr. 1 bestimmten Gebühr von je 1000 Mark des Vermögens[3] (§. 92 Nr. 3) erhoben

bis 10000 Mark	1,50	Mark,
von dem Mehrbetrage bis 20000 Mark	1,00	„
„ „ „ „ 50000 „	0,50	„ .

Von dem Mehrbetrag über 50000 Mark werden von je 2000 Mark 50 Pfennig erhoben. Der Mindestbetrag dieser Gebühr ist 5 Mark.

3. Liegt dem Gerichte die Aufsicht über die Verwaltung eines Grundstücks[4] ob, so werden hierfür noch besonders nach dem Betrage der Einkünfte, welche nach Berichtigung der Verwaltungskosten und der auf dem Grundstücke haftenden Lasten und Abgaben verbleiben, für jedes Rechnungsjahr fünf Zehntheile der im §. 8 des Deutschen Gerichts-

kostengesetzes bestimmten Gebühr erhoben. Diese Bestimmung findet auf andere Fälle einer Vermögensverwaltung entsprechende Anwendung.[5]

1 Familienstiftungen unterstehen der gerichtlichen Oberaufsicht. Die für diese Aufsicht zu erhebende Gebühr ist von der Entwickelung einer besonderen Tätigkeit des Gerichts in dem betreffenden Jahr unabhängig: Johow Bd. 18 S. 131.

Keine besondere Gebühr für eine Bescheinigung über die Zusammensetzung des Vorstandes: Kammerg. v. 21. Nov. 1898.

K e i n e Gebühr, wenn durch rechtsgültig erklärten Willen des Stifters die gerichtliche Beaufsichtigung ausgeschlossen ist (KB. 41). Bei Familienstiftungen ist diese Ausschließung nicht zulässig: AG. BGB. Art. 2 § 3; ebenso nicht bei Familienfideikommissen im Gebiete des ALR.

Sogen. gemischte Stiftungen bedürfen zur Erlangung der juristischen Persönlichkeit der landesherrlichen Genehmigung. Bis sie erteilt ist, erscheint zwar eine Aufsicht über dieselben als mögliche Rechtssubjekte zulässig, sie liegt indes den Gerichten nicht ob, wenn der Stifter eine Behörde zur Verwaltung berufen hat, die nach den bestehenden Gesetzen nicht der gerichtlichen Oberaufsicht unterstellt ist. Eine solche Behörde kann auch eine kirchliche, insbesondere ein bischöflich-geistliches Kommissariat, sein: Johow Bd. 18 S. 135.

2 Die Gebühr für die Rechnungslegung tritt nur insoweit ein, als nach dem Gesetz oder Statut eine V e r p f l i c h t u n g des Stiftungsverwalters zur gerichtlichen Rechnungslegung besteht. Die Tatsache, daß eine Reihe von Jahren hindurch ohne gesetzliche, statutarische oder richterliche Anordnung, die dem Vorsteher der Stiftung durch den Rendanten gelegte Rechnung dem Gericht eingereicht und von diesem geprüft worden

ist, vermag den Ansatz der höheren Gebühr nicht zu rechtfertigen: Johow Bd. 16 S. 201.

3 Des reinen Vermögens nach Abzug der Schulden.

4 Dies kommt provinzialrechtlich, z. B. in Schleswig-Holstein, vor. Die Gebühr steht der Zwangsverwaltungsgebühr gleich: § 130.

5 Die gerichtliche Verwaltung eines Nießbrauchs oder einer Vorerbschaft in den Fällen des BGB. §§ 1052, 2128 ist ein Verfahren der Zwangsvollstreckung und fällt daher nicht unter § 96 Nr. 3, sondern unter das D. GKG. (Mügel S. 284).

97. (94) Neben den im §. 96 bestimmten Gebühren werden für die Beurkundung einzelner Handlungen der freiwilligen Gerichtsbarkeit die dafür bestimmten Gebühren und Stempel besonders in Ansatz gebracht.[1]

1 Z. B. die Gebühr für die Errichtung des Fideikommisses oder der Stiftung oder für einen Familienschluß: § 45 oder die Gebühr für die Genehmigung der Familienstiftung: § 100.

Achter Abschnitt.

Sonstige Angelegenheiten.

Dispense, Erklärungen über den Namen.

98. (95) Für die gerichtliche Bewilligung der Befreiung[1] von Erfordernissen der Eheschließung, für die gerichtliche Bewilligung von sonstigen Befreiungen sowie für die Entgegen-

nahme einer Erklärung über den Familiennamen,[2] einschließlich der Beurkundung oder Beglaubigung, werden drei Zehntheile der Sätze des §. 8 des Deutschen Gerichtskostengesetzes erhoben.[3]

1 Nur Dispense, die das Gericht erteilt, z. B. von der Wartezeit: Art. 11 d. Allerh. V. v. 16. Nov. 1899; Dispense, die der Justizminister erteilt, sind nach § 134 gebührenfrei: z. B. Befreiung von dem Erfordernisse der Ehemündigkeit bei Frauen, Befreiung von dem Ehehindernisse des Ehebruchs: Art. 10 a. a. O. Gebührenfrei ist auch die den Gerichten in diesen Fällen obliegende Vorbereitung der Entscheidung durch Ermittelung und Berichterstattung.

2 AG. BGB. Art. 68: Erklärungen über den Namen einer geschiedenen Frau (BGB. § 1577 Abs. 2, 3), Erteilung des Namens an ein uneheliches Kind der Ehefrau des Erklärenden (BGB. § 1706 Abs. 2). Die Gebühr des § 98 deckt auch zugleich die Beglaubigung der Erklärung, wenn sie durch das Gericht erfolgt, welches die Erklärung entgegennimmt.

3 Wertberechnung nach § 23, da es sich stets um nicht vermögensrechtliche Angelegenheiten handelt.

Annahme an Kindesstatt.

99. (neu) **Für die Bestätigung[1] des Vertrags, durch welchen Jemand an Kindesstatt angenommen oder das durch die Annahme an Kindesstatt begründete Rechtsverhältnis wieder aufgehoben wird, werden fünf Zehntheile der im §. 33 bestimmten Ge-**

bühr erhoben. Ist der Vertrag von dem zur Bestätigung zuständigen Gerichte beurkundet, so werden für die Bestätigung besondere Gebühren nicht erhoben.

1 BGB. §§ 1741, 1770, die einzigen Fälle, in denen das Reichsrecht — abgesehen vom Teilungsverfahren (FGG. §§ 91, 93) — noch die Bestätigung eines Vertrags kennt. Die Tätigkeit des Richters besteht hier nur in der formalen Prüfung der gesetzlichen Voraussetzungen.

Der bisherige § 96 (Adoption und Ehescheidung am Rhein) ist als nunmehr gegenstandslos gestrichen.

Der bisherige § 97 (Aufgebot, das nicht den Vorschriften der CPO. unterliegt) fällt gleichfalls fort, weil das Aufgebot in Grundbuchsachen jetzt nach den Vorschriften der CPO. erfolgt (BGB. § 1171), Todeserklärungen ohne Aufgebot nicht mehr vorkommen (BGB. § 13) und die rheinische Abwesenheitserklärung mit ihren Nebengeschäften beseitigt ist.

Genehmigung einer Familienstiftung.

100. (neu) Für die Genehmigung einer Familienstiftung wird die im §. 33 bestimmte Gebühr erhoben. Diese Gebühr bleibt außer Ansatz, wenn die Stiftungsurkunde von dem genehmigenden Gericht aufgenommen ist.[1]

1 Die Gebühr des § 45 setzt voraus, daß das Stiftungsgeschäft von dem Gerichte beurkundet ist; in diesem Falle geschieht die Genehmigung der Familienstiftung

(AG. BGB. Art. 1 § 1) gebührenfrei. Die besondere Genehmigungsgebühr des § 100 tritt nur ein, wenn das Stiftungsgeschäft in einem privatschriftlichen oder notariellen Vertrage oder in einer Verfügung von Todes wegen errichtet oder wenn es von einem anderen als dem für die Genehmigung zuständigen Gerichte beurkundet ist.

Gerichtliche Anordnungen.

101. (98) Für Anordnungen über den Verkauf oder die Hinterlegung von Pfändern und anderen Gegenständen sowie für die Bestellung eines Dispacheurs oder eines Verwahrers, einschließlich der Bestimmung seiner Vergütung, werden drei Zehntheile der Sätze des §. 8 des Deutschen Gerichtskostengesetzes erhoben.[1] Dasselbe gilt von Anordnungen, welche die Feststellung des Zustandes oder Werthes von unbeweglichen oder beweglichen Sachen zum Gegenstande haben; findet eine Beweiserhebung[2] seitens des Gerichts durch Einnahme des Augenscheins, Vernehmung von Zeugen oder Sachverständigen statt,[3] so werden daneben zwei Zehntheile der Sätze des §. 8 des Deutschen Gerichtskostengesetzes erhoben.

1 FGG. §§ 164—166. Für den Pfandverkauf bedarf es einer gerichtlichen Anordnung nur noch dann, wenn der Verkauf in anderen als den gesetzlichen Formen vorgenommen werden soll. Bestellung eines Verwahrers: BGB. §§ 432, 1217, 1281, 2039.

2 Gemeint ist hier eine Beweiserhebung der freiwilligen Gerichtsbarkeit nach FGG. § 164. Nach der neuen Vorschrift CPO. § 488 ist freilich in Fällen dieser Art auch Sicherung des Beweises in den Formen der streitigen Gerichtsbarkeit ohne besondere Voraussetzungen zulässig. Die Gebühr für Sicherung des Beweises in der streitigen Gerichtsbarkeit bestimmt D. GKG. § 36; wegen der Verklarungen vgl. § 49 Nr. 4 des Pr. GKG.

3 FGG. § 164; § 35 des Enteignungsgesetzes v. 11. Juni 1874 (GS. S. 221).

Dispache.

102. (neu) Wird bei dem Gericht eine Verhandlung über die vom Dispacheur aufgemachte Dispache[1] beantragt, so sind für das gesammte Verfahren drei Zehntheile der Sätze des §. 8 des Deutschen Gerichtskostengesetzes zu erheben. Als Werth des Gegenstandes ist anzusehen der Betrag des Havereischadens, wenn jedoch der Werth des Geretteten an Schiff, Fracht und Ladung geringer ist, dieser geringere Betrag. Wird die Dispache bestätigt, so haften die am Verfahren Betheiligten für die Kosten als Gesammtschuldner.[2]

1 FGG. §§ 153 ff.; Pr. FGG. Art. 30.

2 Wird die Dispache nicht bestätigt, so haftet nur der Antragsteller gemäß § 1 (Begr. AG.).

Ordnungsstrafverfahren.

103. (99) In dem nach den §§. 132 bis 139 des **Gesetzes über die Angelegenheiten der freiwilligen Gerichtsbarkeit** eintretenden Verfahren[1] werden in jeder Instanz die Sätze des §. 8 des Deutschen Gerichtskostengesetzes erhoben

1. für die Festsetzung der Ordnungsstrafe;
2. für die Verhandlung in den nach §. 134 anberaumten Terminen;
3. für die Anordnung einer Beweisaufnahme.

Die Gebühr für die Anordnung einer Beweisaufnahme wird nur zur Hälfte erhoben, wenn die Beweisaufnahme weder ganz noch theilweise stattgefunden hat. Die vorstehend bestimmten Gebühren werden in jedem Verfahren nur einmal erhoben. Jede Wiederholung der Ordnungsstrafe gilt als ein besonderes Verfahren.

Als Werth des Streitgegenstandes ist die Höhe der festgesetzten Ordnungsstrafe anzusehen.[2]

Für die Androhung von Strafen werden Gebühren nicht erhoben.[3]

Die Vorschriften der Abs. 1 bis 4 finden auf andere Fälle der Festsetzung von Ordnungsstrafen, insbesondere nach §. 151 des Gesetzes über die Angelegenheiten der freiwilligen Gerichtsbarkeit,[4] entsprechende Anwendung.

1 Das handelsrechtliche Ordnungsstrafverfahren. Auch anwendbar in dem entsprechenden Verfahren gegen Vorstandsmitglieder einer Genossenschaft: § 160 des Genossenschaftsgesetzes, und gegen die Eigentümer eines zur Binnenschiffahrt dienenden Fahrzeugs: § 127 des Binnenschiff.G. Vgl. auch Flaggengeſ. v. 22. Juni 1899 § 15 (Seeschiffsregister) und BGB. § 78 (Vereinsregister). Für die Verhängung von Ordnungsstrafen in Vormundschaftssachen ist dagegen § 103 nicht anwendbar und eine Gebühr überhaupt nicht zu erheben (KB.).

2 Die Ordnungsstrafe darf in jedem Falle 300 M. nicht übersteigen (HGB. § 14 Satz 2). Hiernach ergeben sich folgende Kostensätze:

bei einer Strafe

	bis	20 M.		1,00 M.	
über	20	„	60 „	2,40	„
„	60	„	120 „	4,60	„
„	120	„	200 „	7,50	„
„	200	„	300 „	11,00	„ .

3 Auslagen werden erhoben (Begr. 118). Kommt es nicht zur Festsetzung einer Ordnungsstrafe, so werden weder Gebühren noch Auslagen erhoben, selbst wenn ein Dritter (z. B. eine Handelskammer oder eine kaufmännische Korporation, vgl. d. Verf. v. 16. Nov. 1899, JMBl. S. 347) das Verfahren angeregt hatte: Johow Bd. 1 S. 152.

4 Behufs Aushändigung von Schriftstücken an den Dispacheur. Auch FGG. § 83 (Erzwingung der Ablieferung eines Testaments) gehört hierher.

Handelsrechtliche Anordnungen.

104. (100) Soweit nicht in diesem Gesetz[1] oder reichsgesetzlich[2] ein Anderes bestimmt ist, werden für die Erledigung der im Handelsgesetzbuch, in dem Genossenschaftsgesetz und dem Gesetze, betreffend die Gesellschaften mit beschränkter Haftung, den Gerichten zugewiesenen, von den Deutschen Prozeßordnungen nicht betroffenen Angelegenheiten, welche eine Entscheidung des Gerichts[3] erfordern, sowie von Angelegenheiten ähnlicher Art drei Zehntheile der Sätze des §. 8 des Deutschen Gerichtskostengesetzes erhoben.[4]

1 Andere Gebührenvorschriften für Handelssachen: §§ 72 ff., 101—103.

2 Reichsrechtliche Vorschriften: Vgl. Vorbemerkung zu § 71.

3 Angelegenheiten, die keine Entscheidung, sondern nur eine Beurkundung erfordern: §§ 48, 49 Nr. 2 u. 4.

4 Unter diese Generalklausel fallen Ernennung und Abberufung von Liquidatoren, Bestellung der Revisoren oder Bevollmächtigten zur Prozeßführung, Ermächtigung zur Berufung von Generalversammlungen. Nicht hierher gehört die Leitung der konstituierenden Generalversammlung im Falle des § 196 HGB. (Begr. 118). Unter § 104 fallen ferner die Berufung der Mitgliederversammlung und die Bestellung von Vorstandsmitgliedern bei eingetragenen Vereinen (Begr. AG.).

Auch bei den Genossenschaften sind Gebühren zu erheben für die Ernennung von Revisoren und ähnliche Maßnahmen des Registergerichts; die im § 159 Gen.G. bestimmte Gebührenfreiheit für Verhandlungen und Eintragungen steht dem nicht entgegen: Johow Bd. 19 S. 121 (JMBl. 1900 S. 59). Der Gegenstandswert ist hier nach freiem Ermessen zu schätzen: Johow a. a. O.

Der bisherige § 100a (Anordnungen gemäß §§ 28 bis 30 des G. v. 19. Aug. 1895 über das Bahnpfandrecht) ist zwar nicht aufgehoben, aber in die neue Bekanntmachung des Pr. GKG. nicht mit aufgenommen. Er ist gegenstandslos geworden, zumal auch die §§ 28 bis 30 des Bahnpfandges. in der neuen Fassung des Ges. über die „Bahneinheiten“ gestrichen sind. Die einschlagenden Vorschriften über Einberufung und Leitung der Versammlungen von Teilschuldgläubigern finden sich jetzt in dem Reichsgesetz über die gemeinsamen Rechte der Besitzer von Schuldverschreibungen vom 4. Dez. 1899 (RGBl. S. 691). Die dort bezeichneten gerichtlichen Geschäfte fallen unter die im § 104 erwähnten „Angelegenheiten ähnlicher Art“, für welche die gleiche Gebühr ($^3/_{10}$ der Tabelle III) festgesetzt ist, wie sie § 100a vorsah.

Ablösungssachen am Rhein.

105. (102) In den nach der Gemeinheitstheilungsordnung vom 19. Mai 1851 (Gesetz-Samml. S. 371) zu behandelnden Theilungen und Ablösungen in den Landestheilen des linken Rheinufers[1] werden nur Schreibgebühren und sonstige baare Auslagen erhoben.[2] Ist über Streitigkeiten Einzelner von dem Landgerichte zu entscheiden, so finden auf das hierauf bezügliche Verfahren die Vorschriften des Deutschen Gerichtskostengesetzes Anwendung.

1 G. v. 19. Mai 1851 (GS. S. 383); § 22 d. G. v. 24. Mai 1885 (GS. S. 156).

2 Das Verfahren ist stempelfrei: § 64 d. G. v. 19. Mai 1891.

Ersuchen um Rechtshülfe.

106. (103) **Für die Erledigung des Ersuchens eines nicht Preußischen Gerichts in Angelegenheiten, welche durch das Deutsche Gerichtskostengesetz nicht betroffen**[1] **werden, sind außer den baaren Auslagen zu erheben:**

1. wenn eine Handlung vorgenommen wird, für welche besondere Gebühren bestimmt sind, diese Gebühren;
2. wenn nur um die Zustellung oder Aushändigung eines Schriftstücks ersucht ist, ein Zehntheil der Sätze des §. 8 des Deutschen Gerichtskostengesetzes, jedoch nicht über 10 Mark;
3. **in allen anderen Fällen zwei Zehntheile der erwähnten Sätze, jedoch nicht über 20 Mark.**

Die bestehenden Staatsverträge[2] **werden hierdurch nicht berührt.** Gebühren und Auslagen werden nicht erhoben, soweit die Gegenseitigkeit verbürgt ist. Ob diese Voraussetzung gegeben ist, entscheidet der Justizminister.

1 Rechtshülfesachen, die unter das D. GKG. fallen, sind gänzlich kostenfrei, da sie durch die von dem ersuchenden Gericht erhobenen Pauschsätze mit abgegolten werden. Andere gebührenfreie Ersuchen: § 7. Auch Ersuchen in Disziplinarsachen sind frei: §§ 7, 123; vgl. auch §§ 86, 94 der RechtsanwaltsO.; § 15 G. v. 29. Mai 1879, G.S. S. 389 (Studierende); §§ 25, 26 des BörsenG. v. 22. Juni 1896 (RGBl. S. 157).

2 Vgl. die Zusammenstellung bei Müller, Justizverwaltung S. 1485 ff. und Mügel S. 296. RG. v. 9. Juni 1895 über die Beistandleistung bei Einziehung von Abgaben usw. (RGBl. S. 256). Porto wird gegenseitig nicht erstattet, kann aber gleichwohl von der empfangenden Stelle der Partei in Rechnung gestellt werden: Bekanntm. v. 8. Juli 1893 (RGBl. S. 232).

Austritt aus der Kirche.

107. (104) **In dem Verfahren, betreffend den Austritt aus der Kirche[1] oder einer Synagogengemeinde[2] wird eine Gebühr von drei Mark erhoben.[3]**

1 G. v. 14. Mai 1873 (GS. S. 207).

2 G. v. 28. Juli 1876 (GS. S. 353).

3 Einschließlich der Bescheinigung über den Austritt; Stempel wird nicht erhoben: Johow Bd. 17 S. 303.

Die Gebühr für das Verfahren ist auch dann verwirkt, wenn es wegen Versäumung der Frist zu dem beabsichtigten Austritt nicht kommt: Kammerg. v. 14. März 1898.

Generalklausel.

108. (105) **Ist für ein gerichtliches Geschäft eine Gebühr weder reichsgesetzlich noch in diesem Gesetze bestimmt, so werden drei Zehntheile der im §. 33 bestimmten Gebühr erhoben.[1]**

1 Die in den früheren Auflagen angegebenen Beispiele für die Anwendung der Generalklausel sind teils durch die neue Gesetzgebung gegenstandslos geworden, teils fallen sie unter neue Kostenvorschriften, z. B. die Dispache nach § 87 des Binnensch.G. Anwendungsfälle

für die Generalklausel sind jetzt nach Mügel S. 297: Zuziehung des Richters bei der von dem Beteiligten selbst bewirkten Aufnahme des Nachlaßinventars (BGB. § 2002), Bewilligung der öffentlichen Zustellung einer Willenserklärung (BGB. § 132) oder der öffentlichen Kraftloserklärung einer Vollmacht (BGB. § 176).

Neunter Abschnitt.

Gemeinschaftliche Bestimmungen für die Abschnitte 2 bis 8.

Anträge, Beschwerden.

109. (106) 1. Die Auf- und Annahme von Gesuchen, Anträgen oder Beschwerden erfolgt gebührenfrei.[1] In Grundbuchsachen und in Schiffspfandsachen findet diese Vorschrift bezüglich derjenigen Anträge keine Anwendung, welche zur Herbeiführung einer Eintragung oder Löschung in beglaubigter Form gestellt werden müssen.[2] Die Aufnahme von Anträgen und Erklärungen nach §. 11 des Gesetzes über die Angelegenheiten der freiwilligen Gerichtsbarkeit[3] ist auch in Angelegenheiten, für welche Gerichte eines anderen Bundesstaats zuständig sind, gebührenfrei, sofern die Gegenseitigkeit verbürgt ist. Ob diese Voraussetzung gegeben ist, entscheidet der Justizminister.

2. Soweit nicht besondere Vorschriften getroffen sind,[4] ist im Falle der Zurücknahme eines Antrags, bevor auf denselben eine Entscheidung erlassen ist oder die beantragte Verhandlung stattgefunden hat, sowie für die Zurückweisung unbegründeter oder unzulässiger Anträge eine Gebühr zu erheben, deren Höhe sich nach der Gebühr, welche für die beantragte Verhandlung oder Entscheidung zu erheben gewesen wäre, richtet, und zwar werden erhoben im Falle der Zurücknahme drei Zehntheile dieser Gebühr, jedoch höchstens 6 Mark, für die Zurückweisung fünf Zehntheile, jedoch höchstens 10 Mark.

3. Für die Entscheidung in der Beschwerdeinstanz,[5] einschließlich des vorangegangenen Verfahrens, wird, wenn die Beschwerde als unbegründet oder unzulässig verworfen wird, dieselbe Gebühr, welche für die beantragte Verhandlung oder Entscheidung zu erheben gewesen wäre, jedoch mindestens 1 Mark und höchstens 20 Mark, erhoben. Auf Beschwerden in Rechtssachen, für welche in erster Instanz Gebührenfreiheit besteht, insbesondere auf Beschwerden der im §. 27 bezeichneten Art, finden die Vorschriften der §§. 45, 46 des Deutschen Gerichtskostengesetzes mit der Maßgabe Anwendung, daß die Gebühr für die Zurücknahme 6 Mark, die Gebühr für die Verwerfung der Beschwerde 20 Mark nicht übersteigen

darf. Als Beschwerde im Sinne dieses Gesetzes ist auch die Anrufung einer Entscheidung des Landgerichts nach Artikel 51 Abs. 2 des Preußischen Gesetzes über die freiwillige Gerichtsbarkeit anzusehen.[6]

1 Folge des Pauschcharakters der für die gerichtlichen Handlungen bestimmten Gebühren; Anmeldungen zum Handelsregister: § 75; Anmeldungen zum Genossenschaftsregister sind nicht gebührenfrei, wenn nicht die Zeichnung und Anmeldung vor dem Registergerichte selbst erfolgt (Mügel S. 240 N. 2).

2 Grundb.O. § 29, FGG. § 107; vgl. auch Johow Bd. 9 S. 99, 105; Verf. v. 20. Sept. 1894, JMBl. S. 273.

3 Anträge und Erklärungen in Sachen der freiwilligen Gerichtsbarkeit zum Protokolle des Gerichtsschreibers.

4 Ergebnislose Verhandlungen: § 54; Abschluß des Erbteilungsverfahrens ohne Rezeß: § 86. Eine formlose Besprechung mit dem Richter ist noch kein Antrag, vgl. N. 1 zu § 54. Es genügt aber ein mündlicher Antrag, der z. B. zur Niederschrift eines Auflassungsprotokolls geführt hat: Johow Bd. 17 S. 147.

5 In der Beschwerdeinstanz besteht die sachliche Gebührenfreiheit nicht. Soweit die Beschwerde als unzulässig verworfen oder zurückgewiesen wird oder die Kosten dem Gegner zur Last fallen: $^3/_{10}$. Zurücknahme: $^1/_{10}$ der Gebühr im § 8 D. GKG. Begründete Beschwerden sind gebührenfrei (D. GKG. §§ 45, 46). Vgl. noch Johow Bd. 12 S. 3; Bd. 14 S. 3. Wird die Beschwerde teilweise zurückgewiesen, so ist die Gebühr nach dem Werte des zurückgewiesenen Teiles des Antrags zu berechnen: Johow Bd. 16 S. 253. Beschwerde in Fürsorgeerziehungssachen: § 95 N. 3.

6 Entscheidung der Zivilkammer, wenn ein Notar sich weigert, eine Ausfertigung oder Abschrift zu erteilen, oder die Einsicht einer Urschrift zu gestatten. Auch in diesem Falle ist der Höchstbetrag der Gebühr 20 M.

Beglaubigte Abschriften.

110. (neu) Auf die Ertheilung beglaubigter Abschriften[1] aus den Gerichtsakten finden, soweit nicht ein Anderes bestimmt ist, die Vorschriften des §. 51 Anwendung.

Soweit für die Ertheilung von Bescheinigungen oder beglaubigten Abschriften aus gerichtlichen Registern eine Gebühr nicht bestimmt ist, wird neben den Schreibgebühren der tarifmäßige Stempel erhoben.[2]

1 Nach FGG. § 34 ist die Erteilung beglaubigter Abschriften aus den Gerichtsakten in weitem Umfange zulässig, sobald der Antragsteller ein berechtigtes Interesse glaubhaft macht. § 51 ist auch dann anwendbar, wenn die beglaubigte Abschrift nicht von einer gerichtlichen Urkunde, sondern von einer Verfügung oder von einem Beschlusse des Gerichts erteilt wird (Begr. AG.).

2 Abs. 2 soll eine durch das Börsengesetz entstandene Lücke ausfüllen und daneben die Vorschriften über Abschriften und Bescheinigungen aus den öffentlichen Registern (§§ 74, 76, 77, 78 Abs. 3, 80) durch eine allgemeine Regel ergänzen (Begr. AG.). Soweit Sondervorschriften bestehen, wie im § 66 für das Grundbuch und in den §§ 74—76 für das Handels-, Vereins- und Güterrechtsregister, sind diese anzuwenden.

Vereitelte Termine.

111. (107) Für einen durch Säumniß einer Partei oder eines Zeugen oder Sachverständigen vereitelten Termin wird eine vom Gerichte festzusetzende Gebühr, welche mindestens auf 1 Mark und höchstens auf 20 Mark zu bemessen ist, in Ansatz gebracht. Diese Gebühr nebst den entstandenen baaren Auslagen fällt dem Säumigen zur Last.[1]

Die Bestimmungen des ersten Absatzes bleiben außer Anwendung, soweit gegen einen säumigen Zeugen oder Sachverständigen Zwangsmaßregeln nach Maßgabe der Vorschriften der Deutschen Civilprozeßordnung oder der Deutschen Strafprozeßordnung zulässig sind.[2]

1 Nicht in jedem Falle des Nichterscheinens; es wird schuldhafte Versäumung des Termins vorausgesetzt; auch nachträgliche Entschuldigung schließt die Strafgebühr aus.

War die Partei unter der Androhung geladen, daß ihr Antrag ꝛc. als zurückgenommen gelte, so ist § 109 Nr. 2 anzuwenden (Begr. 122).

2 CPO. §§ 390, 409; StPO. §§ 50, 77. Diese sind anwendbar auch im linksrheinischen Gemeinheitsteilungsverfahren (vgl. Pr. GKG. § 105); ferner im handelsrechtlichen Ordnungsstrafverfahren und bei Erledigung von Ersuchen der Schiedsgerichte in Arbeiterversicherungs-Angelegenheiten, der Verwaltungsgerichte, der außerpreußischen Behörden im Verfahren der Beistandleistung (RGes. v. 9. Juni 1895), der Seeämter und des Patentamts (Mügel S. 306 N. 5).

Vollstreckbare Ausfertigung.

112. (101) **Auf die Entscheidung über die Ertheilung einer vollstreckbaren Ausfertigung sind in allen Fällen die Vorschriften des Deutschen Gerichtskostengesetzes anzuwenden.**[1] **Das Gleiche gilt von der gerichtlichen Festsetzung der einem Betheiligten zu erstattenden Kosten,**[2] **von Zeugnissen über die Rechtskraft**[3] **sowie von gerichtlichen Vollstreckungshandlungen**[4] **nach Artikel 17 des Preußischen Gesetzes über die freiwillige Gerichtsbarkeit.**

1 D. GKG. §§ 26, 38 Nr. 2, § 47 Nr. 15.

2 Pr. FGG. Art. 9 ff., abgedr. zu § 1.

3 Zeugnisse über die Rechtskraft einer gerichtlichen Verfügung erteilt der Gerichtsschreiber auch in Sachen der freiwilligen Gerichtsbarkeit: FGG. § 31; sie sind gebührenfrei: D. GKG. § 47 Nr. 16.

4 Anwendung von Gewalt auf Grund einer besonderen gerichtlichen Verfügung zur Erzwingung der Herausgabe einer Sache oder einer Person, der Vorlegung einer Sache oder zur Durchführung einer gerichtlichen Anordnung.

Zehnter Abschnitt.

Auslagen.

113. (108) An baaren Auslagen[1] werden erhoben:

1. die Schreibgebühren;

2. die Postgebühren einschließlich der Telegraphengebühren;
3. die durch Einrückung einer Bekanntmachung in öffentliche Blätter entstehenden Kosten;
4. die an Zeugen und Sachverständige[2] zu zahlenden Gebühren;
5. die bei Geschäften außerhalb der Gerichtsstelle den Gerichtsbeamten zustehenden Tagegelder, Reisekosten und Kommissionsgebühren (§. 116);
6. die an andere Behörden oder Beamte oder an Rechtsanwälte für deren Thätigkeit zu zahlenden Beträge, insbesondere auch die an Dorf-, Feld- oder Ortsgerichte zu zahlenden Beträge;
7. die Rechnungsgebühren;
8. die Kosten eines Transports von Personen oder Sachen;[3]
9. die Haftkosten.[4]

1 D. GKG. § 79. Die Aufzählung ist erschöpfend.

2 Über die Verpflichtung der Parteien zur Entrichtung von Dolmetschergebühren vgl. die Allg. Verf v. 20. Dez. 1899, JMBl. S. 861. Keine Dolmetschergebühr in den durch den Etat bestimmten Bezirken, in denen Gehaltszulagen oder Remunerationen an die Dolmetscher gewährt werden, wenn der angestellte Dolmetscher oder der ihn vertretende Justizbeamte zugezogen wurde.

Die Zulässigkeit der Zusatzgebühr des § 55 ist aber unabhängig davon, ob Dolmetschergebühren zu erheben sind.

3 Z. B. bei gerichtlichen Versteigerungen beweglicher Sachen (§ 47) oder bei Durchführung der im Art. 17 Pr. FGG. bezeichneten Anordnungen, vgl. N. 4 zu § 112.

4 Berechnung der Haftkosten wie in Strafsachen: AG. GKG. § 22; Allg. Verf. v. 22. März und 12. Nov. 1883 (JMBl. S. 81 und 339).

Schreibgebühren.

114. (109) Schreibgebühren werden für Ausfertigungen und Abschriften erhoben.

Die Schreibgebühr beträgt für die Seite, welche mindestens zwanzig Zeilen von durchschnittlich zwölf Silben enthält, zehn Pfennig, auch wenn die Herstellung auf mechanischem Wege stattgefunden hat. Jede angefangene Seite wird voll berechnet.[1] Die auf die besondere Ausstattung einer Urkunde verwendeten Auslagen, insbesondere diejenigen, welche durch Verwendung von Pergamentpapier entstehen, sind besonders zu erstatten.[2]

Neben den Schreibgebühren ist für Ausfertigungen oder beglaubigte Abschriften stempelpflichtiger Urkunden der tarifmäßige Stempel zu erheben, falls die Ausfertigungen oder Abschriften nur in Folge eines auf die Ertheilung gerichteten Antrags[3] ertheilt werden. Ist die Urkunde nach den Vorschriften der Stempelgesetze stempelpflichtig, so wird die Erhebung des Stempels für Ausfertigungen und beglaubigte Abschriften dadurch nicht ausgeschlossen, daß nach den Vorschriften dieses Gesetzes der Stempel außer Ansatz geblieben ist.[4]

1 D. GKG. § 80. 240 Silben sind der Mindestbetrag; auch für mehr enthaltende Seiten sind nur 10 Pf. zu berechnen: RGer. Bd. 21 S. 419; keine Schreibgebühr für Briefumschläge: RGer. Bd. 31 S. 403. Keine Schreibgebühr für die Benachrichtigungen von Eintragungen in die Liste der Genossen (KB. 43). Der Notar erhält Schreibgebühren sowohl für eine — die Ausfertigung vertretende — Privaturkunde, die er entworfen und beglaubigt hat, wie auch für die beglaubigte Abschrift der Urkunde, die er nach Pr. FGG. Art. 60 Abs. 2 bei seinen Akten zurückbehalten muß. (Kammerg. v. 9. März 1896.)

Für die zur Mitteilung des Beschlusses des Beschwerdegerichts an das Instanzgericht bestimmte Abschrift ist die gesetzliche Schreibgebühr vom Beschwerdeführer zu erheben: Johow Bd. 18 S. 129.

2 Z. B. bei Stiftungsurkunden und Schiffszertifikaten.

3 Die Bitte, eingereichte Urkunden zurückzugeben, sodaß von ihnen beglaubigte Abschriften zu den Grundakten oder Registerakten gefertigt werden müssen, ist nicht als „Antrag" im Sinne des § 114 Abs. 3 anzusehen: Johow Bd. 22 S. B 35 (s. §§ 70, 74, 77). Die zu den Grundakten gefertigte Abschrift der Urkunden, welche zwecks Ausschließung des Auflassungsstempels vorgelegt werden, ist kosten- und stempelfrei: § 16 Abs. 7 der Allg. Verf. v. 29. Februar 1896, JMBl. S. 63.

4 Trifft insbesondere die zur Herstellung eines Teilbriefs erforderliche Abschrift des Hypotheken- oder Grundschuldbriefs (Begr. 123). Vgl. die Note zu § 74 Abs. 2.

Reisekosten.

Hierzu Anhang IV.

115. (110) 1. Ist ein und dieselbe Reise durch mehrere Geschäfte veranlaßt, so werden die Tagegelder und Reisekosten der Gerichtspersonen[1] gleichmäßig nach der Zahl der Geschäfte auf dieselben vertheilt und nur die entsprechenden Theilbeträge von den Zahlungspflichtigen erfordert. In den Fällen des zweiten Abschnitts ist jedoch mindestens die im §. 53 bestimmte Gebühr[2] zu erheben. Die Zahlungspflichtigen haften in allen Fällen als zweite Schuldner für die einem Andern zur Last fallenden Theilbeträge bis zur Höhe der Tagegelder und Reisekosten, welche bei abgesonderter Ausführung des Geschäfts entstanden wären.[3]

Sind mehrere Geschäfte auf derselben Reise an verschiedenen Orten ausgerichtet, so werden die Reisekosten auf die mehreren Geschäfte, durch welche die Reise veranlaßt ist, nach Verhältniß derjenigen Beträge vertheilt, welche bei abgesonderter Erledigung jedes dieser Geschäfte an Reisekosten entstanden wären.

2. Zu den Reisekosten im Sinne dieses Gesetzes sind auch die im §. 3 Abs. 2 der Verordnung vom 24. Dezember 1873, betreffend die den Justizbeamten bei Dienstgeschäften außerhalb des Gerichtsorts zu gewährenden Tagegelder und Reisekosten (Gesetz-Samml. 1874 S. 2) bezeichneten Fuhrkosten[4] zu rechnen.

3. Insoweit die Reisen im Interesse der Gerichtsverwaltung, insbesondere wegen eintretender Behinderung eines Beamten, erfolgen müssen, wird von den Parteien nichts erhoben.[5]

1 V. v. 24. Dez. 1873 (GS. 1874 S. 2), v. 8. Mai 1876 (GS. S. 119) und v. 27. Aug. 1900 (GS. S 319). Nach der V. v. 6. Aug. 1898 (GS. S. 297) sind bei Dienstgeschäften, die von Beamten der Oberlandesgerichte, Landgerichte und Staatsanwaltschaften außerhalb des Amtsgerichtsbezirks vorgenommen werden, jetzt die Vorschriften über Reisekosten in Staatsdienstangelegenheiten anzuwenden (G. v. 21. Juni 1897). Benutzung von Kleinbahnen: Allg. Verf. v. 3. Jan. 1899 (JMBl. S. 4). Die Verwaltungsvorschriften über Reisekosten sind außerordentlich kompliziert und schwierig; sie können hier nicht mitgeteilt werden. Näheres bei Müller S. 769 ff. und im Preußischen Terminkalender unter XI sowie die neuen Ausführungsbestimmungen des Staatsministeriums v. 11. Nov. 1903 (GS. S. 231).

2 Die s. g. Zusatzgebühr von $^{5}/_{10}$ für auswärtige Geschäfte.

3 Dieses Verhältnis entspricht dem Verhältnis der Entfernungen vom Ausgangsorte, wenn für alle Orte gleichmäßig entweder Eisenbahn oder Landweg in Frage kommt. Anderenfalls muß ermittelt werden, welche Kosten bei jeder Einzelreise entstanden sein würden (Begr. 123). Vgl. Allg. Verf. v. 17. Jan. 1901 (JMBl. S. 14).

Die Verteilung der Reisekosten auf die mehreren Geschäfte findet auch statt, wenn Geschäfte der freiwilligen und der streitigen Gerichtsbarkeit zusammen erledigt sind: § 119. Sie tritt auch dann ein, wenn die Kosten eines dieser Geschäfte der Staatskasse zur Last fallen oder ihr nachträglich auferlegt worden sind: Johow Bd. 19 S. 117 (JMBl. 1900 S. 606).

4 Wegen der „Fuhrkosten" vgl. die Allg. Verf. v. 17. Sept. 1895 im Anh. IV.

5 Z. B. wenn der Vertreter des Richters von einem andern Gerichtssitze zureisen muß.

Kommissionsgebühren.

116. (114) Für die von einer Partei beantragte Errichtung eines Testaments oder eines Erbvertrags außerhalb der Gerichtsstelle[1] steht in den Fällen, in welchen die Gerichtspersonen Tagegelder und Reisekosten nicht beziehen, dem Richter eine Entschädigung von 6 Mark und dem Gerichtsschreiber eine solche von 4 Mark zu (Kommissionsgebühren).[2]

Diese Entschädigungen sind, sofern die Gerichtspersonen den Weg nach dem in dem Antrage bezeichneten Orte angetreten haben, auch dann zu zahlen, wenn es zur Ausführung des beantragten Geschäfts aus einem in der Person des Antragstellers liegenden Grunde nicht gekommen ist.[3]

1 Das Gerichtstagslokal ist Gerichtsstelle: § 139.

2 Kommissionsgebühren werden hiernach in der Regel nur gewährt, wenn die Verfügung von Todes wegen innerhalb 2 km vom Gerichtsort aufzunehmen ist und deshalb Reisekosten und Tagegelder nicht zu erheben sind. Der Ansatz von Fuhrkosten schließt die Kommissionsgebühr nicht aus. Wird eine Schenkung von Todes wegen (BGB. § 2301) außerhalb der Gerichtsstelle beurkundet, so ist nicht die Kommissionsgebühr, sondern die Zusatzgebühr des § 53 zu erheben.

Für mehrere an demselben Orte aufgenommene Verfügungen von Todes wegen (drei Erbverträge zwischen der Stadt und drei Insassen eines Siechenhauses) sind auch mehrfache Kommissionsgebühren zu entrichten: Johow Bd. 20 S. B 3.

3 Insbesondere, wenn der Testator nicht mehr lebend oder nicht verfügungsfähig angetroffen wird (Bgr. 124).

Rechnungsgebühren.

(Hierzu Anhang V.)

117. (112) Für Rechnungsarbeiten, welche durch einen zur Anfertigung derselben bestellten Beamten vorgenommen werden, ist eine Stundengebühr zu erheben, welche unter Berücksichtigung des Werthes des Gegenstandes auf 60 Pfennig bis 2 Mark für die Stunde zu bemessen ist.[1] Dieselbe wird nach der Zahl der Stunden berechnet, welche für die Arbeit erforderlich waren. Wurde mit Unterbrechungen gearbeitet, so wird die nothwendig gewordene Arbeitszeit zusammengerechnet. Mit dieser Maßgabe gilt eine angefangene Stunde als eine volle Stunde.

In Vormundschaftssachen werden Rechnungsgebühren für die Prüfung eingereichter Rechnungen oder Vermögensübersichten nur erhoben, wenn der in der Rechnung nachgewiesene Betrag der Einnahme die Summe von 300 Mark übersteigt oder wenn die Vermögensübersicht einen Vermögensbestand nach Abzug der Schulden von mehr als 15 000 Mark ergiebt.[2]

Die Festsetzung der Rechnungsgebühren erfolgt durch das Gericht. Beschwerden werden im Aufsichtsweg erledigt.

1 Die Gebührenreihe ist in Nr. 4 d. Allg. Verf. v. 16. Sept. 1895, abgedr. im Anh. V, genauer bestimmt.

2 Bei anderen Rechnungsarbeiten in Vormundschaftssachen gilt diese Beschränkung nicht.

Zustellungen von Amts wegen.

118. (113) Für die von Amtswegen bewirkten Zustellungen[1] werden baare Auslagen nur dann erhoben, wenn die Zustellung durch Bekanntmachung in öffentlichen Blättern oder im Ausland erfolgt.[2] Die Erhebung der Schreibgebühr[3] für die Ausfertigungen und Abschriften des zuzustellenden Schriftstücks wird hierdurch nicht ausgeschlossen.

1 D. GKG. § 80b in der Fassung v. 29. Mai 1881: weder Post- noch Gerichtsvollziehergebühren (RGer. bei Gruchot Bd. 37 S. 1130, Jurist. Wochenschr. 1893 S. 216).
2 Abweichung vom D. GKG. § 80b.
3 § 114 mit Note 1.

Zweiter Theil.

Angelegenheiten der streitigen Gerichtsbarkeit.

Erster Abschnitt.

Allgemeine Bestimmungen.

Anwendbarkeit des Preußischen GKG.

119. (114) Die Vorschriften[1] der §§. 8, 10, 13, 16, 17, 30, 31, 115 finden auch in den Angelegenheiten der streitigen Gerichtsbarkeit Anwendung. In dem Verfahren der Zwangsversteigerung oder der Zwangsverwaltung von Gegenständen des unbeweglichen Vermögens sowie der Zwangsliquidation einer Bahneinheit finden alle Vorschriften des ersten und zehnten Abschnitts des ersten Theiles Anwendung.

In bürgerlichen Rechtsstreitigkeiten beginnt die Verjährung der Gerichtskosten mit dem Schlusse desjenigen Jahres, in welchem das Verfahren durch unbedingte Entscheidung über die Kosten, durch Vergleich oder Zurücknahme oder anderweite Erledigung beendigt ist. Im Sinne dieser Bestimmung gilt das Verfahren als erledigt, wenn seit der letzten Prozeßhandlung des Gerichts zwei Jahre verflossen sind, ohne daß ein Antrag auf Fortsetzung des Verfahrens gestellt wäre. Wird das Verfahren während des Laufes der Verjährungsfrist wieder aufgenommen, so wird hierdurch die Verjährung unterbrochen.[2]

Während der Dauer einer Vormundschaft können ohne Rücksicht auf die Höhe des Vermögens eines Mündels aus demselben außer den im §. 10 Nr. 1 bezeichneten Kosten auch die Kosten eines Konkurs- oder Zwangsversteigerungsverfahrens sowie eines Aufgebots der Nachlaßgläubiger erhoben werden, sobald sich eine Unzulänglichkeit der Konkurs- oder Nachlaßmasse oder des Erlöses der Zwangsversteigerung zur Befriedigung der Gläubiger und Berichtigung der Kosten ergiebt.[3]

1 Betreffen: Gebührenfreiheit, Verjährung und Einziehung der Kosten, Stundung und Niederschlagung, Stempel, Reisekosten.

2 Abs. 3 tritt an die Stelle des § 5 Nr. 2 Ges. v. 31. März 1838 (Begr. 126); vgl. D. GKG. § 93.

3 Diese Abweichung von dem Grundsatze des § 10 Nr. 5 beruht auf der Erwägung, daß die Gebührenbefreiung in diesem Falle nicht dem Mündel, sondern den Gläubigern zu Gute kommen würde.

Anwendbarkeit des D. GKG.

120. (115) **Das Deutsche Gerichtskostengesetz und die Vorschriften des §. 119 finden, soweit nicht ein Anderes bestimmt ist, Anwendung auf die vor die ordentlichen oder vor besondere Gerichte[1] gehörigen Rechtssachen, für welche die Deutsche Civilprozeßordnung oder die Deutsche Strafprozeßordnung kraft landesgesetzlicher Vorschrift maßgebend sind.**

Auf die Kosten für das Verfahren vor den Königlichen Gewerbegerichten in der Rheinprovinz finden die Bestimmungen der §§. 57 bis 59 des Reichsgesetzes vom 29. Juli 1890, betreffend die Gewerbegerichte, (Reichs-Gesetzbl. S. 141) Anwendung.[2]

Die Vorschriften des §. 96 des Gesetzes[3] vom 18. Februar 1880, betreffend das Verfahren in Auseinandersetzungsangelegenheiten, (Gesetz-Samml. S. 59) bleiben unberührt.

1 Geheimer Justizrat: AG. GVG. § 18; Rheinschiffahrtsgerichte: G. v. 8. März 1879 (GS. S. 129); Elbzollgerichte: G. v. 9. März 1879 (GS. S. 132).

2 D. h. die für die Gewerbegerichte geltenden besonderen Gebühren- und Kostenvorschriften.

3 Jetzt in der Fassung vom 10. Oktober 1899 (G.-S. S. 404).

Forstdiebstahlsachen.

121. (116) Die auf die Kosten in Strafsachen bezüglichen Vorschriften des Deutschen Gerichtskostengesetzes finden auf die nach dem Gesetze vom 15. April 1878, betreffend den Forstdiebstahl, (Gesetz-Samml. S. 222) zu behandelnden Strafsachen mit folgenden Maßgaben Anwendung:

1. Ist nicht[1] auf Grund der §§. 6, 8 des Gesetzes vom 15. April 1878 auf Strafe erkannt worden, so werden für jede Instanz, in welcher eine Hauptverhandlung stattgefunden hat, vier Zehntheile der Sätze des §. 62 des Deutschen Gerichtskostengesetzes erhoben.
2. Ist in Fällen, in welchen der Erlaß des Strafbefehls zulässig ist, ohne Erlaß eines solchen zur Hauptverhandlung geschritten und die Verurtheilung auf sofortiges Geständniß ohne Beweisaufnahme erfolgt, so werden in erster Instanz zwei Zehntheile der Sätze des §. 62 erhoben.
3. Ist nach §. 17 des Gesetzes vom 15. April 1878 durch Strafbefehl oder Urtheil auf die Einziehung von Holz erkannt, so ist der Werth des Holzes an Stelle der Strafe für

die Höhe der Gebühr maßgebend, die Gebühr beträgt jedoch in jeder Instanz höchstens fünf Mark.

1 Weil in diesen Fällen das ordentliche Strafverfahren Platz greift: Forstdiebst.G. § 30.

Verteilungsverfahren bei Enteignung.

122. (neu) Auf ein Vertheilungsverfahren[1] im Falle einer Enteignung (Artikel 53, 54, 109 des Einführungsgesetzes zum Bürgerlichen Gesetzbuch) oder der Beschädigung eines Grundstücks durch Bergbau finden die Vorschriften über ein Vertheilungsverfahren im Falle der Zwangsvollstreckung entsprechende Anwendung. Wird der Antrag auf Eröffnung des Verfahrens zurückgewiesen oder wird er zurückgenommen, ehe die Eröffnung des Verfahrens verfügt ist, so wird ein Zehntheil der im §. 8 des Deutschen Gerichtskostengesetzes bestimmten Gebühr nach dem den Gegenstand des Verfahrens bildenden Gesammtbetrag und, wenn ein Berechtigter der Antragsteller ist und der von diesem Berechtigten beanspruchte Betrag geringer ist als der Gesammtbetrag, nach dem Betrage des Anspruchs erhoben.

1 Das hier bezeichnete Verteilungsverfahren unterliegt den für ein Verteilungsverfahren im Falle der Zwangsversteigerung geltenden Vorschriften; vgl. Pr. AG. ZwG. Art. 35 ff. Das Verfahren wird jedoch nur auf den Antrag des Eigentümers oder eines Berechtigten, z. B. eines Hypothekengläubigers, eingeleitet.

Die bisherigen §§ 117 bis 122 (Zwangsversteigerung und Zwangsverwaltung) und die Anlage B der früheren Fassung sind gestrichen, da die Kosten der Liegenschaftsvollstreckung jetzt in den §§ 124 bis 136 im Zusammenhange geregelt werden und die neue Fassung alle Vorschriften von nur partikulärer Bedeutung ausgeschieden hat; vgl. die Einleitung.

Disziplinarverfahren.

123. In den im Disziplinarverfahren verhandelten Sachen werden nur baare Auslagen erhoben.[1]

1 § 6 des G. v. 3. Mai 1853 (GS. S. 170); §§ 79, 80, 80a, 80b D. GKG.; § 115 Pr. GKG.

Auch Auslagen werden nicht erhoben, wenn Ordnungsstrafen oder Rügen im Aufsichtswege, also ohne förmliches Disziplinarverfahren, verhängt werden: § 145.

Zweiter Abschnitt.

Zwangsversteigerung und Zwangsverwaltung von Gegenständen des unbeweglichen Vermögens. Zwangsliquidation einer Bahneinheit.

Die Vorschriften des G. v. 18. Juli 1883 über die Gerichtskosten bei Zwangsversteigerungen und Zwangsverwaltungen sind ihrem wesentlichen Inhalte nach als §§ 125 bis 136 in das Pr. GKG. eingestellt.

Für die Zwangsversteigerung und Zwangsvollstreckung solcher Grundstücke, für die das Reichsgrundbuch noch nicht als angelegt anzusehen ist, bleiben aber die bisherigen Vorschriften in Kraft: § 143 Abs. 2; vgl. die Einleitung.

Einleitung des Verfahrens.

124. (neu) Zwei Zehntheile der im §. 8 des Deutschen Gerichtskostengesetzes bestimmten Gebühr werden erhoben für die Entscheidung, einschließlich des vorangegangenen Verfahrens, über Anträge auf Anordnung der Zwangsversteigerung, der Zwangsverwaltung oder der Zwangsliquidation.[1] Ist ein Gläubiger der Antragsteller, so werden die Gebühren nach dem Betrage der einzuziehenden Forderungen nebst den miteinzuziehenden Zinsen berechnet; im Uebrigen[2] werden die Gebühren nach der Hälfte des Werthes des Gegenstandes der Zwangsversteigerung, der Zwangsverwaltung oder der Zwangsliquidation berechnet. Bei Gegenständen, welche der Grundsteuer oder der Gebäudesteuer unterliegen, ist der Werth auf den vierzigfachen Betrag des staatlich ermittelten Grundsteuerreinertrags und den fünfundzwanzigfachen Betrag des staatlich ermittelten Gebäudesteuernutzungswerths zu bestimmen. In den Hohenzollernschen Landen ist an Stelle des nach der Grund- und Gebäudesteuer zu berechnenden Werthes der Steueranschlag maßgebend.

Wird der Antrag zurückgenommen, ehe eine gebührenpflichtige Entscheidung ergangen ist, so wird ein Zehntheil der im Abs. 1 bestimmten Gebühr erhoben. Im Falle einer theilweisen Zurücknahme wird diese Gebühr nur insoweit erhoben, als die im Abs. 1 bestimmte Gebühr sich erhöht haben würde, wenn die Entscheidung auf den zurückgenommenen Theil erstreckt worden wäre.

1 Diese Gebühr war bisher reichsrechtlich bestimmt, da CPO. § 755 (alter Zählung) unter D. GKG. § 35 fiel. Nachdem CPO. § 755 in das Reichsgesetz über die Zwangsversteigerung usw. verwiesen ist, findet das auf die CPO. beschränkte D. GKG. für die hier in Frage stehenden Angelegenheiten keine Anwendung mehr. Daher die neue (sachlich ungeänderte) landesgesetzliche Kostenvorschrift.

2 Z. B. bei Zwangsversteigerungen auf Antrag des Erben zum Zwecke der Befriedigung der Nachlaßgläubiger, auf Antrag des Konkursverwalters oder zum Zwecke der Aufhebung einer Gemeinschaft unter Miterben oder Miteigentümern (ZwG. §§ 172 ff.).

Versteigerungstermin und Vertheilungsverfahren.

125. (§ 2 G. v. 18./7. 83) In dem Verfahren der Zwangsversteigerung werden erhoben:

1. für den Erlaß der Bekanntmachung des Versteigerungstermins zwei Zehntheile,
2. für die Abhaltung des ersten Versteigerungstermins zwei Zehntheile,
3. für die Abhaltung eines jeden Versteigerungstermins nach Abhaltung des ersten ein Zehntheil,
4. für das Vertheilungsverfahren fünf Zehntheile der im §. 8 des Deutschen Gerichtskostengesetzes bestimmten Gebühr.

Bei Gegenständen von mehr als 100 000 Mark steigen die ferneren Werthklassen um je 3 000 Mark und die Gebühren um je 10 Mark.[1]

Die Gebühr für den Erlaß der Bekanntmachung des Versteigerungstermins wird nur einmal erhoben. Wird jedoch nach Abhaltung des bekannt gemachten Termins ein neuer Termin bekannt gemacht, so wird ein Zehntheil der bezeichneten Gebühr erhoben (§ 8 a. a. O.).

Die Bekanntmachung des Versteigerungstermins gilt als erlassen, wenn sie zur Veröffentlichung oder an einen der Betheiligten abgesandt worden ist.

Der Versteigerungstermin gilt als abgehalten, wenn in demselben nach Feststellung der Versteigerungsbedingungen zur Abgabe von Geboten aufgefordert worden ist.

Findet nach §. 144 des Gesetzes über die Zwangsversteigerung und die Zwangsverwaltung ein Vertheilungsverfahren nicht statt oder wird nach §. 143 desselben Gesetzes ein Vertheilungsverfahren nach der Zustellung der Bestimmung des Vertheilungstermins, aber vor dem Beginne des Vertheilungstermins eingestellt, so werden zwei Zehntheile der im §. 8 des Deutschen Gerichtskostengesetzes bestimmten Gebühr erhoben.[2] Ist diese Gebühr und die Gebühr der Nr. 4 von verschiedenen Theilen des Erlöses zu berechnen, so darf der Gesammtbetrag die nach Nr. 4 von dem Gesammterlöse zu berechnende Gebühr nicht überschreiten.

1 Diese Durchbrechung der ordentlichen Gebührenreihe, welche die praktische Anwendung des § 125 erschwert, ist aus dem Kostengesetze vom 18. Juli 1883 übernommen.

2 Das Verteilungsverfahren findet nicht statt, wenn sich die Beteiligten geeinigt haben oder wenn der Ersteher die durch das Gebot gedeckten Berechtigten befriedigt hat oder von ihnen als alleiniger Schuldner angenommen ist.

Zuschlag.

126. (§ 3 G. v. 18./7. 83) **Für den Beschluß,[1] durch welchen im Verfahren der Zwangsversteigerung der Zuschlag ertheilt worden ist, wird das Zweifache der im §. 33 bestimmten Gebühr erhoben.**

Daneben wird der Betrag des nach den Bestimmungen der Stempelgesetze zu berechnenden Werthstempels erhoben.[2] In den Hohenzollernschen Landen wird bei der Eintragung des Erstehers als Eigenthümers von diesem die im Artikel 2 §. 1 des Gesetzes vom 22. Juni 1875 (Gesetz-Samml. S. 235) bestimmte Abgabe erhoben.

Im Falle der Zwangsversteigerung zum Zwecke der Aufhebung einer Gemeinschaft[3] findet bei der Berechnung der Gebühren, Stempel und Abgaben die Vorschrift im Abs. 3 der Tarifstelle 32 des Stempelsteuergesetzes vom 31. Juli 1895 (Gesetz-Samml. S. 413) Anwendung.

Wird der Beschluß aufgehoben, so werden die angesetzten Beträge nicht erhoben oder, wenn sie bezahlt sind, erstattet.

1 Das früher sog. Zuschlagsurteil heißt jetzt Zuschlagsbeschluß.

2 PrStG. § 35, Tarifst. 32, 78. Zu beachten ist, daß der Liegenschaftsstempel auch von dem mitversteigerten beweglichen Beilaß erhoben wird, wenn nicht

binnen der stempelrechtlichen Ausschlußfrist von 2 Wochen die Werte getrennt angegeben werden (PrStG. §§ 10, 16). Diese Frist beginnt bereits mit der Verkündung des Zuschlags: Johow Bd. 26 S. B 19.

Der Richter ist aber verpflichtet, den Ersteher über diese stempelrechtlichen Vorschriften zu belehren; beim Unterlassen der Belehrung kann der zuviel erforderte Stempel gemäß GKG. § 7 Abs. 2 niedergeschlagen werden: Johow Bd. 26 S. B 24. In Hohenzollern gilt das PrStG. nicht.

Zuschlagsbeschlüsse unterliegen nach einem früheren Beschlusse des Kammerg., der gegenüber dem Grundsatze des Abs. 3 wohl kaum haltbar erscheint, dem einprozentigen Wertstempel auch dann, wenn der bisherige Eigentümer des Grundstücks der Ersteher ist und der Zuschlagsbeschluß dahin ergeht, daß ihm das Eigentum an dem Grundstücke zu belassen sei: Johow Bd. 16 S. 298.

3 Z. B. bei der Auseinandersetzung zwischen Miteigentümern oder Miterben. Nach PrStG. Tarifst. 32 Abs. 3 bleibt bei dem Zuschlage an einen Miteigentümer derjenige Teil des Meistgebots außer Betracht, welcher auf den dem Ersteher bereits zustehenden Anteil an den versteigerten Gegenständen fällt. Im Falle der Gemeinschaft unter Miterben gilt jeder Miterbe als Miteigentümer nach Verhältnis seines ideellen Anteils am Nachlasse.

Wertberechnung.

127. (§ 4 G. v. 18./7. 83) Die nach den §§. 125, 126 zu erhebenden Gebühren werden nach dem Gebote berechnet, für welches der Zuschlag ertheilt ist.

Erreicht das Gebot nicht zwei Drittheile des Werthes des Gegenstandes, so treten diese zwei Drittheile bei Berechnung der nach §. 125 Nr. 1, 2,

3 und §. 126 zu erhebenden Gebühren an Stelle des Gebots.[1] Ist der Zuschlag nicht ertheilt, so werden die nach §. 125 zu erhebenden Gebühren nach dem Werthe des Gegenstandes berechnet.

Auf die Berechnung des Werthes finden die Vorschriften des §. 124 Abs. 1 Satz 3, 4 Anwendung.[2]

Sind nach §. 65 des Gesetzes über die Zwangsversteigerung und die Zwangsverwaltung Gegenstände besonders versteigert oder anderweit verwerthet worden, so tritt für die Berechnung der Gebühren für das Vertheilungsverfahren ihr Erlös dem Gebote hinzu.

1 Bei niedrigeren Geboten bleibt also der Betrag des Gebots für die Wertberechnung außer Betracht. Es ist dann der Wert des versteigerten Grundstücks usw. zu schätzen und das Objekt auf $^2/_3$ des Schätzungswerts festzusetzen.

2 Es ist der Grundsteuerreinertrag oder der Gebäudesteuer-Nutzungswert, in Hohenzollern der Steueranschlag zu Grunde zu legen.

128. (§ 5 G. v. 18./7. 83) Betrifft das Verfahren der Zwangsversteigerung mehrere Gegenstände, so werden die im §. 125 bestimmten Gebühren nach der Summe der für die einzelnen Gegenstände maßgebenden Beträge berechnet. Werden mehrere Gegenstände verschiedenen Personen zugeschlagen, so werden die im §. 126 bestimmten Gebühren, Stempel und Abgaben nach den Personen der Ersteher gesondert berechnet.[1]

1 Die Gebühren für das Verfahren werden stets nach dem Gesamtwerte, dagegen die Gebühren für den Zuschlag nach den einzelnen Meistgeboten der verschiedenen Ersteher berechnet.

Fälligkeit.

129. (§ 6 G. v. 18./7. 83) Die im §. 125 bestimmten Gebühren werden, wenn der Zuschlag ertheilt ist und ein Vertheilungstermin stattfindet, nicht vor diesem Termin erhoben.

Ist der Zuschlag nicht ertheilt, so werden die Gebühren fällig, sobald der den Zuschlag versagende Beschluß erlassen oder das Verfahren ohne solchen Beschluß beendigt ist oder das Verfahren nach Abhaltung des Versteigerungstermins nur noch auf Antrag fortzusetzen ist.[1]

Ist das Verfahren eingestellt, so werden mit dem Ablauf eines Jahres seit dem Erlasse des Einleitungsbeschlusses die bis dahin entstandenen Gebühren fällig.

1 Vgl. z. B. ZwG. §§ 76, 77.

Zwangsverwaltung.

130. (§ 7 G. v. 18./7. 83) In dem Verfahren der Zwangsverwaltung werden für jedes Jahr fünf Zehntheile der im §. 8 des Deutschen Gerichtskostengesetzes bestimmten Gebühr erhoben. Der Tag der Beschlagnahme gilt als der erste Tag eines jeden Verwaltungsjahrs.

Die Gebühr wird nach demjenigen Betrage der Einkünfte berechnet, welcher nach Berichtigung aller Ausgaben der Verwaltung und der laufenden Beträge der öffentlichen Lasten[1] zur Vertheilung gelangt, mindestens jedoch nach dem Betrage des Grundsteuerreinertrags und des Gebäudesteuernutzungswerths. In den Hohenzollernschen Landen tritt an Stelle des Grundsteuerreinertrags und Gebäudesteuernutzungswerths der Betrag von vier Prozent des Steueranschlags.[2]

1 Vgl. ZwG. § 156 Abs. 1.

2 Der bisherige Abs. 3 ist gestrichen, da eine „Abführung von Einkünften zur Verteilung im Versteigerungsverfahren" nicht mehr vorkommt.

131. (§ 8 G. v. 18./7. 83) Die Gebühren im Verfahren der Zwangsverwaltung werden am Ende des Verfahrens und, wenn dasselbe länger als ein Jahr dauert, am Ende eines jeden Jahres erhoben.

Ist der Gegenstand des Verfahrens vor Aufhebung desselben dem Verwalter nicht übergeben[1] oder nicht von demselben in Besitz genommen, so werden Gebühren nicht erhoben.

1 Übergabe an den Verwalter: ZwG. § 150 Abs. 2.

Berichtigung des Grundbuchs oder Schiffsregisters.

132. (§ 10 G. v. 18./7. 83) Für die von dem Vollstreckungsgerichte veranlaßte Thätigkeit des Grundbuchamts und des das Schiffsregister führenden

Richters werden Gebühren nicht erhoben, mit Ausnahme jedoch der Eintragung des Erstehers als Eigenthümers und der Eintragung der Sicherungshypothek oder des Pfandrechts für die Forderung gegen den Ersteher.[1]

1 ZwG. § 128, an Stelle der Sicherungshypothek tritt bei versteigerten Schiffen ein Schiffspfandrecht: Gebühr für die Eintragung: §§ 59, 78 Nr. 3.

Vorschuß.

133. (§ 11 G. v. 18./7. 83) Zur Zahlung der im §. 124 bestimmten Gebühren ist der Antragsteller, zur Zahlung der im §. 126 bestimmten Gebühren, Stempel und Abgaben ist der Ersteher verpflichtet.[1] Für die nach den §§. 125, 130 zu erhebenden Gebühren haftet der Antragsteller, sofern sie nicht aus einer baar vorhandenen Theilungsmasse entnommen werden können.

Für die von dem Antragsteller zu erhebenden Kosten und Kostenvorschüsse haftet von mehreren Antragstellern, sofern diese nicht Mitberechtigte sind, jeder ohne Rücksicht auf die Mitverhaftung Anderer.

1 Die Zahlungspflicht des Erstehers folgt schon reichsgesetzlich aus ZwG. § 58; die Zahlungspflicht des Antragstellers für die Gebühr des § 124 ist aus dem D. GKG. nicht mehr zu entnehmen (vgl. oben zu § 124) und deshalb landesgesetzlich neu bestimmt.

Zwangsliquidation einer Bahneinheit.

134. (121 b) Für die Zwangsliquidation einer Bahneinheit[1] werden sechs Zehntheile und, wenn die Zwangsliquidation eingestellt wird, nur vier Zehntheile der Sätze des §. 8 des Deutschen Gerichtskostengesetzes erhoben. Die Gebühr wird nach dem Gesammtwerthe der Bestandtheile der Bahneinheit berechnet.

1 §§ 40 ff. des G. über die Bahneinheiten in der Fassung vom 8. Juli 1902.

Beschwerde.

135. (122 Abs. 2) Bei Beschwerden in dem Verfahren der Zwangsversteigerung, der Zwangsverwaltung oder der Zwangsliquidation finden die Vorschriften der §§. 45 und 46 des Deutschen Gerichtskostengesetzes entsprechende Anwendung.[1] Wird von dem Beschwerdegericht im Verfahren der Zwangsversteigerung der in unterer Instanz versagte Zuschlag ertheilt, so ist außer der nach den Vorschriften des §. 45 a. a. O. zu erhebenden Gebühr die Gebühr für Ertheilung des Zuschlags[2] und der tarifmäßige Stempel zu erheben.

1 Gebühr für die Beschwerdeentscheidung einschließlich des Verfahrens: $^3/_{10}$ der Gebühr des § 8 D. GKG. Keine Gebühr für begründete Beschwerden, sofern nicht die Kosten einem Gegner zur Last fallen.

Zurücknahme der Beschwerde: 1/10 der Gebühr des § 8 D. GKG.

2 Also die Gebühr des § 126.

Schreibgebühren.

136. (§ 9 G. v. 18./7. 83) Schreibgebühren werden nur für solche Abschriften und Ausfertigungen erhoben, welche nur in Folge eines auf die Ertheilung gerichteten Antrags ertheilt werden. Schuldner derselben ist der Antragsteller.

Bei dem Erlasse der Einleitungs- und Beitrittsbeschlüsse finden diese Beschränkungen nicht Anwendung,[1] in der Beschwerdeinstanz nur bei der Zustellung eines den Zuschlag in der Zwangsversteigerung ertheilenden Beschlusses.

1 Für diese Beschlüsse und die auf sie bezüglichen Schriftstücke sind also Schreibgebühren zu erheben, ebenso im Beschwerdeverfahren außer für den Zuschlagsbeschluß.

Dritter Theil.

Schlußbestimmungen.

Aufhebungsklausel.

137. (134) Alle in diesem Gesetze nicht aufrecht erhaltenen landesgesetzlichen Vorschriften über Ansatz und Erhebung von Kosten in den vor die ordentlichen Gerichte gehörigen Angelegenheiten der freiwilligen Gerichtsbarkeit werden aufgehoben.[1]

Unberührt bleiben die nach dem 25. Juni 1895 erlassenen Vorschriften über das Kostenwesen.[2]

1 Die Aufhebungsklausel ist dadurch wesentlich verkürzt, daß die durch das Pr. GKG. bereits aufgehobenen Gesetze nicht nochmals genannt sind. Sie bleiben natürlich aufgehoben.

2 Die Aufhebungsklausel des Abs. 1 entnimmt ihre gesetzliche Wirksamkeit lediglich aus dem ursprünglichen Pr. GKG. Durch Abs. 2 wird die, an sich selbstverständliche, Folgerung klar gestellt, daß sie gegenüber solchen gesetzlichen Vorschriften, die nach dem ursprünglichen Pr. GKG. erlassen sind, keine derogatorische Kraft besitzt (lex prior non derogat legi posteriori).

Gebühren der Ortsbehörden.

138. (125) Bezüglich der an Ortsbehörden (Ortsgerichte, Feldgerichte, Dorfgerichte, Bürgermeister, Schultheißen, Schöffen) für Handlungen der freiwilligen Gerichtsbarkeit oder für ihre Thätigkeit als gerichtliche Hülfsbeamte zu entrichtenden Gebühren behält es bei den bestehenden Vorschriften sein Bewenden. Der Justizminister ist ermächtigt, diese Gebühren anderweit zu bestimmen.[1]

1 Pr. FGG. Art. 104 ff. und § 16 d. Kgl. V. v. 20. Dez. 1899 (GS. S. 640); Allg. Verf. v. 20. Dez. 1899 (JMBl. S. 806) über das Verfahren und die Gebühren der Dorfgerichte und Allg. Verf. v. 28. Dez. 1899 (JMBl. S. 889) über das Verfahren und die Gebühren der Ortsgerichte.

Der frühere § 126 (rheinische Pfandschaften) ist als künftig gegenstandslos gestrichen.

Gerichtstag als Gerichtsstelle.

139. (127) Die zur Abhaltung eines Gerichtstags bestimmten Räumlichkeiten gelten im Sinne dieses Gesetzes als Gerichtsstelle.[1]

1 Für Handlungen, die in diesen Räumlichkeiten aufgenommen werden, sind daher die Zusatzgebühren des § 53 und die Kommissionsgebühren des § 116 nicht zu erheben; für Reisekosten in Parteisachen gilt event. der Gerichtstagsort als Ausgangspunkt der Reise.

Transport- und Haftkosten.

140. (128) Bezüglich des Ansatzes von Transport- und Haftkosten bleiben die erlassenen Anordnungen unberührt.[1]

1 Allg. Verf. v. 22. März und 12. Nov. 1883 (JMBl. S. 81 und 339); näheres bei Müller S. 1855 ff.

Wiedereinziehung überhobener Beträge.

141. (129) Ist an Justizbeamte, Zeugen oder Sachverständige oder an die Empfänger von Transportkosten mehr als der endgültig festgestellte Betrag, welcher als baare Auslage nach §. 113 dieses Gesetzes oder nach §. 79 des Deutschen Gerichtskostengesetzes zu erheben ist, aus der Staatskasse gezahlt worden, so kann die Wiedereinziehung des zu viel gezahlten Betrags im Wege des Verwaltungszwangsverfahrens erfolgen.[1] Diese Bestimmung findet entsprechende Anwendung hinsichtlich der einem Angeschuldigten in Gemäßheit der

§§. 499 und 505 der Strafprozeßordnung aus der Staatskasse erstatteten Auslagen.

1 Kgl. V. v. 15. Nov. 1899 (GS. S. 545); Allg. Verf. v. 23. Febr. 1885 (JMBl. S. 68). Rechtsweg bleibt zulässig; Vertretung des Fiskus im Prozesse: Allg. Verf. v. 23. März 1885 (JMBl. S. 119). Überhobene Gebühren des Offizialverteidigers können nur durch Klage zurückgefordert werden: Kammerg. JMBl. 1894 S. 88.

Der bisherige § 130 (Protestgebühr der Gerichtsvollzieher) ist durch Art. 20 d. Pr. G. v. 27. Sept. 1899 ersetzt.

Stempel in Hohenzollern.

142. (131) Die in diesem Gesetze für Stempel gegebenen Vorschriften finden auf die nach Artikel 2 des Gesetzes vom 22. Juni 1875, betreffend das Sportel-, Stempel- und Taxwesen in den Hohenzollernschen Landen, (Gesetz-Samml. S. 235) zu erhebenden Abgaben entsprechende Anwendung. Die Bestimmung des §. 18 bleibt jedoch außer Anwendung, wenn die Abgabe nach den §§. 2, 4 oder 5 im Artikel 2 des Gesetzes vom 22. Juni 1875 berechnet wird. Wird auf Grund einer Zwangsversteigerung der Ersteher als Eigenthümer im Grundbuch eingetragen, so wird die Abgabe nach dem Betrage des Meistgebots, zu welchem der Zuschlag ertheilt ist, unter Hinzurechnung der von dem Ersteher übernommenen Leistungen berechnet. Die Vorschriften der §§. 8, 12, 13, 16 Abs. 2 dieses Gesetzes finden auf die nach dem Gesetze vom 22. Juni 1875 zu erhebenden Abgaben Anwendung.[1]

1 Der bisherige Abs. 2 ist durch PrStG. § 35 jetzt gegenstandslos geworden.

Beginn der Gesetzeskraft und Übergangsbestimmungen.

143. (132) Dieses Gesetz tritt mit dem Bürgerlichen Gesetzbuch in Kraft und findet Anwendung auf alle zu diesem Zeitpunkte noch nicht fällig[1] gewordenen Gerichtskosten. Sind in einer noch nicht beendigten Rechtsangelegenheit Kosten und Stempel bereits in Ansatz gekommen, so wird der Betrag derselben auf die nach diesem Gesetze zu erhebenden Kosten und Stempel in Anrechnung gebracht, insoweit es sich nicht um Geschäfte handelt, für welche nach den Vorschriften dieses Gesetzes besondere Kosten oder Stempel zu berechnen sind. Eine Anrechnung der in Vormundschafts- und Fideikommiß- und Stiftungssachen jährlich für Rechnungslegung oder Verwaltung von Grundstücken zu erhebenden Gebühren[2] findet nicht statt.

Soweit nach Uebergangsvorschriften noch Geschäfte vorkommen, für welche in diesem Gesetze keine Bestimmungen getroffen sind, bleiben die bisherigen Vorschriften maßgebend. Die Vorschriften über die Kosten der ersten Anlegung der Grundbücher bleiben bis zu dem Zeitpunkt in Kraft, zu welchem das Grundbuch als angelegt anzusehen ist.[3]

Die Vorschriften[4] der §§. 12 bis 17, 24 bis 28 treten auch für die früher fällig gewordenen Kosten in Kraft; die Vorschriften im Artikel 169 des Einführungsgesetzes zum Bürgerlichen Gesetzbuche[5] finden entsprechende Anwendung.

1 § 11.

2 §§ 92, 96.

3 Vgl. die Einleitung. Wegen der hiernach noch anzuwendenden älteren Kostenvorschriften muß auf die zweite Auflage dieses Buches verwiesen werden.

4 Nachforderung, Verjährung, Kostenansatz, Zurückbehaltung von Schriftstücken, Beitreibung, Niederschlagung; Wertfestsetzung, Erinnerungen, Änderung von Amts wegen, Beschwerde, Zuständigkeit des Kammergerichts.

5 D. h. die Übergangsvorschriften für eine am 1. Januar 1900 bereits begonnene Verjährung.

144. (133) Soweit in anderen Gesetzen auf Bestimmungen der durch §. 137 aufgehobenen Gesetze verwiesen ist, treten die entsprechenden Vorschriften dieses Gesetzes an die Stelle.

Justizverwaltungssachen.

145. (134) Dieses Gesetz findet keine Anwendung auf die Angelegenheiten der Justizverwaltung.[1]

Entscheidungen der Aufsichtsbehörden über Erinnerungen und Beschwerden sind kostenfrei.

1 Dazu gehört auch die Beeidigung eines Sachverständigen für gerichtliche Geschäfte im allgemeinen: AG. GVG. § 86 (Fassung des Pr. FGG. Art. 130 X).

Kein Akt der Justizverwaltung ist dagegen die Beeidigung eines Dolmetschers, der bei der Beurkundung eines notariellen Testaments mitwirken soll (Pr. FGG. Art. 86): Johow Bd. 21 S. B 9; s. zu § 49 Nr 2.

146. (135) Der Justizminister ist mit der Ausführung dieses Gesetzes beauftragt.

Anhang I a. Zu § 58[6] Pr. GKG.

Allgemeine Verfügung vom 15. September 1895, — (JMBl. S. 272) — betreffend die Sicherstellung der Stempel und Kosten bei Entgegennahme von Auflassungen und bei Eintragungen eines Eigenthümers.

Nach § 58 (57) Ziffer 6 des Preußischen Gerichtskostengesetzes vom 25. Juni 1895 (Gesetz-Samml. S. 203) kann die Entgegennahme der Auflassung und, wenn diese nicht vor dem Grundbuchrichter erfolgt, die Eintragung des neuen Eigenthümers im Grundbuche nach dem Ermessen des Gerichts von einer vorgängigen Sicherstellung der Staatskasse wegen der Kosten der Eintragung und des Stempels für die Auflassung oder das zu Grunde liegende Rechtsgeschäft abhängig gemacht werden. Zur Ausführung dieser Vorschrift werden die nachstehenden Anordnungen getroffen:

1. Die Bestimmung darüber, ob und in welcher Höhe eine Sicherheitsleistung für erforderlich zu erachten, sowie die Entscheidung, ob eine von den Betheiligten angebotene Art der Sicherstellung als annehmbar erscheint, steht dem zur Entgegennahme der Auflassung beziehungsweise zur Vornahme der Eintragung im Grundbuche berufenen Richter zu.

2. Als hinreichende Sicherstellung ist stets anzusehen:

a) die vorläufige Einzahlung eines die Kosten und Stempel deckenden Baarbetrages zur Gerichtskasse;

b) die Niederlegung von Werthpapieren nebst den dazu gehörigen Zinsscheinen und Anweisungen, welche in dem für den Gerichtssitz maßgebenden Handelsplatze oder in Berlin einen Börsenkurs haben, sofern der Kurswerth den sicherzustellenden Betrag um zehn Prozent übersteigt;

c) die Niederlegung von Sparkassenbüchern deutscher öffentlicher, obrigkeitlich bestätigter Sparkassen, auf welche mindestens der sicherzustellende Betrag eingezahlt ist und die auf den Namen des Niederlegers lauten;

d) die Uebernahme der Kosten und Stempel seitens einer dem Gericht als zahlungsfähig bekannten Person durch eine vor Gericht abgegebene oder demselben mitgetheilte Erklärung (§ 4 Pr. GKG.).

Im Uebrigen (z. B. hinsichtlich der Frage, ob eine angebotene Kautionshypothek als ausreichende Sicherheit zu erachten ist) entscheidet das Ermessen des Gerichts; dasselbe kann auch Werthpapiere oder Sparkassenbücher, welche den Anforderungen unter b und c nicht entsprechen, als Mittel der Sicherstellung zulassen.

3. Erklärt sich der Schuldner zur vorläufigen Einzahlung des erforderlichen Baarbetrages (Z. 2a) bereit, so ist vom Gerichtsschreiber eine Berechnung des zu erlegenden Betrages aufzustellen.

Der eingezahlte Betrag ist ebenso wie ein Kostenvorschuß zu behandeln, dessen Berechnung und Erhebung auf dem Gesetze beruht (§ 14 Nr. 7 der Kasseninstruktion).

4. Wird die Sicherheit durch Werthpapiere, Sparkassenbücher (Z. 2b und c), oder durch Urkunden über sonstige Forderungsrechte bestellt, so hat der Besteller die nach den Vorschriften des bürgerlichen Rechts zu einer rechtswirksamen Verpfändung erforderlichen Erklärungen abzugeben.[1]

Die Werthpapiere, Dokumente 2c. sind mit einem in doppelten Exemplaren einzureichenden Verzeichniß der Gerichtskasse zur Verwahrung zu übergeben. Das Verzeichniß muß eine genaue Angabe der Werthstücke, bei Werthpapieren auch die Angabe der Nummern der Stücke, enthalten und mit der Unterschrift des Niederlegers versehen sein. Die Kassenbeamten haben auf Verlangen der die Sicherheit bestellenden Person dieser bei Aufstellung des Verzeichnisses behülflich zu sein.

Die Gerichtskasse hat die übergebenen Papiere in einem Umschlag, welcher genügend überschrieben und mit der Nennwerthsangabe versehen ist, einzusiegeln und zu den Asservaten zu legen. Die Nummer der Eintragung in der Asservatenliste wird sowohl auf dem Verzeichniß, als auf dem Umschlage vermerkt. Das eine Exemplar des Verzeichnisses wird, mit Empfangsbescheinigung versehen, dem Niederleger zurückgegeben.

[1] BGB. §§ 1274, 1280, 1292, 1293.

Für die größeren Gerichtskassen kann von dem Oberlandesgerichtspräsidenten die Führung einer besonderen Asservatenliste, unter Einfügung geeigneter Spalten, angeordnet werden.

5. Bei Erlaß der Anordnung wegen vorgängiger Sicherstellung der Staatskasse ist den Betheiligten zu eröffnen, daß die Sicherstellung in einer der in Ziffer 2 unter a bis d bezeichneten Weisen erfolgen könne. Geeignetenfalls sind die Betheiligten auch noch auf andere, vom Gericht für ausreichend erachtete Mittel der Sicherstellung hinzuweisen.

6. Von den erlassenen Anordnungen ist die Gerichtskasse in Kenntniß zu setzen. Dieselbe hat von der Niederlegung von Urkunden (Z. 4) zu den Grundakten Nachricht zu geben.

7. Die Berechnung und Einforderung der Kosten für die Auflassung oder die Eintragung des Eigenthümers erfolgt im gewöhnlichen Verfahren. Auf der Kostenrechnung und im Kostenregister ist auf die Sicherheit zu verweisen.

Die Zwangsvollstreckung erfolgt nach den allgemeinen Vorschriften; auf Antrag des Zahlungspflichtigen ist jedoch die Vollstreckung zunächst in die von ihm bestellte Sicherheit zu richten.

8. Ueber die Rückgabe einer geleisteten Sicherheit hat der Kassenkurator zu entscheiden.

Anhang Ib. Zu § 69 Pr. GKG.

Allgemeine Verfügung vom 13. Juni 1900 (JMBl. S. 501), betreffend die dem Grundbuchrichter hinsichtlich des Auflassungsstempels obliegenden Belehrungen.

Im § 16 d. Allg. Verf. des Finanzministers und des Justizministers vom 29. Februar 1896, betr. das gerichtliche Stempelwesen (JMBl. S. 63) ist dem Grundbuchrichter zur Pflicht gemacht, zu prüfen, ob im Falle der Beurkundung des der Auflassung zu Grunde liegenden Rechtsgeschäfts der Urkundenstempel niedriger sein würde, als der Auflassungsstempel, und hierüber die Beteiligten zu belehren. Dieser Verpflichtung ist nach den gemachten Wahrnehmungen nicht immer in ausreichender Weise genügt worden. Im Einverständnisse mit dem Herrn Finanzminister nehme ich daher Veranlassung, den Grundbuchrichtern die genaue Befolgung jener Vorschrift in Erinnerung zu bringen und auf einige von ihnen zu beachtende Gesichtspunkte hinzuweisen.

I. Es genügt nicht eine allgemein gehaltene formularmäßige Belehrung des Grundbuchrichters, daß im Falle der Nichtvorlegung einer Urkunde der Auflassungsstempel ohne Rücksicht auf den Betrag des zu dem Veräußerungsgeschäft erforderlichen Stempels in voller Höhe zu erheben sei, vielmehr muß der Grundbuchrichter darauf bedacht sein, zu ermitteln, ob einer der Fälle vorliegt, in dem es dem Interesse der Parteien entspricht, das Veräußerungsgeschäft zu beurkunden.

Zu diesem Zwecke hat er die Betheiligten zu befragen, welches Rechtsgeschäft der Auflassung zu Grunde liege. Er hat sich aber nicht mit der bloßen Angabe des Gattungsnamens eines Rechtsgeschäfts, z. B. Kaufvertrag, zu begnügen, sondern sorgsam allen Anzeichen nachzugehen, die sich aus den Erklärungen der Parteien, dem Akteninhalt und der ganzen Sachlage für das Vorhandensein eines nicht dem Werthstempel von 1 % unterliegenden Rechtsgeschäfts ergeben. Eine nähere Nachfrage erscheint namentlich in folgenden Fällen am Platze:

1. Bei Auflassungen unter Ehegatten kommt in Frage, ob nicht eine stempelfreie Schenkung (Tarifst. 56 d. StG. und Befreiungsvorschr. Nr. 2c des Tarifs z. Erbschaftsst.G.) vorliegt. Vgl. ferner unten Nr. 6 a. E.

2. Veräußerungen an Abkömmlinge des Veräußerers sind sowohl dann, wenn sie gegen Entgelt geschehen, als auch dann, wenn sie unentgeltlich erfolgen, stempelfrei (Tarifst. 32 Ermäßigungen und Befreiungen Nr. 2 und Tarifst. 56 und Befreiungsvorschr. Nr. 2b des Tarifs z. Erbschaftsst.G.). Diese Stempelfreiheit tritt aber nur dann ein, wenn das Veräußerungsgeschäft beurkundet wird, während der Auflassungsstempel auch bei Auflassungen an Abkömmlinge zu erheben ist; es liegt daher im Interesse der Betheiligten, die Erhebung des Auflassungsstempels durch Vorlegung einer Urkunde über das Veräußerungsgeschäft auszuschließen.

3. Bei Auflassungen unter Erben wird der Werthstempel vermieden oder ermäßigt, wenn eine Urkunde

vorgelegt wird, aus der sich ergibt, daß die Auflassung zum Zwecke der Erbtheilung erfolgt (Tarifst. 20; Tarifst. 32 Ermäßigungen und Befreiungen Nr. 1).

4. Bei Kaufverträgen über Rentengüter bleibt die vom Käufer übernommene Rentenbankrente bei Berechnung des Kaufstempels außer Ansatz (Allg. Verf. v. 11. März 1897, JMBl. S. 62), dagegen ist, wenn ein Rentengut ohne Vorlegung einer Veräußerungsurkunde aufgelassen wird, der Auflassungsstempel vom vollen gemeinen Werthe des Rentenguts zu berechnen. Hiernach ist den Betheiligten die Vorlegung eines schriftlichen Kaufvertrags zu empfehlen.

5. Erfolgt eine Rückauflassung an den früheren Eigenthümer, so wird es sich häufig um eine nicht freiwillige Veräußerung handeln, so namentlich in dem oft vorkommenden Falle, daß wegen eines Gewährsmangels, z. B. wegen Hausschwamms, ein Kaufgeschäft gewandelt wird. Wird ein Urtheil, welches den Käufer zur Rücknahme wegen eines Gewährsmangels verurtheilt, oder ein Anerkenntniß der Verpflichtung zur Rücknahme vorgelegt, so ist der Auflassungsstempel nicht zu erheben, weil ein Fall der freiwilligen Veräußerung im Sinne der Tarifst. 8 nicht vorliegt. Vielfach liegt der Rückkaufauflassung auch ein Vergleich zu Grunde, der nach Tarifst. 67 nur mit 1,50 Mark zu verstempeln ist, oder es handelt sich um eine Rückgängigmachung der Veräußerung, für die nach Tarifst. 71 Nr. 1 Abs. 3 des StG. und §§ 31, 30 des Pr. GKG. durch den Justizminister aus Billigkeitsgründen eine Ermäßigung des

Stempels bewilligt werden kann. **Hiernach** ist in Fällen der Rückauflassung ein näheres Eingehen **auf die Veranlassung** der Rückauflassung geboten.

6. Wiederholt ist es vorgekommen, daß die Betheiligten eine Urkunde vorgelegt haben, die der Grundbuchrichter zurückgewiesen hat, weil sie nicht zwischen denselben Personen errichtet sei, von denen die Auflassung erklärt wird. Häufig liegt der Fall so, daß eine Auflassung unmittelbar an denjenigen erfolgt, der sein Recht zum Erwerbe von einer Zwischenperson herleitet. Dann bedarf es allerdings zur Ausschließung des Auflassungsstempels des urkundlichen Nachweises aller dazwischen liegenden Rechtsakte und es kann mit Rücksicht auf die Vorschrift in Tarifst. 32 Abs. 5, wonach eine Abtretung des Rechts auf Auflassung den Stempel von 1 % erfordert, die Beurkundung des Veräußerungsgeschäfts einen ebenso hohen Stempel erfordern, als den Auflassungsstempel. Es ist aber zu beachten, daß der Stempel der Tarifst. 32 Abs. 5 sich gemäß Abs. 6 auf 1,50 Mark vermindert, wenn der erste Erwerber erweislich im Auftrage oder als Geschäftsführer ohne Auftrag des Auflassungsempfängers gehandelt hat und daß nach Abs. 8 unter Umständen eine Ermäßigung des Stempels aus Billigkeitsgründen zulässig ist. Mit Rücksicht hierauf ist zu prüfen, ob den Betheiligten nicht die Aufnahme einer Abtretungserklärung zu empfehlen ist. Diese Prüfung ist namentlich dann geboten, wenn das Veräußerungsgeschäft von einem Ehegatten abgeschlossen ist

und die Auflassung an den anderen Ehegatten oder an beide gemeinsam erfolgt.

7. Anlaß zu näherer Nachfrage ist auch dann gegeben, wenn für eine in der Bildung begriffene juristische Person von Vertrauenspersonen ein Grundstück erworben ist und dieses ihr nach Erlangung der Rechtsfähigkeit von den Vertrauenspersonen aufgelassen wird. In diesem Falle wird statt des Auflassungsstempels nur ein Stempel von 1,50 Mark erhoben, wenn die Auflassungsbetheiligten erklären, daß die Veräußerer das Grundstück für die juristische Person erworben haben und in Erfüllung der aus ihrer Geschäftsführung sich ergebenden Verpflichtungen an die juristische Person auflassen.

II. Wenn sich ergiebt, daß eine Beurkundung des zu Grunde liegenden Rechtsgeschäfts zur Ersparung von Stempelabgaben dient, können die erforderlichen Erklärungen in das Auflassungsprotokoll aufgenommen werden. Es ist indessen zu beachten, daß hierdurch die Gebühren für Beurkundungen (§§ 34 ff. des Pr. GKG.) fällig werden. Vor Aufnahme der Erklärungen in das Protokoll ist daher den Betheiligten zu eröffnen, welche Kosten hierdurch entstehen, und es ist die Beurkundung nur vorzunehmen, wenn sie trotz dieser Belehrung gewünscht wird.

III. Wenn die Betheiligten die Auskunft über das Veräußerungsgeschäft verweigern oder nach erfolgter Belehrung erklären, daß sie eine Urkunde nicht vorlegen wollen, so sind sie doch berechtigt, noch nachträglich eine Urkunde über das Veräußerungsgeschäft mit der Wirkung der Ausschließung des Auflassungsstempels vorzulegen, solange die in Tarifst. 8 Abs. 3 bestimmte Frist noch läuft. Diese Frist wird erst durch Zustellung der den Auflassungsstempel enthaltenden Kostenrechnung, welcher die im § 16 Abs. 4 der Allg. Verf. v. 29. Februar 1896 vorgeschriebene Mittheilung beizufügen ist, in Lauf gesetzt. Die Zustellung ist daher in allen Fällen, in denen eine Urkunde nicht vorgelegt worden ist, erforderlich, also auch dann, wenn die Betheiligten ausdrücklich erklärt haben, daß sie eine Urkunde nicht vorlegen wollen. In der der Kostenberechnung beizufügenden Mittheilung ist zwar eine Belehrung der Betheiligten über das Recht zur Nachbringung einer Urkunde bereits enthalten; da indessen diese Belehrung oft nicht richtig verstanden wird, empfiehlt es sich, daß der Grundbuchrichter die Betheiligten auch mündlich in einer ihrem Bildungsgrad angemessenen Weise über das Recht zur Nachbringung der Urkunde belehrt.

IV. Die Frist zur Vorlegung der Veräußerungsurkunde ist im Gesetz auf zwei Wochen seit Zustellung der Aufforderung zur Zahlung der Gerichtskosten bestimmt. Diese gesetzliche Frist kann durch Anordnungen des Grundbuchrichters weder verlängert noch verkürzt werden. Von der Setzung einer Frist im Auflassungsprotokoll ist daher im Allgemeinen abzusehen. Nicht ausgeschlossen ist es, aus besonderen Gründen die Zustellung der Kostenrechnung und damit den Fristbeginn hinauszuschieben, sofern ersichtlich ist, daß die Beschaffung der Urkunde nach den Umständen des Falles einen längeren Zeitraum erfordert. Wird vom Grundbuchrichter die Hinausschiebung der Zustellung angeordnet, so ist hiervon der Gerichtskasse bei Uebersendung der Kostenrechnung Mittheilung zu machen. Während der bestimmten Frist ist alsdann von der Zustellung der Kostenrechnung abzusehen; eine Mittheilung der Kostenrechnung, die nicht in der Form der Zustellung erfolgt, wird hierdurch nicht ausgeschlossen.

Anhang II. Zu § 73 Abs. 2.

a) Allgemeine Verfügung vom 28. Oktober 1895, — (JMBl. S. 324) — betreffend die Berechnung der Gebühren für Eintragungen in das Handelsregister und für Bescheinigungen, beglaubigte Abschriften und Auszüge aus demselben.

1. Bei der gerichtlichen Aufnahme oder Beglaubigung von Anmeldungen zum Handelsregister sind die Anmeldenden zu einer Angabe darüber zu veranlassen, in welche Gewerbesteuerklasse der Gewerbebetrieb eingeschätzt ist. Soweit eine Einschätzung zur Gewerbesteuer nach Maßgabe des Gewerbesteuergesetzes vom 24. Juni 1891 (GS. S. 205) nicht erfolgt, sind die Anmeldenden zur Angabe der Umstände zu veranlassen, die für das Ermessen des Gerichts bei Einreihung des Gewerbebetriebes in die verschiedenen Klassen von Erheblichkeit sein können (Höhe des Anlage- und Betriebskapitals, jähr-

licher Ertrag u. s. w.). Die gemachten Angaben sind auf der Anmeldung zu vermerken.

Den Notaren wird empfohlen, bei der Aufnahme oder Beglaubigung von Anmeldungen dahin zu wirken, daß die vorbezeichneten Angaben in die Anmeldungen aufgenommen oder auf denselben vermerkt werden.

Nr. 2, 3; — siehe jetzt § 14 Nr. 5 der Kassenordn., abgedruckt im Anhang IIb.

4. Für die Ersuchen an die Steuerbehörden sind Formulare zu verwenden, in denen der Vordruck für die seitens der Steuerbehörde zu ertheilende Antwort mitenthalten ist. Die Formulare sind im Einvernehmen mit der Steuerverwaltung zu entwerfen.

---

b) § 14 Nr. 5 der Kassenordnung vom 31. März 1900 (Berechnung der Gebühren für Bescheinigungen, beglaubigte Abschriften und Auszüge aus dem Handelsregister).

Sofern in der Anmeldung einer Eintragung zum Handelsregister oder in dem Antrag auf Ertheilung von Bescheinigungen, beglaubigten Abschriften oder Auszügen aus dem Handelsregister, die nach den §§ 72, 74 des Preußischen Gerichtskostengesetzes zur Berechnung der Gebühren erforderlichen Angaben nicht enthalten sind, hat der Gerichtsschreiber die Betheiligten zur nachträglichen Einreichung dieser Angaben, geeignetenfalls unter Hinweis auf die Vorschriften des § 24 Abs. 2 des Preußischen Gerichtskostengesetzes, aufzufordern. Wird der Aufforderung zur Angabe der Gewerbesteuerklasse nicht genügt oder ergeben sich Bedenken gegen die Richtigkeit der Angaben, so hat der Gerichtsschreiber den Vorsitzenden der Einkommensteuer-Veranlagungskommission um Mittheilung darüber zu ersuchen, zu welcher Gewerbesteuerklasse der Gewerbebetrieb eingeschätzt ist. Von einer Aufforderung des Antragstellers zur Angabe der Gewerbesteuerklasse ist jedoch in Fällen abzusehen, wo ihre Erfolglosigkeit von vornherein feststeht, beispielsweise wenn ein Anderer als der Inhaber oder Vertreter der Firma Antragsteller ist oder offensichtlich, insbesondere bei neu eröffneten Geschäften, eine Einschätzung noch nicht stattgefunden hat. In diesen Fällen hat der Gerichtsschreiber den Vorsitzenden des Steuerausschusses der Klasse IV zu ersuchen, eine entsprechende Mittheilung zu machen, sobald die vorläufige Einschätzung gemäß § 34 des Gewerbesteuergesetzes erfolgt ist.

Verzögerungen in der Ertheilung von Bescheinigungen, beglaubigten Abschriften oder Auszügen sind thunlichst zu vermeiden. Kann aus den im Abs. 1 angegebenen Gründen eine Berechnung der Gebühr nicht alsbald erfolgen und ist nach § 13 Nr. 1 der Kassenordnung Anlaß gegeben, die Aushändigung der Urkunde von der vorgängigen Zahlung der Kosten abhängig zu machen, so hat der Gerichtsschreiber zunächst nach seinem Ermessen die muthmaßlich in Anwendung zu bringende Gebühr festzusetzen und von ihrer Zahlung unter Vorbehalt der endgültigen Berechnung die Aushändigung abhängig zu machen. Ergiebt sich demnächst, daß die vorläufige Festsetzung nicht zutreffend war, so ist der zu wenig gezahlte Betrag nachträglich von dem Kostenschuldner einzuziehen, ein etwa zu viel gezahlter Betrag zurückzuerstatten.

Anhang III. Zu § 80.

Gebührentarif zu dem Gesetze über die Beurkundung des Personenstandes. Vom 6. Februar 1875.

(RGBl. S. 23.)

I. Gebührenfrei sind die nach §§ 49 und 54 oder zum Zwecke der Taufe oder der Beerdigung ertheilten Bescheinigungen.

II. An Gebühren kommen zum Ansatz: ℳ

1. Für Vorlegung der Register zur Einsicht, und zwar für jeden Jahrgang . . . 0,50; für mehrere Jahrgänge zusammen jedoch höchstens 1,50;

2. für die schriftliche Ermächtigung nach § 43*) und für jeden beglaubigten Auszug aus den Registern mit Einschluß der Schreibgebühren 0,50;

Bezieht sich der Auszug auf mehrere Eintragungen und erfordert derselbe das Nachschlagen von mehr als einem Jahrgange der Register, für jeden weiter nachzuschlagenden Jahrgang noch . . 0,50; jedoch zusammen höchstens . . . . . 2,00.

---

*) Jetzt nach BGB. § 1321.

Anhang IV. Zu § 115.

2. Allgemeine Verfügung vom 17. September 1895, — (JMBl. S. 275) — betreffend die den Justizbeamten und den Medizinalbeamten, sowie den Notaren bei Dienstgeschäften am Wohnorte zustehenden Fuhrkosten.

Nachdem durch das Preußische Gerichtskostengesetz vom 25. Juni 1895 (Gesetz-Samml. S. 203) § 115 (110) Ziffer 2, § 119 (114) bestimmt worden ist, daß zu den als baare Auslagen zu erstattenden Reisekosten auch die in § 3 Abs. 2 der Verordnung vom 24. Dezember 1873, betreffend die den Justizbeamten bei Dienstgeschäften außerhalb des Gerichtsorts zu gewährenden Tagegelder und Reisekosten (Gesetz-Samml. 1874 S. 2), bezeichneten Fuhrkosten zu rechnen sind, wird in der Anlage ein Verzeichniß derjenigen Ortschaften zur öffentlichen Kenntniß gebracht, für welche zur Zeit Anordnungen dahin getroffen sind, daß

a) den Justizbeamten bei den außerhalb des Gerichtsgebäudes vorzunehmenden Geschäften,
b) den Medizinalbeamten bei den an ihrem Wohnorte oder in einer Entfernung von nicht mehr als 2 km von demselben auf Veranlassung einer Gerichtsbehörde oder eines Beamten der Staatsanwaltschaft vorzunehmenden Geschäften

die verauslagten Fuhrkosten zu erstatten sind.

Zugleich wird bestimmt, daß die Notare befugt sind, in demselben Umfange Fuhrkosten bei den außerhalb ihrer Geschäftsräume vorzunehmenden Geschäften zu berechnen, in welchem dies nach dem anliegenden Verzeichniß den Justizbeamten gestattet ist.

— § 3 Abs. 2 der Verordnung vom 24. Dezember 1873 (Gesetz-Samml. 1874 S. 2), Verordnung vom 4. November 1874 (Gesetz-Samml. S. 354), § 21 (22) der Gebührenordnung für Notare vom 25. Juni 1895 (Gesetz-Samml. S. 256) in Verbindung mit § 80 Abs. 3 der Gebührenordnung für Rechtsanwälte vom 7. Juli 1879 (Reichs-Gesetzbl. S. 176). —

Unter Aufhebung der einzelnen Bestimmungen, welche wegen Erstattung der Fuhrkosten bisher ergangen sind, wird — hinsichtlich der Justizbeamten und der Medizinalbeamten im Einverständniß mit dem Herrn Finanzminister — Folgendes angeordnet:

1. Für die in der Anlage verzeichneten Ortschaften erfolgt die Erstattung der verauslagten Fuhrkosten bei denjenigen Dienstgeschäften, für welche nach den bestehenden Vorschriften Tagegelder und Reisekosten nicht gewährt werden können; die Gerichtsbeamten haben Anspruch auf Erstattung der Fuhrkosten auch dann, wenn sie zum Bezuge von Kommissionsgebühren berechtigt sind.
2. Die Beamten haben sich des öffentlichen Fuhrwerks (Droschken, Omnibus, Dampfschiff, Eisen-

bahn) zu bedienen; die ausnahmsweise Benutzung eines anderen Fuhrwerks bedarf, sofern dadurch höhere Kosten entstehen, der Begründung; bei Benutzung eines eigenen Fuhrwerks ist der nach der Taxe für öffentliches Fuhrwerk übliche Fahrpreis zu vergüten.

3. Ausgaben, welche der Staatskasse gegenüber liquidirt werden, sind seitens der Beamten, sofern dafür nach den maßgebenden örtlichen Einrichtungen in den Händen des Fahrgastes verbleibende Fahrmarken, Fahrscheine u. dgl. ausgegeben werden, durch diese zu belegen; können solche nicht beigebracht werden, so ist seitens der liquidirenden Beamten amtlich zu versichern, daß der liquidirte Betrag nach Maßgabe der bestehenden Taxe hat gezahlt werden müssen und wirklich gezahlt worden ist. Ueber höhere Ausgaben, als die üblichen Fahrgelder für öffentliches Fuhrwerk, sind Beläge beizubringen.
4. Wartegelder für Droschken sind in der Regel nicht zu vergüten.
5. Für die Medizinalbeamten ist bei Untersuchungen des Gesundheitszustandes von Justizbeamten die Erstattung von Fuhrkosten ausgeschlossen.
6. Auf Gerichtsvollzieher und Gerichtsdiener finden diese Bestimmungen keine Anwendung.

Anlage.

Verzeichniß

derjenigen

Ortschaften, für welche zur Zeit durch besondere Anordnungen die Erstattung der von den Justizbeamten und den Medizinalbeamten bei Dienstgeschäften verauslagten Fuhrkosten zugelassen ist.

Laufende Nr.	Ortschaft.	Die Erstattung der verauslagten Fuhrkosten ist zugelassen für
		I. Kammergerichtsbezirk.
1.	Berlin und Charlottenburg.*)	die Justizbeamten und die Medizinalbeamten.
		II. Oberlandesgerichtsbezirk Breslau.
2.	Breslau	die Justizbeamten und die Medizinalbeamten.
3.	Reichenbach u. E.	die Justizbeamten bei den außerhalb des engeren Stadtbezirks vorzunehmenden Geschäften.
		III. Oberlandesgerichtsbezirk Cassel.
4.	Cassel.	die Justizbeamten bei den außerhalb des engeren Stadtbezirks vorzunehmenden Geschäften.

*) Allg. Verf. v. 24. Nov. 1897 (JMBl. S. 288).

Laufende Nr.	Ortschaft.	Die Erstattung der veranslagten Fuhrkosten ist zugelassen für
		IV. Oberlandesgerichtsbezirk Celle.
5.	Hannover (mit Linden).	1. die Justizbeamten; 2. die Medizinalbeamten bei den in dem gerichtlichen Todtenhause vorzunehmenden Geschäften
6.	Papenburg.	die Justizbeamten bei den außerhalb des inneren Stadtbezirks vorzunehmenden Geschäften.
		V. Oberlandesgerichtsbezirk Cöln.
7.	Barmen.	die Medizinalbeamten.
8.	Cöln.	die Justizbeamten und die Medizinalbeamten.
9.	Düsseldorf.	die Justizbeamten und die Medizinalbeamten bei den auf dem neuen Kirchhofe am Tannenwäldchen vorzunehmenden Dienstgeschäften.
		VI. Oberlandesgerichtsbezirk Frankfurt a. M.
10.	Frankfurt a. M.*)	die Justizbeamten.

*) Die bisherigen Beschränkungen sind beseitigt durch die Allg. Verf. vom 8. Juni 1901 (JMBl. S. 139).

Laufende Nr.	Ortschaft.	Die Erstattung der verauslagten Fuhrkosten ist zugelassen für
11.	Wiesbaden.	die Justizbeamten bei der Aufnahme von Wechselprotesten.
		VIa. Oberlandesgerichtsbezirk Hamm.
11a.	Essen.*)	die Justizbeamten (einschl. der Notare) bei den außerhalb des Gerichtsgebäudes vorzunehmenden Geschäften.
		die Medizinalbeamten bei den innerhalb des Stadtbezirks oder innerhalb 2 km von diesem auf Veranlassung einer Gerichtsbehörde oder eines Beamten der Staatsanwaltschaft vorzunehmenden Geschäften.
		VII. Oberlandesgerichtsbezirk Kiel.
12.	Altona.	die Justizbeamten.
13.	Kiel.	die Justizbeamten bei den Dienstgeschäften, welche außerhalb des bisherigen Stadtbezirks Kiel in dem neuen, früher zur Landgemeinde Wik gehörigen Stadttheile vorzunehmen sind.

*) Allg. Verf. v. 2. Jan. 1908 (JMBl. S. 10).

Laufende Nr.	Ortschaft.	Die Erstattung der verauslagten Fuhrkosten ist zugelassen für
		VIII. Oberlandesgerichtsbezirk Königsberg.
14.	Königsberg.	die Justizbeamten.
		IX. Oberlandesgerichtsbezirk Naumburg.
15.	Erfurt.	1. die Justizbeamten bei den außerhalb des engeren Stadtbezirks vorzunehmenden Dienstgeschäften; 2. die Medizinalbeamten bei den in der Leichenhalle des städtischen Friedhofes oder in dem Krankenhause vorzunehmenden Dienstgeschäften.
16.	Halle.	1. die Justizbeamten bei den außerhalb des engeren Stadtbezirks vorzunehmenden Dienstgeschäften; 2. die Medizinalbeamten bei den in der Leichenhalle des Südfriedhofes vorzunehmenden Dienstgeschäften.
17.	Magdeburg (mit Buckau).	die Justizbeamten und die Medizinalbeamten.

Laufende Nr.	Ortschaft.	Die Erstattung der veranslagten Fuhrkosten ist zugelassen für
		X. Oberlandesgerichtsbezirk Posen.
18.	Posen.	die Justizbeamten bei den außerhalb des engeren Stadtbezirks vorzunehmenden Dienstgeschäften.
		XI. Oberlandesgerichtsbezirk Stettin.
19.	Stettin.	die Justizbeamten und die Medizinalbeamten bei den außerhalb des engeren Stadtbezirks vorzunehmenden Dienstgeschäften.

Anhang V. Zu § 117.

a) Allgemeine Verfügung vom 16. September 1895, — (JMBl. S. 273) — betreffend die Anfertigung der Rechnungsarbeiten bei den Justizbehörden und die Rechnungsgebühren.

Wegen Wahrnehmung der Rechnungsgeschäfte bei den Justizbehörden und wegen der Gewährung von Rechnungsgebühren wird unter Aufhebung der Allgemeinen Verfügung vom 30. September 1879 (Just.-Minist.-Bl. S. 391) Folgendes bestimmt:

1. Zur Anfertigung der Rechnungsarbeiten in den Angelegenheiten, auf welche der Erste Theil des Preußischen Gerichtskostengesetzes vom 25. Juni 1895 (Gesetz-Samml. S. 203) oder die §§ 124 bis 133 (117 bis 121) desselben Anwendung finden, sind bei jedem Gericht ein oder mehrere Beamte von dem Präsidenten des Oberlandesgerichts ein- für allemal als Rechnungsbeamte zu bestellen. Die Befugniß hierzu kann von dem Oberlandesgerichtspräsidenten auf die Präsidenten der Landgerichte übertragen werden.

Zu Rechnungsbeamten können nur Personen bestellt werden, welche die Befähigung für das Gerichtsschreiberamt besitzen.

2. Bei Amtsgerichten von größerem Geschäftsumfange können für den Bezirk derselben oder für einen weiteren Bezirk besondere noch nicht etatsmäßig ange-

stellte Beamte zur ausschließlichen Wahrnehmung der Rechnungsarbeiten gegen Gewährung der aufkommenden Gebühren von dem Präsidenten des Oberlandesgerichts auf Widerruf bestellt werden. Von dieser Befugniß ist in der Regel Gebrauch zu machen, wenn die voraussichtliche reine Gebühreneinnahme (Nr. 5) den Jahresbetrag von 1 800 Mark übersteigt. Erreicht diese Gebühreneinnahme einen Betrag von mehr als 3 600 Mark, so können mehrere derartige Rechnungsbeamte bestellt werden.

3. Bei welchen Amtsgerichten und unter welchen Bedingungen Beamte als Kalkulatoren etatsmäßig angestellt werden können, wird durch die Etats und die zu deren Ausführung ergangenen Anordnungen bestimmt.

4. Für die von den bestellten Rechnungsbeamten (Nr. 1, 2, 3) als solchen vorgenommenen Rechnungsarbeiten sind Gebühren gemäß §. 117 (112) des Preußischen Gerichtskostengesetzes in der Art festzusetzen, daß bei einem Werthe des Gegenstandes[1]

bis zu 300 Mark einschließlich . . . . 0,60 Mark,
von mehr als 300 Mark bis zu 1 000 Mark
einschließlich . . . . . . 1,00 „

[1] Als Wert des Gegenstandes ist sowohl bei der Prüfung von Vormundschaftsrechnungen als auch bei der Prüfung von Vermögensübersichten der Betrag des Vermögens des Mündels nach Abzug der Schulden und, wenn mehrere Mündel beteiligt sind, der Gesamtbetrag des reinen Vermögens der Mündel anzusehen: Allg. Verf. v. 15. April 1897 (JMBl. S. 93).

von mehr als 1 000 Mark bis zu 5 000 Mark einschließlich . . . . 1,50 Mark,
von mehr als 5 000 Mark . . . . 2,00 „
für die Stunde in Ansatz kommen. Die Rechnungsgebühren schließen die Auslagen, insbesondere für Schreibmaterialien und für das Schreibwerk, mit ein.

5. Den Rechnungsbeamten (Nr. 1, 2, 3) wird der Bezug der nach Nr. 4 festgesetzten Gebühren zugesichert, jedoch nur insoweit, als die Gebühren bei der Gerichtskasse zur Einziehung gelangt sind.

Wegen Zahlung und Verrechnung dieser Gebühren verbleibt es bei den Vorschriften der Kasseninstruktion vom 15. Juli 1893 (jetzt der Kassenordnung vom 31. März 1900).

6. Kleine und einfache Rechnungsarbeiten können auch in den in Nr. 1 bezeichneten Angelegenheiten den Beamten der Gerichtsschreiberei als solchen nach Maßgabe der Geschäftsordnungen für die Gerichtsschreibereien vom Richter übertragen werden. In solchen Fällen findet die Festsetzung einer Rechnungsgebühr nicht statt. Ist der Gerichtsschreibereibeamte, dem eine Rechnungsarbeit übertragen wird, zugleich als Rechnungsbeamter bestellt, so ist von dem Richter bei der Uebertragung ersichtlich zu machen, ob die Arbeit unter Nr. 4 oder unter Nr. 6 dieser Verfügung fällt.

7. In anderen als den in Nr. 1 bezeichneten Angelegenheiten findet eine Gewährung von Rechnungsgebühren nicht statt.

Die bestehenden besonderen Anordnungen darüber, welche Beamten in solchen Angelegenheiten bestimmte

Rechnungsarbeiten anzufertigen haben (vgl. § 4 der Geschäftsordnungen für die Gerichtsschreibereien, § 4 (3) der Geschäftsordnungen für die Sekretariate der Staatsanwaltschaften, §§ 60 ff., 72, 78, 89, 105 ff. der Kasseninstruktion vom 15. Juli 1893, § 44 der Anweisung der Ober-Rechnungskammer für die Rechnungslegung vom 4. Juni 1886, §§ 10, 18 der Instruktion für die Rechnungsrevisoren vom 20. Juni 1885), bleiben unberührt. Zur unentgeltlichen Wahrnehmung der Rechnungsarbeiten in Angelegenheiten der Justizverwaltung sind auch die Kalkulaturbeamten (Nr. 2 und 3) verpflichtet.

---

b) Allgemeine Verfügung vom 22. Dezember 1899, — (JMBl. S. 865) — betreffend den Ansatz von Rechnungsgebühren.

Zur Herbeiführung eines einheitlichen Verfahrens bei der Festsetzung von Rechnungsgebühren bestimme ich, was folgt:

1. Im Verfahren der Zwangsversteigerung von Gegenständen des unbeweglichen Vermögens ist als der für die Berechnung der Rechnungsgebühren maßgebende Werth anzusehen:

a) im Falle der Zuziehung des Rechnungsbeamten behufs Feststellung des geringsten Gebots der Werth des Gegenstandes der Zwangsversteigerung; dieser Werth bestimmt sich nach dem Gebote, für welches der Zuschlag ertheilt ist, unter entsprechender Anwendung der Vorschriften des § 127 Abs. 2, 3 des Preußischen Gerichtskostengesetzes in der Fassung der Bekanntmachung vom 6. Oktober 1899 (Gesetz-Samml. S. 325);

b) im Falle der Zuziehung behufs Aufstellung des Theilungsplans das Baargebot unter Hinzurechnung des Werthes der bestehenbleibenden Rechte und des Erlöses besonders verwertheter Gegenstände (§ 127 Abs. 4 des Preußischen Gerichtskostengesetzes).

2. Wird der Rechnungsbeamte im Falle der Auseinandersetzung einer Gemeinschaft (§§ 86, 88 des Preußischen Gerichtskostengesetzes) behufs Feststellung der Masse oder Aufstellung des Theilungsplans zugezogen, so ist für die Berechnung der Rechnungsgebühren der Werth der Masse ohne Abzug der Schulden maßgebend.

3. Bei der Feststellung der Zeit, welche für die Anfertigung der Rechnungsarbeit erforderlich war, ist die zur Reinschrift der Rechnungsarbeit aufzuwendende Zeit mit in Betracht zu ziehen. Etwaige Auslagen für das Schreibwerk dürfen, wie bereits in Nr. 4 der Allgemeinen Verfügung vom 16. September 1895, betreffend die Anfertigung der Rechnungsarbeiten bei den Justizbehörden und die Rechnungsgebühren, bestimmt ist, neben den Rechnungsgebühren nicht berechnet werden.

Wird der Rechnungsbeamte mit der Berechnung des geringsten Gebots beauftragt, so ist nicht nur die Zeit seiner Thätigkeit im Versteigerungstermine, sondern auch die Zeit seiner Vorbereitung zum Termine bei der Festsetzung der Rechnungsgebühren zu berücksichtigen.

4. **Nach** § 117 Abs. 2 des **Preußischen Gerichtskostengesetzes** werden in Vormundschaftssachen Rechnungsgebühren für die Prüfung eingereichter Rechnungen nur erhoben, wenn der in der Rechnung nachgewiesene Betrag der Einnahme die Summe von 300 M. übersteigt. Im Sinne dieser Vorschrift sind nur solche Rechnungsposten als Einnahme anzusehen, welche sich als Einkünfte darstellen, nicht aber der aus dem Vorjahr übernommene und in der Rechnung vorgetragene Kassenbestand oder der Erlös für verkaufte Vermögensstücke.

Laufende Nummer.	Wertklasse				Volle Gebühr und Zweifaches der vollen Gebühr		Bruch-
					1. §§ 34. 41. 44. 46. 49. 50. 72 Nr. 3a*) 81.**) 91. 100.	2. §§ 35. 44. 45. 48. 126.	5/10 §§ 38. 44. 46. 49 Nr. 5. 53. 99.
		M.		M.	M.	M.	M.
1			bis	20	0,40	0,80	0,20
2	über	20	"	60	0,70	1,40	0,40
3	"	60	"	120	1,20	2,40	0,60
4	"	120	"	200	1,80	3,60	0,90
5	"	200	"	300	2,40	4,80	1,20
6	"	300	"	450	3	6	1,50
7	"	450	"	650	3,60	7,20	1,80
8	"	650	"	900	4,20	8,40	2,10
9	"	900	"	1 200	5	10	2,50
10	"	1 200	"	1 600	6	12	3
11	"	1 600	"	2 100	7	14	3,50
12	"	2 100	"	2 700	8	16	4
13	"	2 700	"	3 400	9	18	4,50
14	"	3 400	"	4 300	10	20	5
15	"	4 300	"	5 400	11	22	5,50
16	"	5 400	"	6 700	12	24	6
17	"	6 700	"	8 200	13	26	6,50
18	"	8 200	"	10 000	14	28	7
19	"	10 000	"	12 000	15	30	7,50
20	"	12 000	"	14 000	16	32	8
21	"	14 000	"	16 000	17	34	8,50
22	"	16 000	"	18 000	18	36	9

*) Im Falle des § 72 Nr. 3a gilt diese Tabelle nur bis zum Be-
10 000 M. um je 3 M. — **) Im Falle des § 81 Abs. 2 sind bis Stufe 43

teile der vollen Gebühr				Wertklasse				Laufende Nummer.
4/10 §§ 42. 66 Nr. 1.	3/10 §§ 37. 42. 51. 52. 66 Nr. 2. 82. 96 Nr. 1. 108.	2/10 §§ 44. 66 Nr. 1, 2, 3.	1/10 §§ 50. 66 Nr. 1.					
M.	M.	M.	M.		M.		M.	
0,20	0,20	0,20	0,20			bis	20	1
0,30	0,30	0,20	0,20	über	20	„	60	2
0,50	0,40	0,30	0,20	„	60	„	120	3
0,80	0,60	0,40	0,20	„	120	„	200	4
1	0,80	0,50	0,30	„	200	„	300	5
1,20	0,90	0,60	0,30	„	300	„	450	6
1,50	1,10	0,80	0,40	„	450	„	650	7
1,70	1,30	0,90	0,50	„	650	„	900	8
2	1,50	1	0,50	„	900	„	1 200	9
2,40	1,80	1,20	0,60	„	1 200	„	1 600	10
2,80	2,10	1,40	0,70	„	1 600	„	2 100	11
3,20	2,40	1,60	0,80	„	2 100	„	2 700	12
3,60	2,70	1,80	0,90	„	2 700	„	3 400	13
4	3	2	1	„	3 400	„	4 300	14
4,40	3,30	2,20	1,10	„	4 300	„	5 400	15
4,80	3,60	2,40	1,20	„	5 400	„	6 700	16
5,20	3,90	2,60	1,30	„	6 700	„	8 200	17
5,60	4,20	2,80	1,40	„	8 200	„	10 000	18
6	4,50	3	1,50	„	10 000	„	12 000	19
6,40	4,80	3,20	1,60	„	12 000	„	14 000	20
6,80	5,10	3,40	1,70	„	14 000	„	16 000	21
7,20	5,40	3,60	1,80	„	16 000	„	18 000	22

trage von 100 000 M., von da ab steigt die Gebühr in jeder Stufe von 4/10 des Satzes § 56 B zu erheben.

Laufende Nummer.	Wertklasse				Volle Gebühr und Zweifaches der vollen Gebühr		Bruch-
					1. §§ 34.41.44. 46. 49. 50. 72 Nr. 3a*) 81.**) 91. 100.	2. §§ 35. 44. 45. 48. 126.	5/10 §§ 38. 44. 46. 49 Nr. 5. 53. 99.
		M.		M.	M.	M.	M.
23	über	18 000	bis	20 000	19	38	9,50
24	„	20 000	„	22 000	20	40	10
25	„	22 000	„	24 000	21	42	10,50
26	„	24 000	„	26 000	22	44	11
27	„	26 000	„	28 000	23	46	11,50
28	„	28 000	„	30 000	24	48	12
29	„	30 000	„	35 000	26	52	13
30	„	35 000	„	40 000	28	56	14
31	„	40 000	„	50 000	30	60	15
32	„	50 000	„	60 000	32	64	16
33	„	60 000	„	70 000	34	68	17
34	„	70 000	„	80 000	36	72	18
35	„	80 000	„	90 000	38	76	19
36	„	90 000	„	100 000	40	80	20
37	„	100 000	„	110 000	41	82	20,50
38	„	110 000	„	120 000	42	84	21
39	„	120 000	„	130 000	43	86	21,50
40	„	130 000	„	140 000	44	88	22
41	„	140 000	„	150 000	45	90	22,50
42	„	150 000	„	160 000	46	92	23
43	„	160 000	„	170 000	47**)	94	23,50
44	„	170 000	„	180 000	48	96	24
45	„	180 000	„	190 000	49	98	24,50

*) Im Falle des § 72 Nr. 3a gilt diese Tabelle nur bis zum Be- 10 000 M. um je 3 M. — **) Im Falle des § 81 Abs. 2 sind bis Stufe 43

teile der vollen Gebühr				Wertklasse				Laufende Nummer.
4/10 §§ 42. 66 Nr. 1.	3/10 §§ 37. 42. 51. 52. 66 Nr. 2. 82. 96 Nr. 1. 108.	2/10 §§ 44. 66 Nr. 1, 2, 3.	1/10 §§ 50. 66 Nr. 1.					
M.	M.	M.	M.		M.		M.	
7,60	5,70	3,80	1,90	über	18 000	bis	20 000	23
8	6	4	2	„	20 000	„	22 000	24
8,40	6,30	4,20	2,10	„	22 000	„	24 000	25
8,80	6,60	4,40	2,20	„	24 000	„	26 000	26
9,20	6,90	4,60	2,30	„	26 000	„	28 000	27
9,60	7,20	4,80	2,40	„	28 000	„	30 007	28
10,40	7,80	5,20	2,60	„	30 000	„	35 000	29
11,20	8,40	5,60	2,80	„	35 000	„	40 000	30
12	9	6	3	„	40 000	„	50 000	31
12,80	9,60	6,40	3,20	„	50 000	„	60 000	32
13,60	10,20	6,80	3,40	„	60 000	„	70 000	33
14,40	10,80	7,20	3,60	„	70 000	„	80 000	34
15,20	11,40	7,60	3,80	„	80 000	„	90 000	35
16	12	8	4	„	90 000	„	100 000	36
16,40	12,30	8,20	4,10	„	100 000	„	110 000	37
16,80	12,60	8,40	4,20	„	110 000	„	120 000	38
17,20	12,90	8,60	4,30	„	120 000	„	130 000	39
17,60	13,20	8,80	4,40	„	130 000	„	140 000	40
18	13,50	9	4,50	„	140 000	„	150 000	41
18,40	13,80	9,20	4,60	„	150 000	„	160 000	42
18,80	14,10	9,40	4,70	„	160 000	„	170 000	43
19,20	14,40	9,60	4,80	„	170 000	„	180 000	44
19,60	14,70	9,80	4,90	„	180 000	„	190 000	45

trage von 100 000 M, von da ab steigt die Gebühr in jeder Stufe von
4/10 des Satzes § 56 B zu erheben.

Laufende Nummer.	Wertklasse			Volle Gebühr und Zweifaches der vollen Gebühr 1. §§ 34. 41. 44. 46. 49. 50. 72 Nr. 3a*) 81.**) 91. 100.	2. §§ 35. 44. 45. 48. 126.	Bruch- 5/10 §§ 38. 44. 46. 49 Nr. 5. 53. 99.
	M.		M.	M.	M.	M.
46	über 190 000	bis	200 000	50	100	25
47	„ 200 000	„	210 000	51	102	25,50
48	„ 210 000	„	220 000	52	104	26
49	„ 220 000	„	230 000	53	106	26,50
50	„ 230 000	„	240 000	54	108	27
51	„ 240 000	„	250 000	55	110	27,50
52	„ 250 000	„	260 000	56	112	28
53	„ 260 000	„	270 000	57	114	28,50
54	„ 270 000	„	280 000	58	116	29
55	„ 280 000	„	290 000	59	118	29,50
56	„ 290 000	„	300 000	60	120	30
57	„ 300 000	„	310 000	61	122	30,50
58	„ 310 000	„	320 000	62	124	31
59	„ 320 000	„	330 000	63	126	31,50
60	„ 330 000	„	340 000	64	128	32
61	„ 340 000	„	350 000	65	130	32,50
62	„ 350 000	„	360 000	66	132	33
63	„ 360 000	„	370 000	67	134	33,50
64	„ 370 000	„	380 000	68	136	34
65	„ 380 000	„	390 000	69	138	34,50
66	„ 390 000	„	400 000	70	140	35
67	„ 400 000	„	410 000	71	142	35,50

*) Im Falle der § 72 Nr. 3a gilt diese Tabelle nur bis zum Betrage 10 000 M. um je 3 M.

teile der vollen Gebühr				Wertklasse		Laufende Nummer.
4/10 §§ 42. 66 Nr. 1.	3/10 §§ 37. 42. 51. 52. 66 Nr. 2. 82. 96 Nr. 1. 108.	2/10 §§ 44. 66 Nr. 1, 2, 3.	1/10 §§ 50. 66 Nr. 1.			
M.	M.	M.	M.	M.	M.	
20	15	10	5	über 190 000	bis 200 000	46
20,40	15,30	10,20	5,10	„ 200 000	„ 210 000	47
20,80	15,60	10,40	5,20	„ 210 000	„ 220 000	48
21,20	15,90	10,60	5,30	„ 220 000	„ 230 000	49
21,60	16,20	10,80	5,40	„ 230 000	„ 240 000	50
22	16,50	11	5,50	„ 240 000	„ 250 000	51
22,40	16,80	11,20	5,60	„ 250 000	„ 260 000	52
22,80	17,10	11,40	5,70	„ 260 000	„ 270 000	53
23,20	17,40	11,60	5,80	„ 270 000	„ 280 000	54
23,60	17,70	11,80	5,90	„ 280 000	„ 290 000	55
24	18	12	6	„ 290 000	„ 300 000	56
24,40	18,30	12,20	6,10	„ 300 000	„ 310 000	57
24,80	18,60	12,40	6,20	„ 310 000	„ 320 000	58
25,20	18,90	12,60	6,30	„ 320 000	„ 330 000	59
25,60	19,20	12,80	6,40	„ 330 000	„ 340 000	60
26	19,50	13	6,50	„ 340 000	„ 350 000	61
26,40	19,80	13,20	6,60	„ 350 000	„ 360 000	62
26,80	20,10	13,40	6,70	„ 360 000	„ 370 000	63
27,20	20,40	13,60	6,80	„ 370 000	„ 380 000	64
27,60	20,70	13,80	6,90	„ 380 000	„ 390 000	65
28	21	14	7	„ 390 000	„ 400 000	66
28,40	21,30	14,20	7,10	„ 400 000	„ 410 000	67

von 100 000 M., von da ab steigt die Gebühr in jeder Stufe von

Laufende Nummer.	Wertklasse			Volle Gebühr und Zweifaches der vollen Gebühr 1. §§ 34. 41. 44. 46. 49. 50. 72 Nr. 3a*) 81.**) 91. 100.	2. §§ 35. 44. 45. 48. 126.	Bruch- 5/10 §§ 38. 44. 46. 49 Nr. 5. 53. 99.
	M.		M.	M.	M.	M.
68	über 410 000	bis	420 000	72	144	36
69	„ 420 000	„	430 000	73	146	36,50
70	„ 430 000	„	440 000	74	148	37
71	„ 440 000	„	450 000	75	150	37,50
72	„ 450 000	„	460 000	76	152	38
73	„ 460 000	„	470 000	77	154	38,50
74	„ 470 000	„	480 000	78	156	39
75	„ 480 000	„	490 000	79	158	39,50
76	„ 490 000	„	500 000	80	160	40
77	„ 500 000	„	510 000	81	162	40,50
78	„ 510 000	„	520 000	82	164	41
79	„ 520 000	„	530 000	83	166	41,50
80	„ 530 000	„	540 000	84	168	42
81	„ 540 000	„	550 000	85	170	42,50
82	„ 550 000	„	560 000	86	172	43
83	„ 560 000	„	570 000	87	174	43,50
84	„ 570 000	„	580 000	88	176	44
85	„ 580 000	„	590 000	89	178	44,50
86	„ 590 000	„	600 000	90	180	45
87	„ 600 000	„	610 000	91	182	45,50
88	„ 610 000	„	620 000	92	184	46
89	„ 620 000	„	630 000	93	186	46,50
90	„ 630 000	„	640 000	94	188	47

*) Im Falle des § 72 Nr 3a gilt diese Tabelle nur bis zum Betrage 10 000 M. um je 3 M.

teile der vollen Gebühr				Wertklasse				Laufende Nummer.
4/10 §§ 42. 66 Nr. 1.	3/10 §§ 37. 42. 51 52 66 Nr. 2. 82. 96 Nr. 1. 108.	2/10 §§ 44. 66 Nr. 1, 2, 3.	1/10 §§ 50. 66 Nr. 1.					
M.	M.	M.	M.		M.		M.	
28,80	21,60	14,40	7,20	über	410 000	bis	420 000	68
29,20	21,90	14,60	7,30	„	420 000	„	430 000	69
29,60	22,20	14,80	7,40	„	430 000	„	440 000	70
30	22,50	15	7,50	„	440 000	„	450 000	71
30,40	22,80	15,20	7,60	„	450 000	„	460 000	72
30,80	23,10	15,40	7,70	„	460 000	„	470 000	73
31,20	23,40	15,60	7,80	„	470 000	„	480 000	74
31,60	23,70	15,80	7,90	„	480 000	„	490 000	75
32	24	16	8	„	490 000	„	500 000	76
32,40	24,30	16,20	8,10	„	500 000	„	510 000	77
32,80	24,60	16,40	8,20	„	510 000	„	520 000	78
33,20	24,90	16,60	8,30	„	520 000	„	530 000	79
33,60	25,20	16,80	8,40	„	530 000	„	540 000	80
34	25,50	17	8,50	„	540 000	„	550 000	81
34,40	25,80	17,20	8,60	„	550 000	„	560 000	82
34,80	26,10	17,40	8,70	„	560 000	„	570 000	83
35,20	26,40	17,60	8,80	„	570 000	„	580 000	84
35,60	26,70	17,80	8,90	„	580 000	„	590 000	85
36	27	18	9	„	590 000	„	600 000	86
36,40	27,30	18,20	9,10	„	600 000	„	610 000	87
36,80	27,60	18,40	9,20	„	610 000	„	620 000	88
37,20	27,90	18,60	9,30	„	620 000	„	630 000	89
37,60	28,20	18,80	9,40	„	630 000	„	640 000	90

von 100 000 M, von da ab steigt die Gebühr in jeder Stufe von

Laufende Nummer.	Wertklasse				Volle Gebühr und Zweifaches der vollen Gebühr 1. §§ 34. 41. 44. 46. 49. 50. 72 Nr. 3a*) 81.**) 91. 100.	2. §§ 35. 44. 45. 48. 126.	Bruch- 5/10 §§ 38. 44. 46. 49. Nr. 5. 53. 99.
		M.		M.	M.	M.	M.
91	über	640 000	bis	650 000	95	190	47,50
92	„	650 000	„	660 000	96	192	48
93	„	660 000	„	670 050	97	194	48,50
94	„	670 000	„	680 000	98	196	49
95	„	680 000	„	690 000	99	198	49,50
96	„	690 000	„	700 000	100	200	50
97	„	700 000	„	710 000	101	202	50,50
98	„	710 000	„	720 000	102	204	51
99	„	720 000	„	730 000	103	206	51,50
100	„	730 000	„	740 000	104	208	52
101	„	740 000	„	750 000	105	210	52,50
102	„	750 000	„	760 000	106	212	53
103	„	760 000	„	770 000	107	214	53,50
104	„	770 000	„	780 000	108	216	54
105	„	780 000	„	790 000	109	218	54,50
106	„	790 000	„	800 000	110	220	55
107	„	800 000	„	810 000	111	222	55,50
108	„	810 000	„	820 000	112	224	56
109	„	820 000	„	830 000	113	226	56,50
110	„	830 000	„	840 000	114	228	57
111	„	840 000	„	850 000	115	230	57,50
112	„	850 000	„	890 000	116	232	58

*) Im Falle des § 72 Nr. 3a gilt diese Tabelle nur bis zum Be-
10 000 M. um je 3 M.

teile der vollen Gebühr				Wertklasse		Laufende Nummer.
4/10 §§ 42. 66 Nr. 1.	3/10 §§ 37. 42. 51. 52. 66 Nr. 2. 82. 96 Nr. 1. 108.	2/10 §§ 44. 66 Nr. 1, 2, 3.	1/10 §§ 50. 66 Nr. 1.			
M.	M.	M.	M.	M.	M.	
38	28,50	19	9,50	über 640 000	bis 650 000	91
38,40	28,80	19,20	9,60	„ 650 000	„ 660 000	92
38,80	29,10	19,40	9,70	„ 660 000	„ 670 000	93
39,20	29,40	19,60	9,80	„ 670 000	„ 680 000	94
39,60	29,70	19,80	9,90	„ 680 000	„ 690 000	95
40	30	20	10	„ 690 000	„ 700 000	96
40,40	30,30	20,20	10,10	„ 700 000	„ 710 000	97
40,80	30,60	20,40	10,20	„ 710 000	„ 720 000	98
41,20	30,90	20,60	10,30	„ 720 000	„ 730 000	99
41,60	31,20	20,80	10,40	„ 730 000	„ 740 000	100
42	31,50	21	10,50	„ 740 000	„ 750 000	101
42,40	31,80	21,20	10,60	„ 750 000	„ 760 000	102
42,80	32,10	21,40	10,70	„ 760 000	„ 770 000	103
43,20	32,40	21,60	10,80	„ 770 000	„ 780 000	104
43,60	32,70	21,80	10,90	„ 780 000	„ 790 000	105
44	33	22	11	„ 790 000	„ 800 000	106
44,40	33,30	22,20	11,10	„ 800 000	„ 810 000	107
44,80	33,60	22,40	11,20	„ 810 000	„ 820 000	108
45,20	33,90	22,60	11,30	„ 820 000	„ 830 000	109
45,60	34,20	22,80	11,40	„ 830 000	„ 840 000	110
46	34,50	23	11,50	„ 840 000	„ 850 000	111
46,40	34,80	23,20	11,60	„ 850 000	„ 860 000	112

trage von 100 000 M., von da ab steigt die Gebühr in jeder Stufe von

Laufende Nummer.	Wertklasse		Volle Gebühr und Zweifaches der vollen Gebühr		Bruch-
			1. §§ 34. 41. 44. 46. 49. 50. 72 Nr. 3a*); 81.**) 91. 100.	2. §§. 35. 44. 45. 48. 126.	5/10 §§ 38. 44. 46. 49. Nr. 5. 53. 99.
	M.	M.	M.	M.	M.
113	über 860 000	bis 870 000	117	234	58,50
114	„ 870 000	„ 880 000	118	236	59
115	„ 880 000	„ 890 000	119	238	59,50
116	„ 890 000	„ 900 000	120	240	60
117	„ 900 000	„ 910 000	121	242	60,50
118	„ 910 000	„ 920 000	122	244	61
119	„ 920 000	„ 930 000	123	246	61,50
120	„ 930 000	„ 940 000	124	248	62
121	„ 940 000	„ 950 000	125	250	62,50
122	„ 950 000	„ 960 000	126	252	63
123	„ 960 000	„ 970 000	127	254	63,50
124	„ 970 000	„ 980 000	128	256	64
125	„ 980 000	„ 990 000	129	258	64,50
126	„ 990 000	„ 1 000 000	130	260	65
	u. s. w. von je	10 000	1	2	0,50

*) Im Falle des § 72 Nr. 3a gilt diese Tabelle nur bis zum Be-
100 000 M. um je 3 M.

teile der vollen Gebühr				Wertklasse		Laufende Nummer.
4/10 §§ 42. 66 Nr. 1.	3/10 §§ 37. 42. 51. 52. 66 Nr. 2. 82. 96 Nr. 1. 108.	2/10 §§ 44. 66 Nr. 1, 2, 3.	1/10 §§ 50. 66 Nr. 1.			
M.	M.	M.	M.	M.	M.	
46,80	35,10	23,40	11,70	über 860 000	bis 870 000	113
47,20	35,40	23,60	11,80	„ 870 000	„ 880 000	114
47,60	35,70	23,80	11,90	„ 880 000	„ 890 000	115
48	36	24	12	„ 890 000	„ 900 000	116
48,40	36,30	24,20	12,10	„ 900 000	„ 910 000	117
48,80	36,60	24,40	12,20	„ 910 000	„ 920 000	118
49,20	36,90	24,60	12,30	„ 920 000	„ 930 000	119
49,60	37,20	24,80	12,40	„ 930 000	„ 940 000	120
50	37,50	25	12,50	„ 940 000	„ 950 000	121
50,40	37,80	25,20	12,60	„ 950 000	„ 960 000	122
50,80	38,10	25,40	12,70	„ 960 000	„ 970 000	123
51,20	38,40	25,60	12,80	„ 970 000	„ 980 000	124
51,60	38,70	25,80	12,90	„ 980 000	„ 990 000	125
52	39	26	13	„ 990 000	„ 1 000 000	126
0,40	0,30	0,20	0,10	u. s. w. von je	10 000	

trage von 100 000 M., von da ab steigt die Gebühr in jeder Stufe von

Laufende Nummer.	Wertklasse				Voller Gebührensatz A. 1. §§ 58 Nr. 1, 3. 67.	Bruchteile des Gebührensatzes A.	
						5/10 §§ 58 Nr. 2. 67. 78 Nr. 1.	2/10 § 43.
		M.		M.	M.	M.	M.
1			bis	20	0,40	0,20	0,20
2	über	20	„	60	0,70	0,40	0,20
3	„	60	„	120	1	0,50	0,20
4	„	120	„	200	1,50	0,80	0,30
5	„	200	„	300	2	1	0,40
6	„	300	„	450	2,60	1,30	0,60
7	„	450	„	650	3,20	1,60	0,70
8	„	650	„	900	4	2	0,80
9	„	900	„	1 200	4,80	2,40	1
10	„	1 200	„	1 600	6	3	1,20
11	„	1 600	„	2 100	7,20	3,60	1,50
12	„	2 100	„	2 700	8,40	4,20	1,70
13	„	2 700	„	3 400	9,60	4,80	2
14	„	3 400	„	4 300	11	5,50	2,20
15	„	4 300	„	5 400	12,60	6,30	2,60
16	„	5 400	„	6 700	14,40	7,20	2,90
17	„	6 700	„	8 200	16,20	8,10	3,30
18	„	8 200	„	10 000	18	9	3,60
19	„	10 000	„	12 000	20,40	10,20	4,10
20	„	12 000	„	14 000	22,80	11,40	4,60
21	„	14 000	„	16 000	25,20	12,60	5,10
22	„	16 000	„	18 000	27,60	13,80	5,60

Voller Gebührensatz B und dessen Mehrfaches.			Bruchteile des Gebührensatzes B.			Laufende Nummer.
1.	2.	3.	5/10	4/10	3/10	
§§ 59. 67. 76. 77. 81 Abs. 1. 83.	§§ 76. 86.	§ 86.	§§ 60. 67. 68. 76. 78 Nr. 2. 89.	§ 81 Abs. 2.	§§ 62. 67. 68. 81 Abs. 3.	
M.	M.	M.	M.	M.	M.	
0,20	0,40	0,60	0,20	0,20	0,20	1
0,40	0,80	1,20	0,20	0,20	0,20	2
0,60	1,20	1,80	0,30	0,30	0,20	3
1	2	3	0,50	0,40	0,30	4
1,40	2,80	4,20	0,70	0,60	0,50	5
1,90	3,80	5,70	1	0,80	0,60	6
2,40	4,80	7,20	1,20	1	0,80	7
2,90	5,80	8,70	1,50	1,20	0,90	8
3,40	6,80	10,20	1,70	1,40	1,10	9
4	8	12	2	1,60	1,20	10
4,60	9,20	13,80	2,30	1,90	1,40	11
5,40	10,80	16,20	2,70	2,20	1,70	12
6,20	12,40	18,60	3,10	2,50	1,90	13
7,20	14,40	21,60	3,60	2,90	2,20	14
8,20	16,40	24,60	4,10	3,30	2,50	15
9,40	18,80	28,20	4,70	3,80	2,90	16
10,60	21,20	31,80	5,30	4,30	3,20	17
12	24	36	6	4,80	3,60	18
13,80	27,60	41,40	6,90	5,60	4,20	19
15,60	31,20	46,80	7,80	6,30	4,70	20
17,40	34,80	52,20	8,70	7	5,30	21
19,20	38,40	57,60	9,60	7,70	5,80	22

Laufende Nummer.	Wertklasse				Voller Gebührensatz A. 1. §§ 58 Nr. 1, 3. 67.	Bruchteile des Gebührensatzes A. 5/10 §§ 58 Nr. 2. 67. 78 Nr. 1.	Bruchteile des Gebührensatzes A. 2/10 § 43.
		M.		M.	M.	M.	M.
23	über	18 000	bis	20 000	30	15	6
24	„	20 000	„	22 000	32,40	16,20	6,50
25	„	22 000	„	24 000	34,80	17,40	7
26	„	24 000	„	26 000	37,20	18,60	7,50
27	„	26 000	„	28 000	39,60	19,80	8
28	„	28 000	„	30 000	42	21	8,40
29	„	30 000	„	35 000	47	23,50	9,40
30	„	35 000	„	40 000	52	26	10,40
31	„	40 000	„	50 000	60	30	12
32	„	50 000	„	60 000	66	33	13,20
33	„	60 000	„	70 000	72	36	14,40
34	„	70 000	„	80 000	78	39	15,60
35	„	80 000	„	90 000	84	42	16,80
36	„	90 000	„	100 000	90	45	18
37	„	100 000	„	110 000	96	48	19,20
38	„	110 000	„	120 000	102	51	20,40
39	„	120 000	„	130 000	108	54	21,60
40	„	130 000	„	140 000	114	57	22,80
41	„	140 000	„	150 000	120	60	24
42	„	150 000	„	160 000	126	63	25,20
43	„	160 000	„	170 000	132	66	26,40
44	„	170 000	„	180 000	138	69	27,60
45	„	180 000	„	190 000	144	72	28,80

*) Von hier ab ist im Falle des § 81 Abs. 2 die volle Gebühr

Voller Gebührensatz B und dessen Mehrfaches.			Bruchteile des Gebührensatzes B.			Laufende Nummer.
1.	2.	3.	5/10	4/10	3/10	
§§ 59. 67. 76. 77. 81 Abs. 1. 83.	§§ 76. 86.	§ 86.	§§ 60. 67. 68. 76. 78 Nr. 2. 89.	§ 81 Abs. 2.	§§ 62. 67. 69. 81 Abs. 3.	
M.	M.	M.	M.	M.	M.	
21	42	63	10,50	8,40	6,30	23
22,80	45,60	68,40	11,40	9,20	6,90	24
24,60	49,20	73,80	12,30	9,90	7,40	25
26,40	52,80	79,20	13,20	10,60	8	26
28,20	56,40	84,60	14,10	11,30	8,50	27
30	60	90	15	12	9	28
34	68	102	17	13,60	10,20	29
38	76	114	19	15,20	11,40	30
45	90	135	22,50	18	13,50	31
51	102	153	25,50	20,40	15,30	32
57	114	171	28,50	22,80	17,10	33
63	126	189	31,50	25,20	18,90	34
69	138	207	34,50	27,60	20,70	35
75	150	225	37,50	30	22,50	36
81	162	243	40,50	32,40	24,30	37
87	174	261	43,50	34,80	26,10	38
93	186	279	46,50	37,20	27,90	39
99	198	297	49,50	39,60	29,70	40
105	210	315	52,50	42	31,50	41
111	222	333	55,50	44,40	33,30	42
117	234	351	58,50	46,80	35,10	43
123	246	369	61,50	*)	36,90	44
129	258	387	64,50		38,70	45

des § 33 zu erheben.

Laufende Nummer.	Wertklasse				Voller Gebührensatz A. 1. §§ 58 Nr. 1, 3. 67.	Bruchteile des Gebührensatzes A.	
						5/10 §§ 58 Nr. 2. 67. 78 Nr. 1.	2/10 § 43.
		M.		M.	M.	M.	M.
46	über	190 000	bis	200 000	150	75	30
47	"	200 000	"	210 000	156	78	31,20
48	"	210 000	"	220 000	162	81	32,40
49	"	220 000	"	230 000	168	84	33,60
50	"	230 000	"	240 000	174	87	34,80
51	"	240 000	"	250 000	180	90	36
52	"	250 000	"	260 000	186	93	37,20
53	"	260 000	"	270 000	192	96	38,40
54	"	270 000	"	280 000	198	99	39,60
55	"	280 000	"	290 000	204	102	40,80
56	"	290 000	"	300 000	210	105	42
57	"	300 000	"	310 000	216	108	43,20
58	"	310 000	"	320 000	222	111	44,40
59	"	320 000	"	330 000	228	114	45,60
60	"	330 000	"	340 000	234	117	46,80
61	"	340 000	"	350 000	240	120	48
62	"	350 000	"	360 000	246	123	49,20
63	"	360 000	"	370 000	252	126	50,40
64	"	370 000	"	380 000	258	129	51,60
65	"	380 000	"	390 000	264	132	52,80
66	"	390 000	"	400 000	270	135	54
67	"	400 000	"	410 000	276	138	55,20

Voller Gebührensatz B und dessen Mehrfaches.			Bruchteile des Gebührensatzes B.		Laufende Nummer.
1. §§ 59. 67. 76. 77. 81 Abs. 1. 83	2. §§ 76. 86.	3. § 86.	5/10 §§ 62. 67. 68. 76. 78 Nr. 2. 89.	3/10 §§ 62. 67. 68. 81 Abs. 3.	
M.	M.	M.	M.	M.	
135	270	405	67,50	40,50	46
141	282	423	70,50	42,30	47
147	294	441	73,50	44,10	48
153	306	459	76,50	45,90	49
159	318	477	79,50	47,70	50
165	330	495	82,50	49,50	51
171	342	513	85,50	51,30	52
177	354	531	88,50	53,10	53
183	366	549	91,50	54,90	54
189	378	567	94,50	56,70	55
195	390	585	97,50	58,50	56
201	402	603	100,50	60,30	57
207	414	621	103,50	62,10	58
213	426	639	106,50	63,90	59
219	438	657	109,50	65,70	60
225	450	675	112,50	67,50	61
231	462	693	115,50	69,30	62
237	474	711	118,50	71,10	63
243	486	729	121,50	72,90	64
249	498	747	124,50	74,70	65
255	510	765	127,50	76,50	66
261	522	783	130,50	78,30	67

Laufende Nummer.	Wertklasse				Voller Gebührensatz A. 1. §§ 58 Nr. 1, 3. 67.	Bruchteile des Gebührensatzes A. 5/10 §§ 58 Nr. 2. 67. 78 Nr. 1.	Bruchteile des Gebührensatzes A. 2/10 § 43.
		M.		M.	M.	M.	M.
68	über	410 000	bis	420 000	282	141	56,40
69	„	420 000	„	430 000	288	144	57,60
70	„	430 000	„	440 000	294	147	58,80
71	„	440 000	„	450 000	300	150	60
72	„	450 000	„	460 000	306	153	61,20
73	„	460 000	„	470 000	312	156	62,40
74	„	470 000	„	480 000	318	159	63,60
75	„	480 000	„	490 000	324	162	64,80
76	„	490 000	„	500 000	330	165	66
77	„	500 000	„	510 000	336	168	67,20
78	„	510 000	„	520 000	342	171	68,40
79	„	520 000	„	530 000	348	174	69,60
80	„	530 000	„	540 000	354	177	70,80
81	„	540 000	„	550 000	360	180	72
82	„	550 000	„	560 000	366	183	73,20
83	„	560 000	„	570 000	372	186	74,40
84	„	570 000	„	580 000	378	189	75,60
85	„	580 000	„	590 000	384	192	76,80
86	„	590 000	„	600 000	390	195	78
87	„	600 000	„	610 000	396	198	79,20
88	„	610 000	„	620 000	402	201	80,40
89	„	620 000	„	630 000	408	204	81,60
90	„	630 000	„	640 000	414	207	82,80

Voller Gebührensatz B und dessen Mehrfaches.			Bruchteile des Gebührensatzes B.		Laufende Nummer.
1.	2.	3.	5/10	3/10	
§§ 59. 67. 76. 77. 81 Abs. 1. 83.	§§ 76. 86.	§ 86.	§§ 60. 67. 68. 76. 78 Nr. 2. 89.	§§ 62. 67. 68. 81 Abs. 3.	
M.	M.	M.	M.	M.	
267	534	801	133,50	80,10	68
273	546	819	136,50	81,90	69
279	558	837	139,50	83,70	70
285	570	855	142,50	85,50	71
291	582	873	145,50	87,30	72
297	594	891	148,50	89,10	73
303	606	909	151,50	90,90	74
309	618	927	154,50	92,70	75
315	630	945	157,50	94,50	76
321	642	963	160,50	96,30	77
327	654	981	163,50	98,10	78
333	666	999	166,50	99,90	79
339	678	1 017	169,50	101,70	80
345	690	1 035	172,50	103,50	81
351	702	1 053	175,50	105,30	82
357	714	1 071	178,50	107,10	83
363	726	1 089	181,50	108,90	84
369	738	1 107	184,50	110,70	85
375	750	1 125	187,50	112,50	86
381	762	1 143	190,50	114,30	87
387	774	1 161	193,50	116,10	88
393	786	1 179	196,50	117,90	89
399	798	1 197	199,50	119,70	90

Laufende Nummer.	Wertklasse				Voller Gebührensatz A. 1. §§ 58 Nr. 1, 3. 67.	Bruchteile des Gebührensatzes A.	
						5/10 §§ 58 Nr. 2. 67. 78 Nr. 1.	2/10 § 43.
		M.		M.	M.	M.	M.
91	über	640 000	bis	650 000	420	210	84
92	„	650 000	„	660 000	426	213	85,20
93	„	660 000	„	670 000	432	216	86,40
94	„	670 000	„	680 000	438	219	87,60
95	„	680 000	„	690 000	444	222	88,80
96	„	690 000	„	700 000	450	225	90
97	„	700 000	„	710 000	456	228	91,20
98	„	710 000	„	720 000	462	231	92,40
99	„	720 000	„	730 000	468	234	93,60
100	„	730 000	„	740 000	474	237	94,80
101	„	740 000	„	750 000	480	240	96
102	„	750 000	„	760 000	486	243	97,20
103	„	760 000	„	770 000	492	246	98,40
104	„	770 000	„	780 000	498	249	99,60
105	„	780 000	„	790 000	504	252	100,80
106	„	790 000	„	800 000	510	255	102
107	„	800 000	„	810 000	516	258	103,20
108	„	810 000	„	820 000	522	261	104,40
109	„	820 000	„	830 000	528	264	105,60
110	„	830 000	„	840 000	534	267	106,80
111	„	840 000	„	850 000	540	270	108
112	„	850 000	„	860 000	546	273	109,20

Voller Gebührensatz B und dessen Mehrfaches.			Bruchteile des Gebührensatzes B.		Laufende Nummer.
1.	2.	3.	5/10	3/10	
§§ 59. 67. 76. 77. 81 Abs. 1. 83.	§§ 76. 86.	§ 86.	§§ 60. 67. 68. 76. 78 Nr. 2. 89.	§§ 62. 67. 68. 81 Abs. 3.	
M.	M.	M.	M.	M.	
405	810	1215	202,50	121,50	91
411	822	1233	205,50	123,30	92
417	834	1251	208,50	125,10	93
423	846	1269	211,50	126,90	94
429	858	1287	214,50	128,70	95
435	870	1305	217,50	130,50	96
441	882	1323	220,50	132,30	97
447	894	1341	223,50	134,10	98
453	906	1359	226,50	135,90	99
459	918	1377	229,50	137,70	100
465	930	1395	232,50	139,50	101
471	942	1413	235,50	141,30	102
477	954	1431	238,50	143,10	103
483	966	1449	241,50	144,90	104
489	978	1467	244,50	146,70	105
495	990	1485	247,50	148,50	106
501	1002	1503	250,50	150,30	107
507	1014	1521	253,50	152,10	108
513	1026	1539	256,50	153,90	109
519	1038	1557	259,50	155,70	110
525	1050	1575	262,50	157,50	111
531	1062	1593	265,50	159,30	112

Laufende Nummer.	Wertklasse				Voller Gebührensatz A. 1. §§ 58 Nr. 1, 3. 67.	Bruchteile des Gebührensatzes A.	
						5/10 §§ 58 Nr. 2. 67. 78 Nr. 1.	2/10 § 43.
		M.		M.	M.	M.	M.
113	über	860 000	bis	870 000	552	276	110,40
114	„	870 000	„	880 000	558	279	111,60
115	„	880 000	„	890 000	564	282	112,80
116	„	890 000	„	900 000	570	285	114
117	„	900 000	„	910 000	576	288	115,20
118	„	910 000	„	920 000	582	291	116,40
119	„	920 000	„	930 000	588	294	117,60
120	„	930 000	„	940 000	594	297	118,80
121	„	940 000	„	950 000	600	300	120
122	„	950 000	„	960 000	606	303	121,20
123	„	960 000	„	970 000	612	306	122,40
124	„	970 000	„	980 000	618	309	123,60
125	„	980 000	„	990 000	624	312	124,80
126	„	990 000	„	1 000 000	630	315	126
	u. s. w. von je			10 000	6	3	1,20

Voller Gebührensatz B und dessen Mehrfaches.			Bruchteile des Gebührensatzes B.		Laufende Nummer.
1.	2.	3.	5/10	3/10	
§§ 59. 67. 76. 77. 81 Abs. 1. 83.	§§ 76. 86.	§ 86.	§§ 60. 67. 68. 76. 78 Nr. 2. 89.	§§ 62. 67. 68. 81 Abs. 3.	
M.	M.	M.	M.	M.	
537	1074	1611	268,50	161,10	113
543	1086	1629	271,50	162,90	114
549	1098	1647	274,50	164,70	115
555	1110	1665	277,50	166,50	116
561	1122	1683	280,50	168,30	117
567	1134	1701	283,50	170,10	118
573	1146	1719	286,50	171,90	119
579	1158	1737	289,50	173,70	120
585	1170	1755	292,50	175,50	121
591	1182	1773	295,50	177,30	122
597	1194	1791	298,50	179,10	123
603	1206	1809	301,50	180,90	124
609	1218	1827	304,50	182,70	125
615	1230	1845	307,50	184,50	126
6	12	18	3	1,80	

Laufende Nr.	Wertklasse				Bruchteile der 6/10 § 134.	5/10 §§ 96 Nr. 3. 125 Nr. 4. 130.	4/10 § 134.
		M.		M.	M.	M.	M.
1			bis	20	0,60	0,50	0,40
2	über	20	"	60	1,50	1,20	1
3	"	60	"	120	2,80	2,30	1,90
4	"	120	"	200	4,50	3,80	3
5	"	200	"	300	6,60	5,50	4,40
6	"	300	"	450	9	7,50	6
7	"	450	"	650	12	10	8
8	"	650	"	900	15,60	13	10,40
9	"	900	"	1 200	19,20	16	12,80
10	"	1 200	"	1 600	22,80	19	15,20
11	"	1 600	"	2 100	26,40	22	17,60
12	"	2 100	"	2 700	30	25	20
13	"	2 700	"	3 400	33,60	28	22,40
14	"	3 400	"	4 300	37,20	31	24,80
15	"	4 300	"	5 400	40,80	34	27,20
16	"	5 400	"	6 700	44,40	37	29,60
17	"	6 700	"	8 200	48,60	40,50	32,40
18	"	8 200	"	10 000	54	45	36
19	"	10 000	"	12 000	60	50	40
20	"	12 000	"	14 000	66	55	44
21	"	14 000	"	16 000	72	60	48
22	"	16 000	"	18 000	78	65	52

*) Höchstbeträge im Falle des § 106 Nr. 2, 3. **) Höchstbeträge

Zu § 8 D. GKG.

vollen Gebühr			Wertklasse				Laufende Nr.
3/10 §§ 94. 98. 101. 102. 104. 109 Abs. 3.	2/10 §§ 101. 106 Nr. 3. 124. 125 Nr. 1, 2. Abs. 6.	1/10 §§ 87.106 Nr. 2. 109 Abs. 3. 122. 125 Nr. 3.					
M.	M.	M.		M.		M.	
0,30	0,20	0,20			bis	20	1
0,80	0,50	0,30	über	20	„	60	2
1,40	1	0,50	„	60	„	120	3
2,30	1,50	0,80	„	120	„	200	4
3,30	2,20	1,10	„	200	„	300	5
4,50	3	1,50	„	300	„	450	6
6**)	4	2	„	450	„	650	7
7,80	5,20	2,60	„	650	„	900	8
9,60	6,40	3,20	„	900	„	1 200	9
11,40	7,60	3,80	„	1 200	„	1 600	10
13,20	8,80	4,40	„	1 600	„	2 100	11
15	10**)	5	„	2 100	„	2 700	12
16,80	11,20	5,60	„	2 700	„	3 400	13
18,60	12,40	6,20	„	3 400	„	4 300	14
20,40	13,60	6,80	„	4 300	„	5 400	15
22,20	14,80	7,40	„	5 400	„	6 700	16
24,30	16,20	8,10	„	6 700	„	8 200	17
27	18	9	„	8 200	„	10 000	18
30	20*)	10*)	„	10 000	„	12 000	19
33	22	11	„	12 000	„	14 000	20
36	24	12	„	14 000	„	16 000	21
39	26	13	„	16 000	„	18 000	22

im Falle des § 109 Nr. 2.

Laufende Nummer.	Wertklasse				Bruchteile der		
					6/10 § 134.	5/10 §§ 96 Nr. 3 125 Nr. 4. 130.	4/10 § 134.
		M.		M.	M.	M.	M.
23	über	18 000	bis	20 000	84	70	56
24	„	20 000	„	22 000	90	75	60
25	„	22 000	„	24 000	96	80	64
26	„	24 000	„	26 000	102	85	68
27	„	26 000	„	28 000	108	90	72
28	„	28 000	„	30 000	114	95	76
29	„	30 000	„	32 000	120	100	80
30	„	32 000	„	34 000	126	105	84
31	„	34 000	„	36 000	132	110	88
32	„	36 000	„	38 000	138	115	92
33	„	38 000	„	40 000	144	120	96
34	„	40 000	„	42 000	150	125	100
35	„	42 000	„	44 000	156	130	104
36	„	44 000	„	46 000	162	135	108
37	„	46 000	„	48 000	168	140	112
38	„	48 000	„	50 000	174	145	116
39	„	50 000	„	52 000	180	150	120
40	„	52 000	„	54 000	186	155	124
41	„	54 000	„	56 000	192	160	128
42	„	56 000	„	58 000	198	165	132
43	„	58 000	„	60 000	204	170	136
44	„	60 000	„	62 000	210	175	140
45	„	62 000	„	64 000	216	180	144

vollen Gebühr 3/10 §§ 94. 98. 101. 102. 104. 109 Abs. 3.	2/10 §§ 101. 106 Nr. 3. 124. 125 Nr. 1, 2 Abs. 6.	1/10 §§ 87. 106 Nr. 2. 109 Abs. 3. 122. 125 Nr. 3.	Wertklasse				Laufende Nummer.
M.	M.	M.		M.		M.	
42	28	14	über	18 000	bis	20 000	23
45	30	15	„	20 000	„	22 000	24
48	32	16	„	22 000	„	24 000	25
51	34	17	„	24 000	„	26 000	26
54	36	18	„	26 000	„	28 000	27
57	38	19	„	28 000	„	30 000	28
60	40	20	„	30 000	„	32 000	29
63	42	21	„	32 000	„	34 000	30
66	44	22	„	34 000	„	36 000	31
69	46	23	„	36 000	„	38 000	32
72	48	24	„	38 000	„	40 000	33
75	50	25	„	40 000	„	42 000	34
78	52	26	„	42 000	„	44 000	35
81	54	27	„	44 000	„	46 000	36
84	56	28	„	46 000	„	48 000	37
87	58	29	„	48 000	„	50 000	38
90	60	30	„	50 000	„	52 000	39
93	62	31	„	52 000	„	54 000	40
96	64	32	„	54 000	„	56 000	41
99	66	33	„	56 000	„	58 000	42
102	68	34	„	58 000	„	60 000	43
105	70	35	„	60 000	„	62 000	44
108	72	36	„	62 000	„	64 000	45

Laufende Nummer.	Wertklasse				Bruchteile der		
					6/10	5/10	4/10
					§ 134.	§§ 96 Nr. 3, 125 Nr. 4, 130.	§ 134.
		M.		M.	M.	M.	M.
46	über	64 000	bis	66 000	222	185	148
47	„	66 000	„	68 000	228	190	152
48	„	68 000	„	70 000	234	195	156
49	„	70 000	„	72 000	240	200	160
50	„	72 000	„	74 000	246	205	164
51	„	74 000	„	76 000	252	210	168
52	„	76 000	„	78 000	258	215	172
53	„	78 000	„	80 000	264	220	176
54	„	80 000	„	82 000	270	225	180
55	„	82 000	„	84 000	276	230	184
56	„	84 000	„	86 000	282	235	188
57	„	86 000	„	88 000	288	240	192
58	„	88 000	„	90 000	294	245	196
59	„	90 000	„	92 000	300	250	200
60	„	92 000	„	94 000	306	255	204
61	„	94 000	„	96 000	312	260	208
62	„	96 000	„	98 000	318	265	212
63	„	98 000	„	100 000	324	270	216
114	„	200 000	„	202 000*)	630	525*)	420
164	„	300 000	„	302 000	930	775	620
214	„	400 000	„	402 000	1230	1025	820
264	„	500 000	„	502 000	1530	1275	1020

*) Vgl. die Bemerkung auf der folgenden Seite.

vollen Gebühr			Wertklasse				Laufende Nummer.
3/10 §§ 94. 98. 101. 102. 104. 109 Abs. 3.	2/10 §§ 101. 106 Nr. 3. 124. 125. Nr. 1, 2. Abs. 6.	1/10 §§ 87. 106 Nr. 2. 109 Abs. 3. 122. 125 Nr. 3.					
M.	M.	M.		M.		M.	
111	74	37	über	64 000	bis	66 000	46
114	76	38	„	66 000	„	68 000	47
117	78	39	„	68 000	„	70 000	48
120	80	40	„	70 000	„	72 000	49
123	82	41	„	72 000	„	74 000	50
126	84	42	„	74 000	„	76 000	51
129	86	43	„	76 000	„	78 000	52
132	88	44	„	78 000	„	80 000	53
135	90	45	„	80 000	„	82 000	54
138	92	46	„	82 000	„	84 000	55
141	94	47	„	84 000	„	86 000	56
144	96	48	„	86 000	„	88 000	57
147	98	49	„	88 000	„	90 000	58
150	100	50	„	90 000	„	92 000	59
153	102	51	„	92 000	„	94 000	60
156	104	52	„	94 000	„	96 000	61
159	106	53	„	96 000	„	98 000	62
162	108	54	„	98 000	„	100 000	63
315	210*)	105*)	„	200 000	„	202 000	114
465	310	155	„	300 000	„	302 000	164
615	410	205	„	400 000	„	402 000	214
765	510	255	„	500 000	„	502 000	264

Laufende Nummer.	Wertklasse		Bruchteile der		
			6/10	5/10	4/10
			§ 134.	§§ 96 Nr. 3. 125 Nr. 4. 130.	§ 134.
	M.	M.	M.	M.	M.
314	über 600000 bis	602000*)	1830	1525*)	1220
364	„ 700000 „	702000	2130	1775	1420
414	„ 800000 „	802000	2430	2025	1620
464	„ 900000 „	902000	2730	2275	1820
514	„ 1000000 „	1002000	3030	2525	2020
	u. s. w. von je	2000*)	6	5*)	4

*) In den Fällen des § 125 steigt die Gebühr von 100 000 M. je 5, bei 2/10 um je 2 und bei 1/10 um je 1 M.

vollen Gebühr			Wertklasse				Laufende Nummer.
3/10 §§ 94. 98. 101. 102. 104. 109. Abs. 3.	2/10 §§ 101. 106 Nr. 3. 124. 125. Nr. 1, 2. Abs. 6.	1/10 §§ 87. 106 Nr. 2. 109 Abs. 3. 122. 125 Nr. 3.					
M.	M.	M.		M.		M.	
915	610*)	305*)	über	600 000	bis	602 000	314
1065	710	355	„	700 000	„	702 000	364
1215	810	405	„	800 000	„	802 000	414
1365	910	455	„	900 000	„	902 000	464
1515	1010	505	„	1 000 000	„	1 002 000	514
3	2*)	1*)	u. s. w. von je			2 000	

in Wertstufen von je 3 000 M. um je 10 M.; also bei 5/10 um

Sachregister.

Die Ziffern ohne weiteren Zusatz bezeichnen die Paragraphen des Preußischen Gerichtskostengesetzes. N. vor einer Ziffer bezeichnet die Noten. Die kleinen Ziffern ohne Zusatz bezeichnen die Absätze, die kleinen Ziffern mit dem Zusatze Nr. die Nummern innerhalb der Paragraphen.

Beispiel: 3 2 u. N. 3 — § 3 Abs. 2 und Note 3.
8 Nr. 6 — § 8 Nummer 6.

A.

B.

F.

G.

O.

P.

R.

V.

W.

Z.

Druck von Otto Walter in Berlin S. 14.

Verzeichniß
der
Guttentag'schen Sammlung
Deutscher Reichsgesetze
und
Preußischer Gesetze.

Text-Ausgaben mit Anmerkungen und Sachregister.

Taschenformat.

Berlin.
J. Guttentag, Verlagsbuchhandlung,
G. m. b. H.

Guttentag'sche Sammlung

Deutscher Reichsgesetze.

Text-Ausgaben mit Anmerkungen. Taschenformat.

---

1. **Verfassung** des Deutschen Reichs. Gegeben Berlin, den 16. April 1871. Von Dr. **L. von Rönne.** Achte neubearbeitete Auflage von **Paul von Rönne,** Landrath. 1 M. 60 Pf.

2. **Strafgesetzbuch** für das Deutsche Reich. Nebst den gebräuchlichsten Reichs-Strafgesetzen: Presse, Entziehung elektrischer Arbeit, Kranken-, Unfall-, Invalidenversicherung, Gewerbeordnung, unlauterer Wettbewerb, Depot- und Börsengesetz, gewerbliche Kinderarbeit u. s. w. Von Dr. **H. Rüdorff.** Einundzwanzigste Auflage von Dr. **H. Appelius,** Kammergerichtsrath. 1 M. 20 Pf.

3. **Militärstrafgerichtsordnung** nebst Einführungsgesetz und Gesetz, betreffend die Dienstvergehen der richterlichen Militärjustizbeamten und die unfreiwillige Versetzung derselben in eine andere Stelle oder in den Ruhestand. Bearbeitet von Dr. **Paul Herz,** Senatspräsident am Reichsmilitärgericht. Dritte Auflage. 4 M.

   Militär-**Strafgesetzbuch** s. RG. Nr. 67.

4. **Handelsgesetzbuch vom 10. Mai 1897** unter Ausschluß des Seerechts. Mit den ergänzenden Vorschriften des Bürgerlichen Gesetzbuchs und Erläuterungen herausgegeben von **F. Litthauer,** Justizrath. Zwölfte Auflage. 2 M. 80 Pf.

5. Allgemeine Deutsche **Wechselordnung.** Achte Auflage von Justizrath Dr. **J. Stranz** und Rechtsanwalt Dr. **M. Stranz,** und das Reichsgesetz über die **Wechselstempelsteuer.** Von Regierungsrath **P. Loeck.** Siebente Auflage. 3 M.

6. **Gewerbeordnung** für das Deutsche Reich nebst allen Ausführungsbestimmungen. Ursprünglich herausgegeben von **T. Ph. Berger** und Dr. **L. Wilhelmi.** Sechszehnte Auflage bearbeitet von Oberverwaltungsgerichtsrath **H. Spangenberg.** 3 M.

7. Die deutsche **Post- und Telegraphen-Gesetzgebung.** Nebst dem Weltpostvertrag und dem internationalen Telegraphenvertrag. Von Wirkl. Geh. Rath Dr. **Fischer.** Fünfte Auflage bearbeitet von Geh. Postrath Dr. **M. König.** 3 M.

8. Die Reichsgesetze über den **Unterstützungswohnsitz** in der Fassung der Novelle vom 12. März 1894, **die Freizügigkeit, den Erwerb und Verlust der Bundes- und Staatsangehörigkeit,** nebst allen landesgesetzlichen Bestimmungen. Von Geheimrath Dr. **J. Krech,** Mitglied des Bundesamtes für das Heimathwesen. Fünfte Auflage. 2 M. 70 Pf.

9a. Sammlung **kleinerer privatrechtlicher Reichsgesetze.** Von **F. Vierhaus.** Zweite Auflage in Vorbereitung.

9. Sammlung **kleinerer strafrechtlicher Reichsgesetze.** Mit den Entscheidungen des Reichsgerichts bearbeitet von **M. Werner,** Geh. Ober-Regierungsrath. Zweite Auflage. 3 M.

Inhalt: Inhaberpapiere — Presse — Personenstand — Urheberrechtsgesetzgebung — Rinderpest — Nahrungs- und Genußmittel — Sprengstoff — Feingehalt von Gold- und Silberwaaren — Patentgesetz — Handfeuerwaffen — Gebrauchsmusterschutz — Militärische Geheimnisse — Waarenbezeichnung — unlauterer Wettbewerb — Auswanderung — Margarine — Wein — Sklavenraub — Fleischbeschau — Reichsseuchengesetz — Süßstoff — Reichskassenscheine.

10. Das **Reichsbeamtengesetz** vom 31. März 1873 und seine Ergänzungen. Erläutert von **J. Pieper,** Geh. Ober-Regierungsrath. Zweite Auflage. 4 M. 50 Pf.

11. **Civilprozeßordnung mit Gerichtsverfassungsgesetz** und den Einführungsgesetzen. Unter besonderer Berücksichtigung der Entscheidungen des Reichsgerichts herausgegeben mit Anmerkungen von **R. Sydow,** Unterstaatssekretär und **L. Busch,** Kammergerichtsrath. Neunte Auflage. 8°. 5 M.

Dieser Band ist in größerem Format erschienen!

12. **Strafprozeßordnung und Gerichtsverfassungsgesetz** nebst dem Gesetz, betreffend die Entschädigung der im Wiederaufnahmeverfahren freigesprochenen Personen. Von **A. Hellweg,** Reichsgerichtsrath. Zwölfte Auflage. 2 M.

13. **Konkursordnung und Anfechtungsgesetz.** Unter besonderer Berücksichtigung der Entscheidungen des Reichsgerichts herausgegeben mit Anmerkungen von **R. Sydow** u. **L. Busch.** Neunte Auflage. 2 M. 25 Pf.

14. **Gerichtsverfassungsgesetz** mit Einführungsgesetz, Nebengesetzen und Ergänzungen. Herausgegeben von **R. Sydow** u. **L. Busch.** Neunte Auflage in Vorbereitung.

15. Das **Deutsche Gerichtskostengesetz** nebst den Gebührenordnungen für Gerichtsvollzieher, Zeugen und Sachverständige. Herausgegeben mit Anmerkungen und Kostentabellen von **R. Sydow** u. **L. Busch.** Siebente Auflage. 1 M. 80 Pf.

16. **Rechtsanwaltsordnung.** Von **R. Sydow.** Vierte Auflage von Dr. **E. Mosler.** 1 M. 20 Pf.

17. Die **Deutsche Gebührenordnung für Rechtsanwälte und das Preußische Gebührengesetz** vom 27. September/6. Oktober 1899. Von **R. Sydow** und **L. Busch.** Siebente Auflage. 1 M. 60 Pf.

18. **Reichsstempelgesetz (Börsensteuergesetz)** v. 14. Juni 1900, mit den Ausführungsbestimmungen, einem Auszug aus den Gesetzes-Materialien und den Entscheidungen der Verwaltungsbehörden und des Reichsgerichts. Achte Auflage von **P. Loeck,** Regierungsrath. 3 M. 30 Pf.

19. Die **Seegesetzgebung.** Nebst den Entscheidungen des Reichsoberhandelsgerichts, des Reichsgerichts und der Seeämter. Von Dr. **W. E. Knitschky.** Dritte Auflage bearbeitet von Oberlandesgerichtsrath **Otto Rudorff** in Hamburg. 4 M. 50 Pf.

20. **Krankenversicherungsgesetz.** Von weil. Dr. **E. von Woedtke,** Direktor im Reichsamte des Innern. Zehnte Auflage bearbeitet von Dr. **G. Eucken-Addenhausen,** Geh. Reg.-Rath und vortr. Rat im Reichsamte des Innern. 3 M. 50 Pf.

21. Die **Konsulargesetzgebung.** Von Professor Dr. **Ph. Zorn.** Zweite Auflage. 3 M.

22a. **Patentgesetz.** Gesetz, betreffend den Schutz von Gebrauchsmustern. Gesetz, betreffend das Urheberrecht an Mustern und Modellen. Nebst Ausführungsbestimmungen unter Berücksichtigung der Rechtsprechung des Reichsgerichts und der Praxis des Patentamts. Erläutert von Dr. **R. Stephan,** Geh. Reg.-Rath, Mitglied des Kaiserlichen Patentamts. Sechste Auflage. ca. 2 M.

22b. Gesetz zum **Schutz der Waarenbezeichnungen.** Nebst Ausführungsbestimmungen. Von Dr. **R. Stephan,** Geh. Reg.-Rath, Mitglied des Kaiserlichen Patentamts. Vierte Auflage. 1 M.

23. **Gewerbe-Unfallversicherungsgesetz** und Gesetz, betr. die Abänderung der Unfallversicherungsgesetze vom 30. Juni 1900 nebst Ausführungsverordnungen. Von Dr. **E. v. Woedtke,** Präsident des Kaiserl. Aufsichtsamts für Privatversicherung. Siebente Auflage. 2 M. 50 Pf.

24. **Aktiengesellschaft und Kommanditgesellschaften auf Aktien.** (Handelsgesetzbuch, II. Buch, Abschnitt 3

und 4.) Mit Anmerkungen von **H. Keyssner**, Kammergerichtsrath und Dr. **H. Veit Simon**, Rechtsanwalt. Fünfte Auflage. Bearbeitet von Dr. **Hugo Keyssner** und **L. Keyssner.** 2 M. 25 Pf.

25. Reichsgesetz wegen **Erhebung der Brausteuer** vom 31. Mai 1872 mit Ausführungsvorschriften. Von **E. Bertho,** Regierungsrath. 1885. 1 M. 60 Pf.

26. Die Reichsgesetzgebung über **Münz- und Notenbankwesen,** Papiergeld, Prämienpapiere und Reichsschulden. Von Dr. jur. **R. Koch,** Präsident des Reichsbankdirektoriums. Vierte Auflage. 3 M.

27. Die Gesetzgebung, betr. das **Gesundheitswesen** im Deutschen Reich für Behörden, Aerzte 2c. Von Dr. jur. **C. Goesch** und Dr. med. **J. Karsten.** 1888. 1 M. 60 Pf.

28. **Bau-Unfallversicherungsgesetz.** Vom 30. Juni 1900. Von **R. Chrzescinski,** Kaiserl. Regierungsrath. Dritte Auflage. 2 M.

29. Reichsgesetz, betr. die **Erwerbs- und Wirthschaftsgenossenschaften.** Von **L. Parisius** und Dr. **H. Crüger.** Zehnte Auflage bearbeitet von Dr. **H. Crüger.** 1 M. 50 Pf.

30. **Invalidenversicherungsgesetz** vom 13. Juli 1899. Von Dr. **E. v. Woedtke,** Präsident des Kaiserlichen Aufsichtsamts für Privatversicherung. Neunte Auflage. 2 M. 50 Pf.

31. **Gewerbegerichtsgesetz.** Von Stadtrath **L. Mugdan.** Fünfte Auflage bearbeitet von **W. Cuno,** Erstem Bürgermeister zu Hagen i. W. 2 M.

32. Reichsgesetz, betr. die **Gesellschaften mit beschränkter Haftung.** Von **L. Parisius** und Dr. **H. Crüger.** Siebente Auflage. 1 M. 25 Pf.

33. Das **Vereins- und Versammlungsrecht** in Deutschland. Von Dr. **E. Ball,** Rechtsanwalt. 2 M. 25 Pf.

34. Reichsgesetz, betreffend die **Abzahlungsgeschäfte.** Vom 16. Mai 1894. Von **J. Hoffmann.** Zweite vermehrte Auflage besorgt von Dr. **E. Wilke,** Landgerichtsrath. 1 M. 20 Pf.

35. Die **Reichs-Eisenbahngesetzgebung.** Von **W. Coermann,** Kaiserl. Amtsrichter. 1895. 2 M. 25 Pf.

36. Gesetze, betr. die **privatrechtlichen Verhältnisse der Binnenschifffahrt und der Flößerei.** Erläutert von **H. Makower.** Dritte Auflage bearbeitet von **E. Löwe,** Landgerichtsrath. 3 M.

37. Gesetz zur **Bekämpfung des unlauteren Wettbewerbes.** Vom 27. Mai 1896. Von Dr. **R. Stephan,** Geh. Regierungsrath. Dritte Auflage. 1 M.

38/39. **Bürgerliches Gesetzbuch nebst Einführungsgesetz.** Nach dem Tode des ursprünglichen Herausgebers Reichsgerichtsraths a. D. Dr. **A. Achilles** in Verbindung mit **Professor** Dr. **André,** Landrichter

Ritgen, Landrichter Strecker, Ober-Regierungsrath Dr. Unzner herausgegeben von Geh. Ober-Justizrath Greiff. Vierte Auflage. 8°. 6 M. 50 Pf.

Dieser Band ist in größerem Format erschienen!

40. Gesetz, betr. die **Pflichten der Kaufleute bei Aufbewahrung fremder Werthpapiere (Depotgesetz).** Mit Erläuterungen. Von **F. Lusensky,** Geh. Regierungsrath. 90 Pf.

41. **Börsengesetz.** Vom 22. Juni 1896. Nebst Ausführungsbestimmungen. Unter Mitwirkung des Direktors im Reichsamt des Innern **A. Wermuth** bearbeitet von Regierungsrath **H. Brendel.** 1 M. 50 Pf.

42. **Grundbuchordnung** nebst den preußischen Ausführungsbestimmungen. Mit Einleitung. Von Professor Dr. **O. Fischer.** Dritte Auflage. 2 M. 25 Pf.

43. Die Gesetzgebung, betr. die **Zwangsvollstreckung in das unbewegliche Vermögen** im Reiche und in Preußen. Mit Einleitung, Kosten- und Gebührentabellen. Von Dr. **J. Krech,** Kaiserl. Geh. Regierungsrath und Professor Dr. **O. Fischer.** Vierte Auflage. 2 M.

44. Das Reichsgesetz über das **Auswanderungswesen** vom 9. Juni 1897 nebst Ausführungsverordnungen und Anlagen. Unter Benutzung amtlicher Quellen. Von Professor Dr. **Felix Stoerk.** 2 M. 25 Pf.

45. Das **Entmündigungsrecht** unter Berücksichtigung der für Preußen geltenden Vorschriften nebst der preußischen Justiz-Ministerial-Verfügung vom 28. November 1899. Text der civil- und prozeßrechtlichen Bestimmungen mit Erläuterungen von Landgerichtsrath Dr. **P. Koll** in Cöln. 1 M. 50 Pf.

46. Die Gesetze des Reiches und Preußens über die **freiwillige Gerichtsbarkeit.** Mit Einleitung von **Herm. Jastrow,** Amtsgerichtsrath. Dritte Auflage. 3 M.

47. Das **deutsche Vormundschaftsrecht** und das preuß. Gesetz über die Fürsorgeerziehung Minderjähriger nebst den dazu gehörigen preußischen Nebengesetzen. Mit Einleitung und Erläuterungen von **Max Schultzenstein,** Oberverwaltungsgerichtsrath und Amtsgerichtsrath Dr. **Paul Köhne.** Zweite Auflage. 3 M.

48. Gesetze und Verordnungen, betr. den **Drogen-, Gift- und Farbenhandel** außerhalb der Apotheken. Von Dr. **Broh,** Rechtsanwalt. 1 M. 25 Pf.

49. Deutsche **Kolonialgesetzgebung.** Von Professor Dr. **Philipp Zorn.** 4 M. 50 Pf.

50. Der **Viehkauf** (Viehgewährschaft) nach dem Bürgerlichen Gesetzbuche. Mit Erläuterungen von Rechtsanwalt Dr. **H. Stölzle.** Nebst Verordn. betr. die Hauptmängel und Gewährsfristen beim Viehhandel. Von **H. Weiskopf,** Königl. Kreisthierarzt in Augsburg. Dritte Auflage. ca. 2 M.

51. **Hypothekenbankgesetz** vom 13. Juli 1899. Von Dr. **H. Göppert,** Gerichts-Assessor. 1 M. 80 Pf.

52. Gesetz, betreffend die gemeinsamen **Rechte der Besitzer von Schuldverschreibungen.** Von Dr. **Heinrich Göppert,** Gerichts-Assessor. 2 M.

53. **Reichspreßgesetz** vom 7. Mai 1874 nebst den einschlägigen Bestimmungen des Strafgesetzbuchs, der Gewerbeordnung rc. Kommentar von **A. Born,** Polizeiassessor. 1 M. 50 Pf.

54. Die Reichsgesetzgebung über den Verkehr mit **Nahrungsmitteln, Genußmitteln** und **Gebrauchsgegenständen.** Von Dr. **Georg Lebbin,** Nahrungsmittelchemiker. 2 M. 25 Pf.

55. Das Recht der **Beschlagnahme von Lohn- und Gehaltsforderungen.** Auf Grundlage der Reichsgesetze vom 21. Juni 1869 u. 29. März 1897 und der Civilprozeßordnung. Von Rechtsanwalt **Georg Meyer.** 1 M. 50 Pf.

56. Gesetz, betr. die **Bekämpfung gemeingefährlicher Krankheiten.** Nebst Ausführungsbestimmungen. Von Dr. **Bruno Burkhardt,** Regierungsrath, Mitglied des Kais. Gesundheitsamts. 1 M. 40 Pf.

57. **See-Unfallversicherungsgesetz.** Von **Dr. Max Mittelstein,** Oberlandesgerichtsrath in Hamburg. 2 M.

58. **Das Recht der unehelichen Kinder.** Ausgabe aller einschlägigen Bestimmungen des B.G.B. Von **Hermann Jastrow,** Amtsgerichtsrath. 1 M. 80 Pf.

59. Reichsgesetz über die **Beurkundung des Personenstandes und die Eheschließung.** Von Dr. **F. Fidler,** Amtsgerichtsrath. 1 M. 80 Pf.

60. Gesetz, betreffend das **Urheberrecht an Werken der Litteratur und der Tonkunst.** Von Gerichtsassessor **Otto Lindemann.** 1 M. 50 Pf.

61. Gesetz über das **Verlagsrecht.** Von Justizrath **Ernst Heinitz.** 1 M. 50 Pf.

62. Gesetz über die **privaten Versicherungsunternehmungen.** Von **H. Könige,** Ob.-Landsger.-Rath. 3 M.

63. **Gesetzestafel des Deutschen Reichsrechts.** Systematisch geordnete Nachweisung des z. Z. geltenden Reichsrechts. Ergänzungsband zu der Guttentag'schen Sammlung Deutscher Reichsgesetze. Von **Hugo Bruhns,** Syndikus. 2 M. 50 Pf.

64. Gesetzsammlung betr. den **Handel mit Drogen und Giften.** Reichsgesetzl. Bestimmungen und Anhang mit den landesgesetzl. Verordnungen sämmtlicher Bundesstaaten. Von Rechtsanwalt **H. Sonnenfeld,** Syndikus der Berliner Drogisten-Innung. 3 M.

65. Das **Weingesetz** vom 24. Mai 1901. Mit Ausführungsbestimmungen erläutert von Dr. **Georg Lebbin,** Handels- und Gerichtschemiker zu Berlin. 1 M. 50 Pf.

66. Die **Eisenbahn-Gesetzgebung** des Deutschen Reichs. Von **W. Pietsch,** Geh. exp. Sekretär im Reichs-Eisenbahn-Amt. 5 M.

67. **Militär-Strafgesetzbuch** für das Deutsche Reich. Unter Berücksichtigung der Entscheidungen des Reichs-Militärgerichts bearbeitet von Dr. **Paul Herz,** Senats-Präsident am Reichs-Militärgericht und Kriegsgerichtsrath Dr. **Georg Ernst.** 3 M.

68. Das **Fleischbeschaugesetz.** Vom 3. Juni 1900. Mit den ergangenen Ausführungsgesetzen und Verordnungen im Reiche und in Preußen. Erläutert von Dr. **Georg Lebbin,** Gerichtschemiker und Rechtsanwalt Dr. **Georg Baum.** 4 M.

69. Reichsgesetz über die **Naturalleistungen der bewaffneten Macht im Frieden** nebst den zugehörigen in Preußen geltenden Bestimmungen. Von Regierungsassessor Dr. **Walter v. Hippel.** 1 M. 25 Pf.

70. Das **Reichs-Haftpflichtgesetz,** betr. die Verbindlichkeit zum Schadensersatz für die bei dem Betriebe von Eisenbahnen, Bergwerken, Steinbrüchen, Gräbereien und Fabriken herbeigeführten Tödtungen und Körperverletzungen, vom 7. Juni 1871. Von Regierungsrath Dr. **G. Eger.** Preis 3 M.

71. Reichsgesetz, betr. die **Kinderarbeit in gewerblichen Betrieben,** vom 30. März 1903. Nebst der Preuß. Ausführ.-Anw. v. 30. Nov. 1903 u. d. Bekanntm. des Reichskanzlers v. 17. Dez. 1903. Text-Ausgabe mit Anmerkungen und Sachregister. Zweite vermehrte Auflage von **H. Spangenberg,** Oberverwaltungsgerichtsrath. 1 M. 60 Pf.

Guttentag'sche Sammlung

Preußischer Gesetze.

Text-Ausgaben mit Anmerkungen. Taschenformat.

---

1. Die **Verfassungs-Urkunde** für den Preußischen Staat. Mit Einleitung, vollständigem Kommentar. Von Prof. Dr. **Adolf Arndt.** Fünfte Auflage. 3 M.

2. Preußische **Beamten-Gesetzgebung.** Enthaltend die wichtigsten Beamtengesetze in Preußen. Von **C. Pfafferoth.** Dritte Auflage. 1 M. 50 Pf.

3. Die **Zwangsvollstreckung in das unbewegliche Vermögen.** Von Dr. **J. Krech** und Prof. Dr. **O. Fischer.** Vergriffen. Siehe: Reichsgesetze Nr. 43.

4. **Gebührenordnung** für **Notare** vom 25. Juni 1895 nebst den einschlägigen Vorschriften des Preußischen Gerichtskostengesetzes. Von **R. Sydow.** Zweite Auflage bearbeitet von Dr. **E. Mosler,** Gerichtsassessor. 1 M. 50 Pf.

5. Gesetz vom **24. April 1854 (betr. die außereheliche Schwängerung).** Von Dr. **Schulze.** 75 Pf.
   Seit dem 1. Januar 1900 gültiges Recht siehe: Reichsgesetze Nr. 58.

6. Die Preuß. **Ausführungsgesetze und Verordnungen zu den Reichs-Justizgesetzen.** Von **R. Sydow.** Dritte vermehrte Auflage. 1895. 2 M. 40 Pf.
   Siehe Seite 21, **Busch,** Ausführungsgesetze.

7. **Allg. Gerichtsordnung** vom 6. Juli 1793 und Preuß. **Konkursordnung** vom 8. Mai 1885. Von **F. Vierhaus,** Geh. Ober-Justizrath. Vergriffen.

8. **Vormundschaftsordnung.** Von **F. Schultzenstein.** Gültiges Recht siehe: Reichsgesetze Nr. 47.

9. Die Preußische **Grundbuchgesetzgebung.** Von Prof. Dr. **Fischer.** Vergriffen. Siehe: Reichsgesetze Nr. 42.

10. **Einkommensteuergesetz.** Von **A. Fernow,** Geh. Finanzrath. Fünfte Auflage. 2 M. 50 Pf.

11. **Gewerbesteuergesetz.** Von **A. Fernow,** Geh. Finanzrath. Dritte Auflage. 1 M. 25 Pf.

12. **Allgemeines Berggesetz** für die preußischen Staaten und die auf dasselbe bezüglichen Gesetze und Verordnungen. Von **E. Engels.** Dritte Auflage. In Vorbereitung.

13. **Ergänzungssteuergesetz** (Vermögenssteuergesetz). Von **A. Fernow,** Geh. Finanzrath. Dritte vermehrte Auflage. 1 M. 50 Pf.

14. **Kommunalabgabengesetz.** Vom 14. Juli 1893 und Gesetz wegen Aufhebung direkter Staatssteuern. Von Dr. **F. Adickes,** Oberbürgermeister. Dritte Auflage. 1 M. 50 Pf.

15. Die **Kreisordnungen** für den Preußischen Staat. Von **O. Kolisch,** Landgerichtsrath. 1894. 4. M.

16. **Concessionirung gewerblicher Anlagen.** Preuß. Ausführungs-Anweisung zu §§. 16 u. ff. der Gewerbe-Ordnung. Von Dr. **W. v. Rüdiger,** Geh. Regierungs- u. Gewerberath. Zweite Auflage. 2 M.

17. Preußisches **Gerichtskostengesetz.** Mit Kostentabellen. Von Dr. **P. Siméon,** Landrichter. Vierte Auflage. 2 M. 25 Pf.

18. Preußisches **Stempelsteuergesetz** vom 31. Juli 1895. Mit den gesammten Ausführungsbestimmungen und vollständigen Tabellen. Von **P. Loeck,** Regierungsrath. Fünfte Auflage. 5 M.

Dieser Band ist in größerem Format erschienen.

19. Das **Jagdscheingesetz.** Mit ausführlichen Erläuterungen nebst der Ausführungsverfügung. Von **F. Kunze,** Wirklichem Geh. Ober-Regierungsrath. Zweite Auflage. 2 M.

20. Gesetz, betr. die **Erbschaftssteuer.** Unter Berücksichtigung der Novelle vom 31. Juli 1895. Von Regierungsrath **P. Loeck.** 1 M. 80 Pf.

21. Gesetz über die **Handelskammern.** Vom 19. August 1897. Mit Erläuterungen von **F. Lusensky,** Geh. Regierungsrath. 3 M.

22. Gesetz, betr. **Anstellung und Versorgung der Kommunalbeamten.** Mit Ausführungsanweisung. Von Dr. **W. Ledermann,** Magistratsassessor zu Berlin. 1 M. 25 Pf.

23. **Ausführungsgesetz zum Bürgerlichen Gesetzbuche.** Von Landrichter Dr. **P. Siméon.** 1 M. 60 Pf.

24. Die **Hinterlegungsordnung** in der Fassung des Ausführungsgesetzes z. B.G.B. v. 20. Sept. 1899 nebst Ausführungsbestimmungen. Von Regierungsassessor Dr. **Georg Bartels.** 1 M. 50 Pf.

25. **Preußische Kommunalbeamtengesetzgebung.** Von Magistratsassessor Dr. **Fr. Kremski,** Berlin. 3 M.

26. Die Preußischen Gesetze über das **Diensteinkommen der Lehrer und Lehrerinnen, ihren Ruhegehalt und die Fürsorge für ihre Hinterbliebenen,** sowie einer Tabelle zur Berechnung der Ruhegehalts-, Wittwen- und Waisenbezüge. Von Dr. **Ed. Cremer,** Beigeordneter. 2 M. 40 Pf.

27. Gesetz, betreffend die **Waarenhaussteuer.** Von Geh. Ober-Finanzrath Dr. **G. Strutz.** 1 M. 20 Pf.

28 Gesetz über die **Fürsorgeerziehung Minderjähriger.** Nebst Ausführungsanweisungen. Von Landgerichtsrath Dr. **P. F. Aschrott.** 2 M. 80 Pf.

29. Gesetz, betr. **die ärztlichen Ehrengerichte, das Umlagerecht und die Kassen der Aerztekammern.** Von Amtsgerichtsrath Dr. **Fidler.** 1 M. 50 Pf.

30. Die das **Preußische Staatsschuldbuch** und **Reichsschuldbuch** betr. Gesetze nebst Ausführungsbestimmungen. Von Wirkl. Geh. Ober-Finanzrath **J. Mücke,** Mitglied der Staatsschuldenverwaltung. 2 M.

31 a. **Die geltenden Preußischen Gesindeordnungen.** Herausgegeben in zwei Bänden von **Stephan Gerhard,** Rechtsanwalt in Berlin.

Band I: Gesindeordnung für die altpreußischen Provinzen vom 8. XI. 1810, mit Erläuterungen unter Berücksichtigung der Ergänzungsgesetze und der Rechtsverhältnisse der Gesindevermiether, sowie die Gesindeordnung für Neuvorpommern und Rügen und für die Rheinprovinz. 2 M. 50 Pf.

31 b. **Band II:** Gesindeordnungen für Hannover, Schleswig-Holstein, Hessen-Nassau und den Regierungsbezirk Hohenzollern. 2 M. 50 Pf.

32. **Die Städteordnung für die sechs östlichen Provinzen** Preußens vom 30. Mai 1853 nebst ihren gesetzlichen Ergänzungen. Von **Dr. jur. Walter Ledermann,** Magistrats-Assessor zu Berlin. 6 M.

Dieser Band ist in größerem Format erschienen!

33. **Rentenguts- und Anerbenrechts-Gesetzgebung in Preußen.** Von Landgerichtsrath **M. Peltasohn** und Rechtsanwalt **Bruno Peltasohn.** 3 M.

34. Sammlung der wichtigsten **Preußischen Strafgesetze** nebst Anhang: Gesetz betr. polizeiliche Strafverfügungen vom 23. April 1883. Von **Otto Lindemann,** Amtsrichter. 2 M. 50 Pf.

Inhalt: Mobiliar-Feuerversicherung — Chausseegeld — Jagdpolizei — Jagdschein — Wild-Schonzeit — Fischerei — Versammlungs- u. Vereinigungsrecht — Belagerungszustand — Gesindedienstpflichten — Mineraliengewinnung und -Aneignung — Schlachthäuser — Dampfkesselbetrieb — Wandergewerbebetrieb — Reblausverbreitung — Forstdiebstahl — Wald- u. Wassergenossenschaften — Feld- u. Forstpolizei — Lotteriespiel — Verkehrsabgaben — Landestrauer.

J. Guttentag, Verlagsbuchhandlung, G. m. b. H.
in Berlin W 35.

Bürgerliches Rechts-Lexikon

von

E. Christiani, Amtsgerichtsrath.

Zweite vermehrte Auflage.

Lex. 8°. Geb. in ganz Leinen Preis 8 M. 50 Pf.

Wer auf eine Frage aus dem bürgerlichen Recht Antwort sucht, wer im Drange der Geschäfte raschen Aufschluß über irgend eine der zahlreichen Rechtsfragen wünscht, wer sich über irgend ein Rechtsinstitut, insonderheit über ein solches, das selten im praktischen Leben vorkommt, einen rasch orientirenden Überblick verschaffen will — kurz, wer eines jederzeit hülfsbereiten Wegweisers bedarf, der ihm die zeitraubende Mühe abnimmt, erst lange in Bänden und Registern zu suchen, der greife zu **Christiani's Rechts-Lexikon.**

Die Preußischen Ausführungsgesetze

zum Bürgerlichen Gesetzbuche und den anderen Reichs-Justizgesetzen nebst Verordnungen, Ministerialerlassen und Geschäftsordnungen. Von **L. Busch**, Kammergerichtsrath. Zweite Ausgabe. 8°. Geb. Preis 3 M.

Die Preußischen Ausführungsgesetze zum Bürgerlichen Gesetzbuche und Nebengesetze. Text-Ausgabe ohne Anmerkungen. Fünfte Auflage. Taschenformat. 1 M. 80 Pf.

Arndt, Dr. Adolf, Geheimer und Oberbergrath, Professor. Verfassung des Deutschen Reichs. Mit Einleitung und Kommentar. Zweite völlig neu bearbeitete Auflage. 8⁰. Geb. 4 M. 50 Pf.

Behrens, Paul, Handbuch für Vereine bei Aufstellung, Berathung und Aenderung der Vereins-Satzungen. Auf Grund der §§ 21 bis 79 des Bürgerlichen Gesetzbuchs. Mit erläuternden Anmerkungen, einer sachlichen Einleitung sowie einem Satzungsentwurf versehen. 8⁰. Preis geb. 1 M.

Beyendorff, Dr. R., Dozent der Staatswissenschaften am Höheren Technischen Institut zu Cöthen. Das System der Reichs-Gewerbeordnung. Für den akademischen und praktischen Gebrauch dargestellt. 8⁰. Preis 4 M., geb. 4 M. 60 Pf.

Born, A., Polizei-Assessor in Königsberg i. Pr. Das preußische Baupolizeirecht nebst den einschlägigen Bestimmungen des Ansiedelungs-, Feld- und Forstpolizei-, Waldschutz- und Deichgesetzes, sowie dem Fluchtlinien-, Rayongesetz und dem Gesetz über die Zulässigkeit des Rechtsweges gegen polizeiliche Verfügungen. Mit Kommentar. Unter eingehender Berücksichtigung der Entscheidungen. gr. 8⁰. Preis 10 M., geb. 11 M.

Delius, Dr. jur. H., Landgerichtsrath. Die Haftpflicht der Beamten. 8⁰. Preis geb. 2 M.

Delius, Dr. jur. H., Landgerichtsrath. Die Rechtsverhältnisse der geschlossenen Gesellschaften und Vereine nach Preußischem Recht unter besonderer Berücksichtigung der Befugnisse der Polizeibehörden. 8⁰. Preis in Leinenband 1 M. 60 Pf.

Das Gesetz betreffend die Anlegung und Veränderung von Straßen und Plätzen in Städten und ländlichen Ortschaften vom 2. Juli 1875. Des Kommentars von weil. Oberverwaltungsgerichtsrath **R. Friedrichs** fünfte völlig neubearbeitete Auflage bearbeitet von Dr. jur. **Hugo v. Strauß und Torney,** Senatspräsident am Oberverwaltungsgericht. 8°. Geb. Im Druck.

Hauß, C., Geh. Ober-Reg.-Rath. Das Gesetz zur Bekämpfung des unlauteren Wettbewerbes. Vom 27. Mai 1896. Für die gerichtliche und gewerbliche Praxis erläutert. 8°. Geb. in Leinen 3 M.

Holtgreven, Dr. A., Präsident des Oberlandesgerichts in Hamm und Dr. **Th. Wolff,** Oberlandesgerichtsrath. Das Wildschadengesetz vom 11. Juli 1891. Kommentar. Vierte Auflage. 8°. Geb. 4 M. 50 Pf.

Kautz, Dr. jur. Georg, Ober-Regierungsrath und **F. Appelius,** Landesrath Preußisches Kommunalbeamtenrecht. Darstellung und Erläuterung der gesammten, die Rechtsverhältnisse der Kommunalbeamten regelnden gesetzlichen und sonstigen Bestimmungen. 8°. Geb. in ganz Leinen. Preis 4 M. 20 Pf.

Könige, H., Oberlandesgerichtsrath. Handelsgesetzbuch vom 10. Mai 1897 nebst Abdruck des Gesetzes über die Angelegenheiten der freiwilligen Gerichtsbarkeit und Gerichtsverfassungsgesetz (Titel 7, Kammern für Handelssachen). 8°. Geb. in ganz Leinen 4 M. 50 Pf.

Laß, Dr. L., Kaiserl. Regierungsrath, Strafrecht der Berufsgenossenschaften nach den Unfallversicherungsgesetzen vom 30. Juni 1900. Unter Benutzung amtlichen Materials zum praktischen Gebrauche dargestellt. Geb. in ganz Leinen 3 M.

Laurisch, H., Königl. Gewerbeinspektor, Gewerberecht und Arbeiterschutz. Führer für Arbeitgeber und Arbeiter durch die Gewerbe- und Arbeiterschutz-Gesetze. Kartonnirt 1 M. 80 Pf.

Nußbaum, Dr. A., Die freiwillige Gerichtsbarkeit im Reiche und in Preußen. Ein Leitfaden. 8°. Geb. in ganz Leinen 4 M.

Ottermann, Carl, Stadtrath in Dortmund. Das Fluchtliniengesetz vom 2. Juli 1875. Erläuternde Abhandlung. 8°. 1 M. 25 Pf.

Telegraphenwege-Gesetz vom 18. Dezember 1899 nebst den vom Reichskanzler erlassenen Ausführungsbestimmungen vom 26. Januar 1900 und den Erläuterungen und Ausführungsanweisungen des Reichs-Postamts. Amtliche Ausgabe. 8°. Geb. in ganz Leinen 1 M.

Wilhelmi, Dr. L., Das Handwerkergesetz vom 26. Juli 1897. Mit Einleitung und Bemerkungen unter besonderer Berücksichtigung der Ausführungs-Anweisungen der größeren Bundesstaaten. Geb. in ganz Leinen 6 M.

Wittenberg, Dr. M., Dozent an der Humboldt-Akademie. Wegweiser durch das Aktienrecht, nach dem Wortlaut der seit dem 1. Januar 1900 gültigen Reichsgesetze. Taschenformat. Geb. in ganz Leinen 1 M.

Schlagwort-Register.

R. = Nummer der Sammlung Deutscher **Reichs**gesetze.
P. = Nummer der Sammlung **Preußischer** Gesetze.
S. = Seite.

www.fsc.org
MIX
Papier | Fördert
gute Waldnutzung
FSC® C083411

Kolibri 360 GmbH
Ferdinand-Jühlke-Straße 7
99095 Erfurt, Deutschland
produktsicherheit@kolibri360.de